문해력 휘어잡는
그림책의 힘

유·초등 교과 연계 독서 로드맵

문해력 휘어잡는 그림책의 힘

송유진·김은진 지음

DARK horse

들어가는 말 1

아이의 문해력을 깨우는 그림책의 힘

보통 5세쯤 되면 엄마들은 아이에게 글자를 가르치려고 합니다. 그래서인지 꽤 일찍부터 글자를 읽는 유아를 종종 봅니다. 읽기는 단순히 글자를 해독하는 것에 그치지 않습니다. 글을 읽는다는 것은 글자의 의미와 문장 전체의 뜻을 이해하고 문장들 사이에 암시된 내용이나 드러나지 않은 의미를 생각해 내는 능력, 즉 흔히 말하는 '행간을 읽어 내는 능력'까지 포함된 종합적 과정입니다.

온라인의 발달로 과거보다 읽을거리가 넘쳐나는 세상이 되었지만, 글을 제대로 읽을 수 있는 사람은 많지 않습니다. 특히 짧은 영상과 인터넷 언어 사용에 익숙해진 아이들은 문장이 조금만 길어도 읽는 것에 부담을 느끼고 읽는 시도조차 하지 않고 포기하는 경우가 많습니다. 하다못해 웹페이지나 게시판 등에 올라온 글이 길다 싶으면 다른 페이지로 넘어가는 경우가 허다합니다. 짧은 영상 매체에 익숙해진 나머지 글쓴이의 생각을 따라가며 꼼꼼하게 읽기보다는 빠르게 훑어보는 습관이 생긴 거죠.

인터넷을 사용하는 시간이 늘어날수록 긴 글을 읽는 것이 더 어려워지고, 전통적으로 책을 읽으면서 무의식중에 해 왔던 깊은 사고 작용이 줄어들고 있습니다. 당연히 문해력을 논하고 읽기 능력의 향상을 기대하는 것은 더욱 어려운 일이 되어 버렸습니다.

어떻게 해야 이런 영양가 없는 읽기에서 벗어나 아이들에게 필수 영양소를 고루 갖춘 이상적인 읽기를 하도록 할 수 있을까요? 어떻게 하면 영양소 가득한 읽기가 가능해져 문해력을 기를 수 있을까요?

20년 넘게 다양한 대상을 독서 교육 현장에서 만나고 독서 교육 프로그램과 교재를 개발하면서 자연스럽게 아이들한테 그림책이 어떤 의미인지 차츰 깨닫게 되었습니다. 아이들이 글과 그림을 통해 다른 세상을 이해하고, 또 자신만의 상상력으로 만들어 가는 과정을 보면서 그림책 깊이 읽기가 아이들에게 얼마나 중요한지 알게 되었습니다. 그래서 오랜 시간 그림책을 즐기고 더 깊이 읽고 신중하게 생각하는 습관을 통해 문해력을 기르는 방법, 생각과 마음을 주고받을 수 있는 최상의 수단이 되는 그림책 읽기 방법을 고민해 왔습니다.

경험하지 못한 것을 이해하는 일은 어렵습니다. 그림책도 마찬가지입니다. 그림책이 아이들에게 얼마나 큰 즐거움을 주고 그 효과가 얼마나 큰지 직접 경험한 사람이라면 별다른 설명을 하지 않아도 압니다. 그런데 어린 시절 그림책다운 그림책이나 좋은 동화를 경험하지 못한 부모는 그림책의 힘을 상상하기가 어렵습니다. 그림책이 아이들에게 얼마나 좋은 존재인지, 그로부터 얻는 즐거움이 얼마나 큰지, 아이들의 상상력을 어떻게 무한대로 넓혀 주는지, 아이들의 성장에 어떤 영향을 미치는지, 아이들을 어떻게 성장하게 만드는지…. 그래서 그림책과 더불어 즐겁게 영양을 섭취할 수 있는 활동을 부모님들과 함께 고민하고 아이들과 그림책을 즐기면 좋겠다는 생각을 했습니다.

글과 그림이 조화를 이루며 공존하는 그림책은 유아뿐 아니라 성인까지 다양한 독자에게 사랑받는 독창적 매체입니다. 글을 몰라도 그림만으로 이야기를 이해할 수 있고, 다양한 방식으로 해석하고 상상하게 만드는 책이 바로 그림책입니다. 그림과 글을 연결하면서 문장의 의미를 더욱 잘 파악할 수 있고, 글과 그림의 차이를 인식해 더 깊이 사고할 수 있는 훌륭한 선생님이죠. 이런 그림책을 아이에게 놀이와 학습의 도구로 활용했을 때 미치는 영향과 정서적·교육적 효과는 상상을 초월합니다.

우리가 살아가는 세상은 끊임없이 소통을 필요로 하고, 그 소통을 위한 수단이 필요합니다. 소통의 수단을 익히고 배우는 과정에서 아이에게 어른의 가치를 주입하는 것이 아니라 아이가 가진 재능을 키워주는 기회를 제공하는 것이 우선입니다. 여기서 재능은 무언가를 타고난 능력이 아니라 무언가를 좋아하는 능력이라고 생각합니다.

이 책은 아이들의 성장에서 그림책이 조금이나마 도움이 되었으면 하는 고민과 바람에서 시작되었습니다. 그래서 이 책이 아이들에게 그림책이 지식을 전달하는 도구가 아닌 경험과 지식을 탐구하는 방법을 전달하는 도구로써 그림책에 대한 재능을 기르는 데 조금이나마 도움이 되기를 바랍니다.

부모님들이 아이와 함께 그림책을 통해 자연스럽게 놀이로 소통하면서 즐길 수 있기를, 또 함께 즐기는 시간을 통해 아이들의 문해력 발달에 중요한 밑거름이 되기를 희망합니다.

책탐인(책을 탐하고 탐구하는 사람들) 대표, 송유진

들어가는 말 2

작은 손가락으로 펼치는 세상, 아이와 함께하는 책 읽기 여정

책을 좋아하는 아이로 키우고 싶은 마음, 모든 부모의 희망 사항일 것입니다. 그런데 현실은 어떨까요? 그림책을 읽어 주려고 하면 아이는 금세 딴짓을 하거나 몇 장 넘기지 않았는데도 흥미 잃은 티를 팍팍 냅니다. 어떤 아이는 책을 제대로 보지 않고 넘겨 버리고, 또 어떤 아이는 책보다는 장난감과 놀이에 더 관심을 보입니다. 그러다 보니 부모는 "우리 아이는 책을 안 좋아하나 봐요"라며 걱정스러워합니다. 그렇다면 아이는 책을 싫어하는 걸까요? 아니면 아직 좋아하는 책을 접해 보지 않은 걸까요?

책을 좋아하는 아이들은 처음부터 그렇게 태어난 것이 아닙니다. 주변 환경을 통해 책 읽는 즐거움을 배우고, 책과 친숙한 환경에서 자연스럽게 독서 습관을 기르게 됩니다.

우리는 종종 '책 읽기'를 단순히 글자 읽는 기술로 여깁니다. 하지만 아이들의 독서는 그보다 훨씬 깊고 풍부한 의미를 지닙니다. 이는 세상을 처음 마주하는 어린 영혼이 상상력의 문을 여는 마법 같은 여정입니다.

그림책을 읽어 주는 것은 단순히 글을 들려주는 행위가 아닙니다. 부모와 아이가 함께 감정을 공유하고, 이야기를 만들어 가며, 서로의 세계를 이해하는 소중한 과정입니다. 아이들은 그림을 보며 상상의 나래를 펼치고, 부모의 목소리를 들으며 안정감을 느낍니다. 이런 경험이 반복될수록 책은 아이에게 점점 특별한 존재가 됩니다.

하지만 그림책을 읽어 주는 일이 항상 쉽지만은 않습니다. 아이마다 관심사가 다르고, 집중할 수 있는 시간도 다릅니다. 어떤 아이는 그림책을 몇 장 넘기지도 않고 덮어 버리는가 하면, 어떤 아이는 한 페이지만 계속해서 들여다보기도 합니다. 부모의 입장에서는 아이가 책에 집중하지 않는 것 같아서 답답할 수도 있지만, 아이마다 책 읽는 방식이 다르다는 것을 반드시 이해해야 합니다. 이때는 아이의 행동을 존중하며 자연스럽게 책을 즐기도록 도와주는 것이 중요합니다.

그렇다면 부모는 **어떤 태도로** 아이에게 그림책을 읽어 주어야 할까요? 사실 정해진 방식은 **없습니다**. 하지만 몇 가지 중요한 원칙은 있습니다. 책을 강요하지 **않는** 것, 아이의 관심을 존중하며 자연스럽게 책을 접하게 하는 것, 책 읽기를 놀이처럼 즐겁게 만드는 것입니다! 이

세 가지 원칙만 지켜도 아이와 그림책을 함께 보는 시간이 훨씬 의미 있고 소중해질 겁니다. 부모가 먼저 책을 즐기고 아이와 자연스럽게 책을 공유하는 분위기를 만들어 간다면 책은 아이에게 단순한 '활자'가 아닌 특별한 경험으로 다가올 것입니다.

아이들이 책을 좋아하게 되기까지는 시간이 필요합니다. 때로는 몇 번이고 같은 책을 읽어 달라고 조르기도 하고, 한 가지 장면에 꽂혀 새로운 이야기를 만들어내기도 합니다. 어떤 날은 아무리 노력해도 책에 관심을 보이지 않을 수도 있습니다. 중요한 것은 아이가 책을 부담스럽게 생각하지 않고 자연스럽게 친해지도록 돕는 것입니다. 이 과정에서 부모는 조급해하지 말고, 아이의 속도에 맞춰 함께 책 읽는 시간을 즐겨야 합니다.

책 읽기는 부모가 아이에게 해줄 수 있는 가장 값진 선물 중 하나입니다. 책 속 이야기와 그림을 함께 보며 나누는 대화는 아이의 감성과 사고력을 키우고, 부모와의 유대감을 높이는 데 큰 도움이 됩니다.

이 책을 통해 부모님들이 책 읽기에 대한 부담을 내려놓고, 아이와 함께하는 시간을 즐길 수 있기를 바랍니다. 책을 좋아하는 아이로 키우는 것은 결코 어려운 일이 아닙니다. 다만 부모가 먼저 책을 즐기고, 아이와 자연스럽게 소통하는 것이 가장 중요한 첫걸음입니다.

책을 읽는 시간은 아이와 함께 머물며 생각을 나누는 소중한 순간입니다. 단지 글자를 따라가는 활동이 아니라, 마음과 마음이 맞닿는 따뜻한 시간이죠. 하루 중 단 10분, 아이를 무릎에 앉히고 책을 펼치는 그 짧은 시간이 아이에게는 세상을 여는 창이 되고, 엄마에게는 마음을 채우는 위로가 됩니다.

지금 부모가 들려주는 이야기는 아이의 삶에 기준이 되고, 세상을 바라보는 방향이 되며, 흔들림 없는 내면의 힘으로 자리 잡을 것입니다. 부모의 따뜻한 목소리는 아이의 마음에 날개를 달아 주고, 생각의 폭을 조금씩 넓혀줄 테지요. 그렇게 오늘 책을 읽는 아이는 내일의 리더로 한 뼘씩 자라날 것입니다.

이 책이 부모와 아이가 함께 걷는 독서 여정에 작은 이정표가 되기를 진심으로 바랍니다.

디어블리교육연구소, 김은진

차례

들어가는 말 1   아이의 문해력을 깨우는 그림책의 힘　•4

들어가는 말 2   작은 손가락으로 펼치는 세상, 아이와 함께하는 책 읽기 여정

•8

CHAPTER 1.
유·초등 교과 연계, 그림책 읽기 로드맵

- 문해력은 어떻게 사고력을 키우는가　•22
- 부모가 알아야 할 문해력 step 1 읽기의 목적　•26
- 부모가 알아야 할 문해력 step 2 아이 성향에 따른 독서 접근법　•31
- 부모가 알아야 할 문해력 step 3 연령별 발달 단계에 따른 독서 과정　•34

- 부모가 알아야 할 문해력 step 4 유·초등 교육 과정 살피기 · 46
- 부모가 알아야 할 문해력 step 5 좋은 그림책을 고르는 안목 · 52
- 월별 주제에 따른 열두 달, 그림책 놀이 활동 안내 · 58

설레는 시작, 새 학년을 맞이하는 3월

01 내 이름이 궁금하지 않니? · 64
02 두렵지만 시작해 보자! · 68
03 선생님도 나랑 똑같아! · 72
04 우리는 친구 · 76

봄을 만끽하는 4월

01 뒷다리가 쑥! 앞다리가 쑥! 올챙이는 커서 무엇이 될까? · 82
02 자연과 공존하는 법 · 87
03 봄꽃놀이 · 91
04 봄의 먹거리, 봄나물 · 96

나와 가족의 소중함을 깨닫는 5월

01 가족의 탄생, 가족 이야기 · 102
02 엄마를 기쁘게 하는 방법 · 106
03 가족을 이해해요 · 110

04 가족에게 감사의 마음을 전해요 · 114

우리 동네를 관찰하는 6월

01 우리 동네를 관찰해요 · 120
02 우리 동네 이웃들 · 124
03 시장에 가면? · 128
04 우리 동네 '우체국' · 133

뜨거운 여름 7월

01 한여름 밤 불청객 모기 · 140
02 여름 날씨 · 144
03 여름 과일 · 148
04 여름철 놀이 · 152

다양한 교통수단을 알아보는 8월

01 땅 위를 달리는 탈것 · 158
02 하늘을 나는 탈것 · 163
03 철길을 달리는 탈것 · 168
04 물 위를 떠다니는 탈것 · 172

세계 속 우리나라를 알아보는 9월

01 우리 고유의 집 한옥 · 178
02 즐거운 명절 · 182
03 우라나라의 전통문화 · 186
04 세계 여러 나라의 다양한 문화 · 190

풍성한 가을 10월

01 가을 풍경 · 196
02 가을 곡식과 열매 · 200
03 가을 곤충 · 204
04 가을 날씨와 우리 생활 · 208

지구를 위한 작은 실천을 배우는 11월

01 물의 소중함 · 214
02 지구가 아파요 · 219
03 동물들이 위험해요 · 223
04 지구를 지키는 생활 습관 · 228

겨울을 맞이하는 12월

01 겨울 날씨와 옷차림 · 234

02 겨울나기, 김장 · 238

03 메리 크리스마스! · 241

04 나눔의 기쁨 · 245

다양한 도구의 쓰임새를 알아보는 1월

01 무한 상상, 고무줄의 세계 · 252

02 무엇이든 삼키는 가방 · 256

03 편리한 도구 · 260

04 새해맞이 음식 · 263

새로운 출발을 준비하는 2월

01 하나뿐인 너의 날 · 270

02 스스로 할 수 있어요 · 274

03 내가 하고 싶은 것은? · 278

04 여덟 살은 처음이지? · 282

CHAPTER 2.
하루 10분 그림책, 아이의 세상을 바꾼다

- 0~2세, 책으로 여는 아이의 세상 · 288
- 3~4세, 책 읽기 습관, 반복의 힘 · 296
- 영어책, 엄마와 아이가 함께 시작한 도전 · 308
- 5~6세, 아이의 상상력과 호기심을 키우는 중요한 시기 · 322
- 7세, 책과 평생 친구가 되다 · 334

CHAPTER 3.
아이와 함께 방문하면 좋을 해외 서점 및 도서관 List

- 해외 서점 방문기 · 346
- 01. MARUZEN Hakata, 일본 후쿠오카 · 351
- 02. bunkitsu(文喫), 이와타야백화점 내 서점과 북카페, 일본 후쿠오카 · 352
- 03. TSUTAYA(蔦屋), 일본 후쿠오카 · 353
- 04. 上海书城(Shanghai Book City), 중국 상하이 · 354
- 05. 誠品書店(eslite spectrum Tsim Sha Tsui), 홍콩 · 355

06. 中華書局, 홍콩공항 내, 홍콩	• 356
07. Kinokuniya(수리아 KLCC), 말레이시아 쿠알라룸푸르	• 357
08. BookXcess BX+, 말레이시아 쿠알라룸푸르	• 358
09. BookXcess RexKL, 말레이시아 쿠알라룸푸르	• 359
10. 誠品書店(eslite bookstore), 말레이시아 쿠알라룸푸르	• 360
11. 誠品書店(eslite bookstore ximen store), 대만 타이베이	• 361
12. Livraria Portuguesa, 마카오	• 362
13. bestseller, 마이크로네시아몰 & 괌프리미어아울렛, 괌	• 363
14. Barnes & Noble, 알라모아나센터, 미국 하와이	• 364
15. Pages & pages, 대니얼K.이노우에공항 내 서점, 미국 하와이	• 365
16. Daunt Books, 영국 런던	• 366
17. Hatchards-Piccadilly, 영국 런던	• 367
18. Foyles, 영국 런던	• 368
19. Waterstones Piccadilly, 영국 런던	• 369
20. Librairie Galignani, 프랑스 파리	• 370
21. Chantelivre, 프랑스 파리	• 371
22. Brentano's, 프랑스 파리	• 372
23. Shakespeare and Company, 프랑스 파리	• 373
24. Hugendubel, 독일 프랑크푸르트	• 374
25. TASCHEN, 독일 쾰른	• 375
26. Mayersche Buchhandlung, 독일 쾰른	• 376

27. Elizabeth's Bookshop, 호주 시드니 • 377

28. Berkelouw Books Paddington, 호주 시드니 • 378

29. State Library of New South Wales, 호주 시드니 • 379

30. Art Gallery of New South Wales, 호주 시드니 • 380

부록: 성장 단계별 독서 로드맵 • 382

CHAPTER 1

유·초등 교과 연계, 그림책 읽기 로드맵

문해력은 어떻게 사고력을 키우는가

요즘 부모들 사이에서 핫한 교육 이슈 가운데 하나가 바로 '문해력'입니다. 최근 심심치 않게 문해력 논란과 관련된 기사를 접했기 때문이라고 생각합니다. 얼마 전 온라인 커뮤니티에서 논란이 되었던 '중식' '우천 시'만 봐도 고개가 절로 끄덕여질 거예요.

체험학습 가정통신문에 '중식 제공'이라고 적혀 있자 한 학부모가 "우리 아이는 중국 음식을 싫어하는데 일방적으로 점심 메뉴를 결정하면 어떻게 하느냐"고 학교에 민원을 넣은 일이 있었다는 글로 문해력 논란이 뜨거웠어요. 또 한 어린이집 교사가 '우천 시 ○○로 장소 변경'이라고 공지했을 때 학부모들이 '우천시에 있는 ○○로'라는 곳으로 장소가 바뀌는 거냐고 오해한다는 글을 온라인 커뮤니티에 올렸어요. 단어에 대한 오해로 생긴 해프닝이라고 생각하기에는 정말 안타까운 현실입니다.

많은 전문가의 의견과 다양한 기관에서 발표한 실태 조사에 따르면 아이뿐 아니라 성인도 문해력이 과거보다 현저하게 떨어졌다는 결과를 내놓고 있습니다. 교육 전문가들, 학교나 원에서 아이들을 가르치는 선생님들 사이에서 문해력 저하의 가장 큰 원인으로 디지털 매체 과사용에 따른 독서 부족을 꼽습니다. 특히 우리나라의 경우 많은 문장(교과서와 다양한 읽기 자료 등)에서 한자를 혼용하고 있어 학년 수준 대비 문해력이 부족한 학생이 늘고 있는 것도 사실입니다. '공유(共有)'를 배우 '공유'라고 생각하고, '사흘'을 '4일'이라 알고 있는 아이가 많은 것도 바로 이런 이유입니다.

일부 부모는 어려운 단어나 한자 이해를 돕기 위해 가정과 사교육을 통해 따로 어휘를 학습시키기도 합니다. 일명 강남 부모들은 학원 등록을 위해 새벽부터 대기표를 뽑으려고 줄을 서고, 한 달에 수십만 원의 비용을 지출한다는 이야기도 종종 듣습니다. 물론 전문적인 선생님과 체계적 학습을 통해 문해력을 키우는 것도 하나의 방법이 될 수 있습니다.

하지만 그보다 더 쉬운 방법은 바로 가정에서 제대로 독서를 하는 것입니다. 제대로 된 독서는 단어의 기본 개념 등 지식 습득을 가능하게 하고, 더불어 어휘력도 향상시켜 줍니다. 여기서 말하는 제대로 된 독서는 책을 읽는 행위, 생각을 나누고 확장시키는 모든 활동을 포함합니다. 독서만 제대로 해도 문해력은 덤으로 향상될 수 있습니다.

문해력이 왜 중요한가요

어디를 가도 누구를 만나도 문해력의 중요성을 외치지만 왜 문해력이 필요한지, 어떻게 하면 문해력을 키울 수 있는지 물으면 머뭇거리는 사람이 생각보다 많습니다.

　대부분 '책을 읽으면 문해력을 키울 수 있겠지!'라고 단순하게 생각하겠지만 책 읽는 행위만으로 문해력을 높일 수 있다는 말은 좀 더 깊이 생각해 볼 필요가 있습니다.

　문해력은 '글을 잘 읽고 이해하는 능력'을 말합니다. 뜻풀이를 보면 단순히 책 속의 글자만 잘 읽으면 문해력을 키울 수 있겠구나 싶지만, '글을 잘 읽는다'는 것에 내포된 의미를 반드시 되새겨 볼 필요가 있습니다. 글을 잘 읽고 이해한다는 것은 글자를 읽는 행위를 넘어 읽은 글의 표면적 의미와 맥락에 담긴 의미를 파악할 수 있어야 한다는 뜻입니다.

　예를 들어 "토끼는 빨리 달리지만 거북이는 느려도 꾸준히 간다"라는 문장은 얼핏 토끼와 거북이의 특징으로 달리기를 설명하고 있는 것처럼 보이지만 사실 꾸준함의 중요성을 강조하는 글입니다. 이처럼 글의 단순한 표현 너머에 있는 맥락적 의미를 파악하는 것이 진정한 독해 능력입니다. 글의 의미를 제대로 이해해야 그 의미를 바탕으로 자신의 생각을 다양한 형태로 표현할 수 있습니다.

　문해력은 특히 유아기의 초기 발달에 중요한 역할을 합니다. 이 시기에는 기본적 단어와 문장 구조를 익히면서 언어와 사고력이 함께 발달합니다. 이때 문해력은 유아가 주변 환경을 이해하고, 감정을 표현하며, 사회적 상호작용을 시작하는 기초가 됩니다.

또 초등학생 시기에는 학습 능력의 기초가 되며, 교과 과정의 이해와 학습 성과에 직접적 영향을 미칩니다. 문해력이 뒷받침되면 자기 주도 학습도 가능해 학습에 대한 자신감을 가지게 됩니다.

청소년기에도 문해력은 다양한 정보를 이해하고 비판적으로 분석하고 평가하는 데 필수적입니다. 특히 빠르게 변하는 사회에서 다양한 정보의 진위를 판단하고 이를 활용하는 능력으로 이어지기 때문에 문해력은 일상생활뿐 아니라 정치·경제·사회 등 다양한 사회적 이슈를 새로운 시각과 관점으로 바라보고 참여하는 데 뒷받침 역할을 합니다.

문해력은 우리가 해결해야 할 평생의 숙제와 같습니다. 우리는 복잡한 사회에서 많은 사람과 상호작용하며 살아가야 하고 그 과정에서 원활한 소통이 필요한데, 이때 문해력은 타인을 이해하고 나아가 세상을 이해하는 열쇠가 됩니다.

· 부모가 알아야 할 문해력 step 1 ·
읽기의 목적

  문해력은 꼭 책으로만 키울 수 있는 것이 아닙니다. 어떻게 접근하고 활용하느냐에 따라, 아이 주변의 모든 읽을거리가 훌륭한 학습 자료가 될 수 있습니다. 아이가 좋아하는 간식 포장지, 자주 구매하는 문구류와 장난감, 길에서 마주치는 간판과 포스터 등을 제대로 이해하려면 문해력이 필요합니다. 주변의 이런 다양한 요소를 어떻게 접근하고 활용하느냐에 따라 아이의 문해력은 크게 달라집니다. 또한 이를 적절히 활용하면 문해력을 기르는 데 유용합니다. 중요한 것은 아이가 이런 글을 어떻게 읽고 이해하는지, 그리고 이를 어떻게 활용하느냐입니다.

  예를 들어 아이들이 즐겨 먹는 간식 포장지에 제공된 정보를 통해 포장지 속 간식의 생김새와 맛, 칼로리, 성분을 알 수 있고 더 다양한 방법으로 즐길 수도 있습니다. 또 포장지에서 제공하는 정보의 이면에 숨은 제품의 허점, 건강에 끼치는 영향에 대해서도 생각할 수 있습니다.

  엄마와 자주 가는 대형 마트의 광고 전단지 속 상품의 가격을 통해 화폐 개념을 알고, 상품의 친환경 마크를 보며 환경 문제를 생각할 수도 있습니다. 읽을거리가 넘쳐나는 시대에 그 읽을거리를 잘 활용한다면 아이들은 현명한 독자로 성장할 수 있습니다.

그렇다면 풍부한 읽기 자료를 앞에 두고 내 아이의 문해력을 키우기 위해 부모가 먼저 고민해 보아야 하는 것은 무엇인지 생각해 볼까요?

글을 읽을 때는 어떤 의도를 가지고 읽습니다. 심심한 시간을 때우기 위해 읽기도 하고, 정보를 얻기 위해 읽기도 합니다. 한 가지 예를 들어 볼까요? 평소 자주 접한 라면이 아니라 새로 출시된 라면을 먹으려고 할 때 라면을 어떻게 조리하는지 그 방법을 적어 놓은 포장지를 먼저 살펴봅니다. 이 상황에서의 목적은 새로 출시된 라면을 맛있게 먹는 것이고, 목적을 달성하기 위해 포장지에 쓰여 있는 라면을 맛있게 끓이는 방법을 읽습니다. 라면 봉지의 설명을 잘 읽고 맛있게 라면을 끓여 먹었다면 목적에 맞는 읽기를 했다고 할 수 있죠. 반면 제공된 정보를 읽지 않고 평소대로 라면을 끓였다면 새로 나온 라면을 제대로 즐기지 못할 수도 있습니다.

어른뿐 아니라 아이도 일상에서 다양한 목적을 가지고 읽기를 합니다. 의식적으로 목적을 상기하고 글을 읽는다면 보다 적극적이고 능동적인 읽기가 가능해져 자신이 얻고자 하는 정보를 그렇지 않았을 때보다 더 빠르고 쉽게 얻을 수 있습니다. 이런 이유에서 글을 읽기 전에는 반드시 목적을 세워야 합니다. 목적에 맞게 글을 읽는다는 것은 자신이 무엇을 필요로 하는지 방향성을 갖는다(안다)는 것이고, 방향성을 알게 된다면 쉽게 목적을 달성할 수 있습니다.

다음에 나오는 두 친구의 대화를 보며 목적에 맞게 글을 읽는다는 것이 얼마나 중요한지 알아볼까요?

1. 두 친구의 대화를 목적 없이 읽고, 그 후에 어떤 내용인지 떠올려 보세요.
2. 집을 구하는 사람이라고 가정한 뒤 두 친구의 대화를 읽어 보세요.
3. 자신이 도둑이라고 가정한 뒤 두 친구의 대화를 읽어 보세요.

한솔: 보람아, 우리 집에 놀러 오지 않을래? 매주 수요일마다 엄마 아빠가 참석하는 모임이 있는데, 오늘은 늦게 오신대. 근데 얼마 전에 아빠가 정말 큰 텔레비전을 사셨거든. 거기에 게임기를 연결하면 완전 실감 나고 진짜 재미있어!

보람: 그래! 그런데 나 지금 배고프거든. 혹시 너희 집 근처에 떡볶이 파는 분식집이 있을까?

한솔: 아니, 우리 집에서는 마트와 편의점이 멀리 떨어져 있고 분식집도 없어. 학교 앞에서 떡볶이를 사가야 하는데 괜찮지? 사실 우리 집이 학교랑도 멀고 다른 집들과 많이 떨어져 있고 사람이 많이 다니지 않는 곳이라서 배달도 잘 안 돼. 그래서 조금 속상하고 불편해.

보람: 그래서 가끔 학교에 지각하는구나. 학교에서 집이 멀어 그런 거였네.

한솔: 응, 그래도 집이 산과 가까워 아침마다 새소리를 들을 수 있고, 여름에는 2층 테라스에서 물놀이도 할 수 있어 너무 좋아. 겨울에는 마당에 불을 피워 고기도 구워 먹고 고구마도 구워 먹어. 그리고 주말마다 아빠랑 마당에 텐트를 치고 캠핑을 해.

보람: 우와! 나도 너랑 캠핑도 하고, 수영도 하고 싶다.

한솔: 나도 너랑 수영하고 싶은데, 요즘 2층에서 수영하면 아래층에 물이 샌다고 아빠가 수리하기 전까지는 못 한대. 수리되면 그때 수영하자!

    목적 없이 두 친구의 대화를 읽었을 때는 한솔이가 보람이에게 자기 집에서 함께 게임하자고 제안하며, 자신이 가족들과 집에서 어떻게 보내는지 자랑하듯 이야기한다고 생각할 수도 있습니다. 하지만 집을 구하는 사람과 도둑의 입장이 되어 두 친구의 대화를 읽으면 대화에서 얻을 수 있는 정보가 확연히 달라집니다.

    먼저 집을 구하는 사람의 입장에서 두 친구의 대화를 읽는다면 집의 위치나 구조에 대해 집중하게 됩니다. 한솔이의 말을 통해 자신이 원하는 조건의 집인지 생각하게 되겠죠. 자연을 좋아하는 사람일 때는 집이 산과 가까워 새소리를 들을 수 있고, 마당이 있어 캠핑을 할 수 있다는 점을 집중해 읽을 겁니다. 아래층에서 물이 샌다는 부분도 고려 사항이 되겠죠. 또한 아이가 있는 사람이라면 집이 학교에서 멀고 주변에 편의시설이 없다는 부분을 주의 깊게 살펴볼 것입니다.

반면 도둑의 입장이라면 한솔이의 집에 어떤 물건이 있는지, 어떻게 침입하면 좋을지를 생각하면서 글을 읽게 됩니다. 매주 수요일 한솔이 부모님이 모임에 가서 집이 비고, 다른 집들과 많이 떨어져 있으며, 사람이 많이 다니지 않는 곳이라는 점과 얼마 전 새로 산 큰 텔레비전을 기억할 것입니다.

이렇듯 글을 읽을 때 목적을 세우면 시간 소모를 줄이고, 필요한 정보를 신속하게 습득할 수 있습니다. 그리고 독서 중 집중력을 유지하고 중요한 정보를 놓치지 않게 됩니다.

· 부모가 알아야 할 문해력 step 2 ·
아이 성향에 따른 독서 접근법

　내 아이의 성향이 어떤지 먼저 파악해야 합니다. 성향은 주어진 환경이나 자극에 대해 드러내는 감정이나 행동 방식이라고 말할 수 있습니다. 우리 아이가 활발하고 에너지 넘치는지, 차분하고 내성적인지, 호기심이 많은지, 상상력이 풍부한지, 사람과의 상호작용을 좋아하는지, 감각적으로 민감한지, 자기 주도적이고 독립적인지 등 아이가 자신의 존재를 제대로 이해하고 인지하기 전까지 그 아이를 가장 잘 아는 사람은 부모입니다.

　아이가 어떤 성향을 가졌는지 그 성향을 파악해 적절한 읽기 방법으로 접근하면 아이의 관심과 흥미를 이끌어내어 독서 경험을 더욱 풍부하게 해줄 수 있습니다. 독서가 즐거운 놀이가 되는 순간 아이는 긍정적인 독서 습관을 형성하게 되고, 유의미하고 가치 있는 독서를 즐기는 평생 독자로 성장할 수 있습니다.

　또 걸음마 독서를 하는 과정 중에 아이 스스로 책 읽기가 가능해지고, 독서에 몰입하는 순간이 오면 독서에 대한 주도권을 아이에게 넘겨주는 연습도 반드시 필요합니다. 시기적절하게 아이한테 읽고 싶은 책을 고를 선택권을 주고, 놀이의 주체가 되게 한다면 놀라운 변화를 경험할 수 있습니다.

- **활발하고 에너지 넘치는 아이라면** 그림책을 읽을 때 이야기에 맞춰 소리 내기, 동작 따라 하기, 질문에 답하기 등 아이가 직접 참여해 에너지를 발산시킬 수 있는 활동을 해주세요. 또 그림책을 선택할 때는 이야기의 전개가 빠르고, 시각 측면에서 자극적인 그림이 많은 그림책을 선택하면 아이의 집중력을 유지할 수 있습니다.

- **차분하고 내성적인 아이라면** 그림책을 읽을 때 차분한 목소리로 천천히 읽어 주고, 편안한 분위기에서 독서 시간을 가져 안정된 독서 환경을 제공하는 것이 좋습니다. 또 그림이 디테일하고 서사가 부드러운 그림책을 선택해 아이가 그림과 이야기에 천천히 몰입할 수 있게 해주세요. 이야기의 진행이 느리더라도 섬세한 그림을 통해 감정을 이해하고 소화할 수 있습니다.

- **호기심이 많은 아이라면** 그림책을 읽을 때 질문을 던지거나 이야기 속의 사실과 정보에 대해 탐구하게 해주는 것이 좋습니다. 다양한 주제를 다룬 그림책을 통해 아이의 호기심을 자극하고 사실을 기반으로 얻을 수 있는 정보나 다양한 세계를 소개하는 그림책이 효과적입니다.

- **상상력이 풍부한 아이라면** 창의적이고 상상력을 자극하는 그림책을 선택해 아이가 이야기와 그림을 통해 상상력을 발휘하도록 해주는 것이 좋습니다. 비현실적이거나 판타지 요소가 포함된 그림책은 이야기와 그림을 통해 아이가 상상의 세계에 몰입할 수 있게 도와줍니다.

- **사람과의 상호작용을 좋아하는 아이라면** 다양한 사회적 상황과 인물 간의 상호작용을 다룬 책을 읽어 주면 좋습니다. 이야기 속 인물과 감정적으로 연결되도록 그 인물의 역할을 맡거나 책에서 다루는 상황을 재연하는 역할놀이를 통해 사회적 기술을 개발할 수 있습니다.

- **감각적으로 민감한 아이라면** 시각 측면에서 너무 자극적이지 않고 소리와 관련된 자극이 적은 그림책을 선택해 감각적 자극을 최소화함으로써 편안한 독서 경험을 할 수 있게 해줍니다. 부드러운 색상과 간결한 그림, 간단한 이야기는 감각적으로 민감한 아이가 그림책을 읽을 때 도움이 됩니다.

- **자기 주도적이고 독립적인 아이라면** 책을 선택하고 읽을 기회를 제공해 아이가 스스로 책을 탐색하고 독서에 참여하도록 해줍니다. 아이가 좋아하는 주제나 스타일의 책을 선택하도록 다양한 책을 제공해 자기 주도적인 독서를 지원하는 것이 좋습니다.

· 부모가 알아야 할 문해력 step 3 ·
연령별 발달 단계에 따른 독서 과정

유아와 초등 저학년 시기에는 기본적인 국어 능력과 학습의 기초 체력을 키우기 위한 체계적인 독서 교육이 필요합니다. 각 연령별 발달 특성, 교육 과정과 교과 특성을 고려할 때 우리 아이에게 필요한 독서와 관련 활동에 무엇이 있는지 알아보고 접근한다면 체계적인 독서를 통해 아이의 문해력을 향상시킬 수 있습니다.

0~3세 유아의 책 읽기 습관, 놀이로 시작하기

0~3세의 유아는 생후 10개월 이후부터 책에 반응합니다. 물론 이 시기의 유아에게는 책 읽는 행동을 기대할 수 없습니다. 책을 물고 빨면서 맛을 보거나 책의 촉감을 느끼거나 색을 인지하는 정도의 반응을 보이는 것이 전부입니다. 그래서 엄마 아빠가 아기를 품에 안고 책을 읽어 주며 정서적 교감을 나누는 것이 중요합니다. 엄마 아빠의 책 읽어 주는 시간은 미래의 독자가 될 유아에게 책에 대한 흥미를 키워 주는 동시에 부모와의 정서적 교감을 통해 유아의 정서 발달에 큰 도움이 됩니다. 특히 이 시기의 유아는 어휘 습득이 급속하게 이루어지

므로 책을 친숙하게 느낄 수 있는 반복적인 단어, 운율을 느낄 수 있는 어휘가 잘 표현된 그림책을 읽어 주면 좋습니다.

보송보송 개운해! | 조은수 글·박해남 그림 | 한울림어린이

주변의 모든 것을 놀이로 인식하는 0~3세 유아에게 빼놓을 수 없는 일과 중 하나는 씻기입니다. 목욕을 물놀이로 인식하는 아이도 있고, 신체에 닿는 물의 느낌 때문에 목욕을 거부하는 아이도 있습니다. 《보송보송 개운해!》는 목욕을 싫어하는 유아에게 목욕이 즐거운 놀이임을 인지시켜 주는 유아 보드북입니다.

이 책의 첫 장면에서 아기는 동물 인형을 품에 가득 안고 욕실로 갑니다. 그러고는 작은 대야에 물을 받아 조물조물하며 인형과 목욕 놀이를 합니다. 오리에게 '**치카치카**' 칫솔질도 해주고 커다란 토끼 귀를 '**쓱싹쓱싹**' 닦아 주기도 합니다.

이 그림책은 반복적 리듬과 단순한 대화로 구성되어 리듬감을 통해 아이가 책 읽기의 재미를 느끼게 만듭니다. 더불어 **꼬질꼬질**, **쓱싹쓱싹**, **텀벙**, **풍덩**, **첨벙** 등 다양한 의태어와 의성어가 나와서 아이와 목욕할 때 흉내 내는 말을 익히고 표현하기 좋아 리듬을 살려 더 재미있게 읽어 줄 수 있습니다. 이런 다양한 의성어와 의태어는 말을 배우고 표현하기 시작하는 유아의 언어 발달에 큰 도움이 됩니다.

목욕하기 싫어하는 유아에게는 재미난 놀이, 목욕하기 좋아하는 유아에게는 더 재미난 물놀이 시간이 되도록 도와주는 책으로, 아이에게 건강한 생활 습관을 길러 주는 시간이 될 것입니다.

책을 읽고 나서 목욕 시간을 즐거운 놀이 시간으로 바꿔 줄 수 있는 놀이와 연계합니다. 우선 큰 대야에 유아가 평소 갖고 놀던 인형이나 장난감을 준비하고 샤워볼도 준비해 주세요. 샤워볼을 이용해 인형이나 장난감을 깨끗하게 닦아 주며 목욕 놀이부터 시작해 봅니다. 샤워볼을 손으로 만지면서 까슬한 감촉도 느껴 보고, 자신의 몸에 문지르면서 촉각을 자극하도록 합니다. 이런 촉각 활동은 유아의 소근육 협응력을 길러 주면서 활발한 두뇌 활동으로 이어지도록 도와줍니다.

이번에는 OHP 필름과 유성 매직, 수성 사인펜, 유아용 버블폼, 샤워볼을 준비합니다. OHP 필름에 유성 매직으로 책 속에 등장하는 동물을 따라 그려 밑그림을 준비합니다. 책의 동물은 부모가 직접 그려도 좋고, 동물 도안을 이용해 그려도 됩니다. 그리고 수성 사인펜으로 아이가 마음껏 색칠하도록 합니다. 수성 사인펜으로 아이가 동물 그림 위에 낙서하듯 색칠하고 그림을 그리면 동물들은 점점 더러워지겠죠. 이렇게 더러워진 동물들은 어떻게 해야 할까요? 나쁜 병균들로 우글거리고 더러워졌으니 깨끗하게 목욕을 시켜야 하겠죠?

아이와 함께 욕실의 벽면에 더러워진 동물의 OHP 필름을 붙여 주고, 유아용 버블폼을 그 위에 뿌려 줍니다. 그리고 샤워볼을 이용해 더러워진 동물들을 깨끗하게 목욕시켜 주는 거죠. 더러워진 기린의 목도 **스윽스윽** 닦아 주고, 토끼 귀도 **쓱싹쓱싹** 닦아 주는 거예요. 유성 매직으로 그림을 그리고 물에 지워지는 수성 사인펜으로 색칠했기 때문에 더러워진 동물이 목욕을 통해 깨끗한 모습으로 변신합니다.

이런 놀이를 통해 아이는 자연스럽게 거품의 부드러운 촉감을 느끼며 즐거운 목욕 시간을 갖게 됩니다. 그리고 매일 반복되는 목욕 시간은 아이의 두뇌를 자극하고 상상력을 키워 주는 활동이 된답니다.

4~6세 유아의 독창성을 키워 주는 독서법

호기심이 자라는 4~6세의 유아는 이 시기에 말문이 트이고 어휘 수가 빠르게 증가합니다. 그리고 자기 감정을 말로 표현하고 호기심이 많아져 질문도 더욱 늘어납니다. 이때는 각 주제에 대한 호기심과 한글에 대한 관심을 키워 학습의 기초 체력을 길러 줘야 하고, 독서에 대한 흥미를 갖도록 해야 합니다. 다양한 주제의 독서 활동을 통해 책에 대한 흥미와 호기심을 갖게 하고, 창의적 표현 활동으로 지적 호기심을 충족시켜 줘야 합니다.

이 시기의 유아는 자아가 생기고 취향도 조금씩 강해져 책을 선택하는 데 있어 자신의 관심도를 드러내기 시작합니다. 게다가 자신이 좋아하는 책을 반복해 읽어 달라고도 하죠. 가끔 특정 책만 고집하며 반복해 읽어 달라는 것을 걱정하는 부모님이 있는데, 전혀 걱정할 필요가 없습니다. 이런 유아의 행동은 책을 흥미롭게 생각하고 있다는 뜻으로, 주요 어휘나 표현에서 강약을 달리하며 구연동화를 들려주듯 책을 읽어 주면 좋습니다. 유아는 책을 읽어 주는 부모 그리고 책과 상호작용을 통해 책 읽기에 적극 개입함으로써 읽는 재미를 느낄 수 있습니다.

미용실에 간 사자 | 브리타 테켄트럽 글·그림 | 키즈엠

사자는 남들이 자기를 싫어하는 이유가 뭔지 궁금했습니다. 원숭이는 덥수룩한 머리 때문이라고 말하며, 사자에게 미용실에 가자고 합니다. 사자는 "싫어!"라고 대답하지만, 머리를 손질하면 아주 멋진 사자가 될 거라는 원숭이의 말을 믿고 미용실에 갑니다. 미용실에 간 사자는 원숭이의 권유에 파마도 해보고, 노랗게 빨갛게 색을 물들여 보기도 합니다. 공주처럼 머리를 부풀려 보기도 하죠.

과연 사자는 어떤 머리가 가장 마음에 들었을까요? 아이는 어떤 스타일의 머리가 사자에게 가장 잘 어울린다고 생각할까요? 구멍 뚫린 사자 얼굴에 다양한 머리 모양을 덧대고 한 장 한 장 페이지를 넘기며 보는 재미를 느끼고, 다음 장에는 어떤 스타일을 한 사자의 모습을 볼 수 있을지 기대도 합니다. 사자에게 가장 잘 어울릴 머리 스타일을 떠올리고 상상하다 보면 창의력을 자극해 독창성이 길러지는 책이랍니다.

사자에게 어울리는 멋진 머리를 꾸며 주는 미용실 놀이를 통해 표현력을 기르는 시간을 가져봅니다. 먼저 휴지심과 색종이, 털실, 펀칭, 가위, 풀을 준비합니다. 휴지심에 눈, 코, 잎을 그려 얼굴을 꾸며 주고, 휴지심 위쪽에 펀칭으로 일정한 간격으로 구멍을 뚫은 뒤 이 구멍에 털실을 여러 겹으로 묶어 줍니다. 털실을 다양한 색깔로 묶어 주면 알록달록 염색한 머리카락이 표현되겠죠? 이렇게 털실로 머리카락을 만든 뒤 머리를 땋아 주어도 좋고, 가위를 이용해 단발로 머리카락을 예쁘게 잘라 주어도 좋습니다.

이번에는 색종이를 활용해 꾸며 봅니다. 색종이 한쪽 면을 2센티미터 정도 남겨 놓고 일정한 간격을 둔 채 가위로 오리고, 남겨 놓았던 부분을 휴지심 위쪽에 빙 둘러 붙입니다. 굵기가 다른 연필, 색연필, 매직 등을 이용해 붙인 색종이를 둥글게 말았다가 풀어 주면 펌한 머리가 되죠. 휴지심 대신 도화지에 얼굴을 그리고 색종이를 쭉 찢어 붙여 꾸며도 됩니다. 이때 역할을 정해서 미용하는 행동에 대한 표현을 말로 하면 표현력도 함께 기를 수 있습니다.

7세 유아, 교과 학습을 거부감 없이 받아들이도록

기본 언어 사용 능력을 갖추기 시작하는 7세의 유아에게는 언어 사용 능력을 적극 발굴해 쓰기에 대한 관심을 높여 주어야 합니다. 또한 이 시기에는 교과 학습을 거부감 없이 받아들이도록 도와주어야 합니다. 그래서 다양한 분야와 주제에 대한 흥미와 배경 지식을 습득하도록 여러 장르의 책을 접하고 내용의 이해뿐 아니라 어휘력 키우기에 집중해야 합니다. 이 시기는 낱말의 개념이 아직 자리 잡지 못했기 때문에 어휘 사용이 불완전합니다. 그래서 많은 어휘를 접할 수 있는 환경이 중요한데, 즐겨 부르는 노래를 활용하거나 게임을 이용해 언어 놀이를 즐기도록 유도합니다.

예를 들어 동요〈깊은 산속 옹달샘〉을 부르면서 동요의 노랫말 문장에서 다양한 의성어와 의태어를 익혀 표현력을 기를 수 있고, 꾸며 주는 말로 인해 꾸밈을 받는 어휘의 뜻을 쉽게 이해할 수 있습니다. 또 노랫말의 내용을 바탕으로 "토끼는 왜 세수하러 왔다가 물만 먹고 갔을까?" "내가 토끼라면 옹달샘에 가서 무엇을 할까?" 등 다양한 형태의 질문을 만들어 토론할 수도 있습니다. 질문의 유형에 따라 생각의 방향이 달라지기도 하고, 생각의 방향에 확장된 사고력을 바탕으로 다양한 문제해결 능력까지 키울 수 있습니다. 동요 하나만 불렀을 뿐인데 생각을 나누고 문제해결 능력까지 기를 수 있게 되는 거죠.

놀이를 통해 배우는 시기이므로 다양한 놀이나 체험 활동이 포함되면 효과적으로 배울 수 있습니다. 구체적인 언어 활동은 다양한 독서와 활동을 통해 사고를 활성화시키고, 깊이 있는 이해를 바탕으로 정보를 조직화할 수 있게 합니다.

이 시기의 유아는 선과 악의 갈등이 뚜렷한 옛이야기를 즐기며, 나

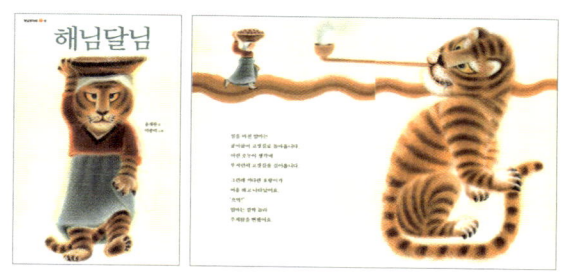

해님달님 | 송재찬 글·이종미 그림 | 국민서관

쁜 사람은 벌을 받고 착한 사람은 복을 받는 선의 승리를 좋아합니다. 《해님달님》에서 오누이를 괴롭히고 잡아먹으려는 호랑이가 마침내 벌을 받는 장면은 유아에게 시원하고 통쾌한 감정을 선사합니다. 또한 이 책은 호랑이처럼 약한 존재를 괴롭히면 반드시 벌을 받게 된다는 교훈을 전합니다. 혹여 오누이가 호랑이에게 잡아먹힐까 긴장하며 책을 읽다가도 마지막 장을 덮을 때는 안도하며 호랑이가 벌을 받는다는 사실이 당연하다는 표정을 짓게 되고, 또 다른 옛이야기를 읽게 되는 계기가 됩니다.

옛날부터 전해 내려오는 전래동화, 신화, 설화나 명작동화 등은 이런 요소를 두루 갖추고 있어 이 시기의 유아들이 좋아하는 장르입니다. 옛날이야기는 옛 조상의 이야기에서 삶의 지혜를 배우며 좋은 가치관을 형성하는 데 도움을 받을 수 있습니다. 전래동화를 "옛날옛날에~"로 시작하는 이야기체로 들려주면 노래하듯 반복되는 이야기를 상상해 보기도 하고, 스스로 자신의 말로 구성해 다시 말해 보면서 내용을 조직화하는 사고력을 키우는 데도 좋습니다. 더불어 상상력을 자극하는 그림과 흥미를 잃지 않도록 오감을 사용할 수 있는 책놀이를 함께 해주면 더욱 좋습니다.

　예로부터 아낙네들이 다양하게 사용해 오던 보자기를 이용해 아이에게 《해님달님》 이야기를 역할극 놀이로 전달해 봅니다. 책을 보자기에 담아 묶어 두었다가 보자기 속에 들어 있는 이야기 보따리를 풀어 들려주기 시작합니다. 표지에 보이는 호랑이는 머리 위에 똬리를 받치고 바구니를 이고 있습니다. 머리에는 두건을 쓰고 있고요. 책을 담았던 보자기를 둘둘 말아 똬리를 만들어 머리에 받치고 호랑이처럼 엉덩이를 양쪽으로 흔들며 오누이를 찾아온 호랑이의 모습을 흉내 냅니다. 보자기는 이야기를 전달하는 과정에서 호랑이가 쓴 머리의 두건이 되기도 하고, 꼬리가 되기도 합니다. 또 하늘에서 오누이를 구하기 위해 내려오는 밧줄이 되기도 합니다. 보자기를 이용한 역할극 놀이는 옛 물건의 쓰임새를 다양하게 익히면서 전래동화의 주제가 권선징악임을 재미나게 전달할 수 있습니다.

8~9세, 통합사고력을 키우는 독서와 체험 활동 전략이 필요

　창의적 표현력과 통합사고력이 갖춰지는 8~9세 시기에는 통합 교과 주제와 관련된 어휘를 익히고 정보를 깊이 탐색해 학습에 대한 자신감을 키워 줘야 합니다. 그러기 위해서는 전략적 읽기 능력과 문제 해결 능력을 적극적으로 키워야 합니다. 큰 소리로 책을 읽거나 역할을 정해 읽거나 실감 나게 책을 읽는 등 다양한 읽기 전략을 활용한 훈련이 필요합니다.

　초등 저학년 교육 과정의 목표는 '읽기의 유창성'입니다. 읽기의 유창성을 기르기 위해서는 띄어쓰기와 맞춤법에 맞춰 글의 흐름을 파악해 유능하게 읽도록 하는 훈련이 필요합니다. 이때 배경 지식을 활용하도록 돕는 질문을 하거나 스스로 질문을 만들게 하면 글의 내용을 잘 이해하게 되어 자기 생각과 느낌을 잘 구사해 표현할 수 있습니다. 그리고 교과 관련 주제의 도서 읽기와 체험학습을 통해 배경 지식을 쌓아 교과서의 내용을 확장하고 심화할 수 있도록 도와주어야 합니다.

　자녀가 초등 저학년이라면 읽기와 쓰기에 대한 흥미와 관심을 불러일으킬 방법이 무엇인지, 정보를 그대로 받아들이기보다 정보를 평가하고 활용할 능력을 기르기 위한 어떤 방법이 있는지 고민해 봐야 합니다. 변화하는 교육 과정에서 요구하는 역량을 키우기 위해 독서가 중요하고 필요하다는 건 알지만, 그냥 책만 많이 읽힌다고 되는 것은 아닙니다. 아이의 장단점을 파악하고, 독서 흥미 발달 단계에 따라 적절한 독서 활동을 할 때 아이는 자기 주도적인 독서를 통해 꾸준히 문해력을 기를 수 있습니다.

　예를 들어 집중력은 떨어지지만 친구들과 어울리기 좋아하는 아이는 사람에 대한 관심이 많아서 다른 사람에게 감정 이입이 잘 되는 편입니다. 이런 유형의 아이에게는 사회적 약자를 다룬 이야기나 가슴 아픈 현실의 동화를 읽고 충분한 공감을 이끌어내도록 해주면 집중력은 물론이고 독서에 대한 흥미를 높일 수 있습니다. 이때 아이가 좋아하는 애니메이션부터 활용해 보세요. 이는 다양한 읽을거리 중 하나인 매체를 활용하는 방법으로, 아이가 좋아하는 애니메이션에 나오는 등장인물과 사건을 중심으로 이야기를 새롭게 구성해 보는 겁니다. 뮤지컬이나 영화관에 비치된 팸플릿을 활용하면 부모의 수고로움을 덜 수 있습니다. 등장 캐릭터에게 해주고 싶은 말을 말풍선 포스트잇을 활용해 쓰거나 등장 캐릭터를 오려서 악당을 물리치는 스토리를 구성해 보는 것도 좋은 방법입니다.

고집이 세고 자기주장이 강한 아이는 활동적이라 친구들 사이에서 리더십이 강한 편입니다. 이런 유형의 아이에게는 자기 생각을 논리적으로 펼칠 기회를 자주 만들어 주면 좋습니다. 환경이나 사회문제를 다룬 책을 읽고, 문제해결 방법에 대해 가족들과 자기 생각을 나누는 활동이나 어린이신문을 활용한 NIE 활동으로 독서 흥미를 높여 주세요. 실용적이고 현실 지향적인 성격으로 상상력이 부족할 수 있으므로 책을 읽고 뒷이야기를 상상해 보거나 동화책 만들기 등 상상력을 일깨워 주는 작업 등 창의력을 높이는 데 도움이 되는 활동도 필요합니다.

관찰력이 뛰어나고 어떤 일이든 꼼꼼하고 완벽하게 하려는 아이는 조용히 앉아서 무언가 몰두하는 작업을 좋아합니다. 이런 성향의 아이는 자료를 수집하고 분석하는 데 뛰어난 자질을 가져서 읽은 책의 내용과 주제, 감상 등을 기록하는 활동을 통해 더 많은 흥미를 느낄 수 있게 해야 합니다. 아이가 관심 있어 하는 분야의 책을 읽고 스크랩을 하거나 주변을 관찰하고 기록하는 것부터 시작하면 큰 성취감을 느낄 수 있습니다. 하지만 꼼꼼하고 완벽한 성격으로 인해 스트레스를 받을 수 있으니 책을 활용한 신체 놀이나 만들기 활동을 통해 스트레스를 줄이도록 해주세요.

· 부모가 알아야 할 문해력 step 4 ·
유·초등 교육 과정 살피기

아이가 원과 학교에서 무엇을 배우는지, 가정에서 무엇을 보충해야 하는지 기본 교육 과정을 살펴봐야 합니다. 앞서 언급한 책 읽는 목적을 알 때 문해력을 높일 수 있다는 의미와 일맥상통합니다.

교육 과정을 살펴본다는 것은 교육기관에 아이를 전적으로 맡기는 것이 아니라 아이의 교육 과정에 적극적으로 참여해 부모로서 의무를 행하는 것이고, 아이에 대한 이해를 확장하는 것입니다. 또한 결과적으로 교육 과정의 적정성과 그 질을 제고해서 가정에서도 바람직한 방향으로 교육 과정을 연계해 아이에게 긍정적인 영향을 미치게 됩니다. 이런 부모의 노력은 아이가 올바른 교육을 받고, 발달 단계에 맞춰 학습하며 원(학교) 생활에 적응하는 데 도움을 줍니다. 또 부모가 교육 과정을 살펴서 누리과정과 초등학교 교육 과정 간의 연계성을 이해하면 아이의 학습 흐름을 파악해 일관된 학습 환경을 제공할 수 있고, 이는 아이의 학습 지속성과 성취도 향상에 이바지하게 됩니다.

부모가 교육 과정의 목표와 내용을 숙지하면 가정에서 아이의 학습을 더욱 효과적으로 지원할 수 있습니다. 예를 들어 학교에서 배운 내용을 가정에서 연계하여 복습하거나 심화 학습을 제공할 수 있습니다.

따라서 부모님들이 누리과정과 초등학교 교육 과정을 미리 숙지하는 것은 아이의 학습과 발달을 지원하는 데 필수적입니다. 이를 통해 자녀의 교육 여정을 더욱 풍성하고 의미 있게 만들어 줄 수 있습니다.

먼저 누리과정의 성격과 추구하는 바를 살펴보면 그 구성 방향과 내용에서 놀이가 전면에 배치되었음을 알 수 있습니다. 이것은 사람의 일생에서 가장 중요한 신체와 정신 건강의 기초를 형성하는 유아기의 특징을 고려한 것이라고 볼 수 있습니다. 다시 말해 놀이를 중심으로 신체와 정신이 건강한 사람이 되도록 돕는 것이 누리과정이 추구하는 바입니다. 과거에는 교사를 통해 지식으로 이해하고 경험했다면, 이제는 유아의 입장에서 놀이를 통해 즐겁게 경험하고 배우며 이해하는 것이 필요하다는 시각이 담긴 거죠.

누리과정 교육 내용의 구성은 유아가 경험해야 할 내용으로 이루어집니다. 보육 과정 그리고 초등학교 교육 과정과의 연계성을 고려해 신체 운동·건강, 의사소통, 사회관계, 예술 경험, 자연 탐구 등 5개 영역을 중심으로 구성됩니다.

5개 영역을 바탕으로 유아는 자기 존재의 소중함을 알고, 건강하고 안전한 생활 습관을 기르며, 사람과 자연을 존중하고 배려하며 소통하는 태도를 배웁니다. 또 일상에서 아름다움을 느끼고 문화적 감수성을

유치원 누리과정 월별 주제 프로그램

월	주제	교육 활동
3월	새 학기	새로운 학기, 친구들에 대한 기대와 함께 준비 활동을 진행합니다.
4월	봄, 자연과 식물	봄의 변화와 봄에 피는 꽃과 식물에 대해 배우고, 식물 심기나 자연 탐험 활동을 통해 계절의 변화를 경험합니다.
5월	가족	가족의 다양한 형태와 소중함을 배우고, 사랑과 감사에 대한 표현 활동을 합니다.
6월	우리 동네	주변을 관찰하면서 자신이 속한 환경과 다양한 직업을 이해하는 활동을 합니다.
7월	여름과 건강	여름철의 특징과 물과 관련된 활동을 배우며, 여름방학을 통해 다양한 경험을 나누는 활동을 진행합니다.
8월	교통수단	목적에 따른 다양한 교통수단에 대해 알고, 안전 수칙에 대해 익히는 활동을 합니다.
9월	우리나라	우리나라를 포함한 세계의 문화를 배우고, 추석과 관련해 명절을 기념하는 활동을 진행합니다.
10월	가을	가을철의 특징과 수확의 중요성을 배우며, 농작물 수확과 관련된 활동을 진행합니다.
11월	환경과 생활	생활과 환경의 밀접한 연관성을 깨닫고, 환경을 보호하기 위한 실천 활동을 합니다.
12월	겨울	겨울철의 특징과 연말을 맞이하는 다양한 활동을 배우고, 크리스마스를 기념하는 축제 활동을 합니다.
1월	새해 / 생활과 도구	다양한 도구, 새해의 전통과 다짐을 배우고, 겨울 관련 놀이를 합니다.
2월	형님반으로 가요	자신의 성장 과정을 돌아보면서 나를 깊이 이해하는 시간을 가지고 자립심을 키우는 방법을 고민해 보는 활동을 합니다.

기르며, 자기 일을 스스로 해결할 수 있는 기초 능력과 호기심, 탐구심을 가지고 상상력과 창의력을 기르게 됩니다. 누리과정의 5개 영역에 대한 내용은 놀이와 교육이 서로 연계되어 유아가 통합적으로 경험하고 배우며 성장하도록 돕는 일련의 과정을 담고 있습니다.

  누리과정의 5개 영역을 통합한 월별 교육 주제를 알면 체계적으로 독서에 접근할 수 있습니다.

2022년 개정되어 2024년부터 시행된 초등학교 1~2학년 교과 과정은 유치원의 누리과정과 연계해 아이가 학습 과정을 자연스럽게 이어가도록 설계되었습니다. 이 과정은 학습자의 자기 주도성을 키우고, 체험 중심 교육을 중점적으로 반영하며, 아이의 경험과 관심을 기반으로 주제를 선정해 통합적 사고와 학습을 촉진합니다. 초등 1~2학년 통합 교과서는 '학교' '우리나라' '사람들' 등의 주제를 중심으로 학기별로 전개되며, 이는 유아 누리과정의 월별 주제와 긴밀하게 연결되도록 기획되었습니다.

1학년 1학기의 교과서 주제는 '학교' '사람들' '우리나라' '탐험' 등 주제를 다루며, 이는 누리과정의 '나와 가족' '우리 동네' '자연환경'과 연관되어 있습니다. 이런 주제를 통해 아이는 타인과의 관계를 이해하고, 주변 환경에 대한 인식을 넓히며, 원활하게 학교생활에 적응할 수 있습니다.

2학년 1학기에는 '나' '자연' '마을' '세계'가 주요 주제에 포함됩니다. 이들 주제는 누리과정에서 다루는 '나' '자연과 동·식물' '사회 공동체'와 맞물려 아이들이 더욱 폭넓은 시야로 세상과 문화를 이해하도록 유도합니다. 예를 들어 '세계' 단원에서는 다양한 국가의 문화와 생활 방식을 배우고, 이를 통해 서로 다름을 존중하는 과정을 형성하도록 이끕니다.

초등학교 1~2학년 통합 교과서 성취 기준과 교육 활동

학년	학기	통합 교과서 주제	성취 기준과 교육 활동
1학년	1학기	학교	학교 생활 습관을 형성하고 안전하게 생활하는 방법을 배우며, 놀이를 통해 건강을 지키는 활동을 수행합니다.
		사람들	가족을 포함한 주변 사람들과 관계를 맺고 다른 사람을 배려하는 법을 익히며, 서로 소통하고 어울리는 방법을 학습합니다.
		우리나라	나라를 사랑하는 마음과 소중함을 알고, 우리나라의 문화를 조사하는 과정을 통해 문화예술을 배우고 즐기는 활동을 합니다.
		탐험	새로운 활동에 호기심을 갖고, 궁금한 세계를 여러 매체로 탐색하면서 다양한 세상을 상상하고 표현하는 활동을 합니다.
	2학기	하루	하루의 변화를 탐구하며 현재의 가치를 느끼고 소중히 여기는 방법을 배웁니다.
		약속	다양한 약속과 규칙을 탐색하고, 일상생활에서 약속과 규칙의 중요성을 이해하며 실천하는 활동을 통해 책임감을 배웁니다.
		상상	다양한 생각과 의견에 개방적 자세를 갖도록 배우고, 자유롭게 상상한 것을 다채로운 매체와 재료로 구현하며 놀이를 합니다.
		이야기	여럿이 하는 활동을 통해 협력을 경험하고, 경험한 것 중 관심 있는 주제를 정해 조사하고, 생각이나 느낌을 살려 전시나 공연 활동을 합니다.
2학년	1학기	나	자신의 모습을 이해하고 표현하며, 감각과 움직임을 느끼는 놀이 활동을 통해 자신을 탐색합니다.
		자연	사람과 자연이 함께 어우러진 생태계를 탐구하고 자연의 아름다움을 감상하는 활동을 합니다.
		마을	우리가 사는 마을과 사람들이 생활하는 모습을 살펴보고, 공동체에서 자신이 할 수 있는 일이나 참여할 수 있는 일을 찾아 실천하도록 합니다.
		세계	차이나 다양성을 존중하는 마음을 바탕으로 다른 나라를 탐구하고, 그 나라의 문화예술을 체험하는 활동을 합니다.
	2학기	계절	계절에 따른 생활 변화를 살펴보고, 자연의 변화를 놀이로 경험하는 활동을 합니다.
		인물	여러 인물의 업적과 삶을 통해 공동체성을 기르며 다양한 역할을 배웁니다.
		물건	생활에 도움을 주는 도구의 모양이나 기능을 탐색하고, 주변의 물건을 활용해 놀잇감 만드는 활동을 합니다.
		기억	자신의 생활과 학습 습관을 돌아보고, 배운 내용과 미래의 배움을 연결해 스스로 성찰하고 앞으로의 학습을 계획합니다.

2학기에는 일상생활과 연결된 '시간' 개념을 포함해 1학년 '하루' '약속' 2학년 '계절' '기억' 같은 주제로 확장됩니다. 이는 누리과정에서 배운 시간의 흐름과 자연의 변화를 심화시켜 아이들이 일상에서의 경험을 더 깊이 받아들이고 이해하도록 돕습니다.

   각각의 교과 단원은 이야기, 활동, 놀이를 기반으로 구성되어 있으며, 누리과정에서 다룬 기본적 주제를 심화하고 확장합니다. 이를 통해 학습의 연속성을 유지하면서 아이들의 흥미를 불러일으키고 심화된 사고력과 개념 형성을 돕습니다.

· 부모가 알아야 할 문해력 step 5 ·
좋은 그림책을 고르는 안목

좋은 그림책을 고르는 안목이 필요합니다. 세상에는 수많은 그림책이 존재하며, 지금도 새로운 그림책이 만들어지고 있습니다. 이 가운데서 내 아이에게 어떤 그림책을 읽게 할 것인지 고민하는 것은 우리가 부모이기 때문입니다. 칼데콧 상, 뉴베리 상, 케이트 그린어웨이 상, 볼로냐 라가치 상, 아스트리드 린드그렌 상 등 그림책 전문가들의 선택을 받은 그림책이 가장 안전한 선택이겠지만, 이 방법이 반드시 최선의 기준은 아닙니다. 또한 도서 판매 순위나 블로그의 리뷰, 인기순 등 대중적 평가를 기준으로 선택한다고 해도 아이의 반응은 부모의 예상과 다를 수 있습니다. 그렇다면 어떤 요소를 우선적으로 고려해 그림책을 골라야 할까요?

첫 번째, 아이가 재미와 호기심을 갖고 감동받을 수 있는 책을 고르는 것이 중요합니다. 아이가 자연스럽게 관심을 가질 수 있는 동물, 가족, 모험 등을 주제로 한 그림책을 선택해 보세요. 매력적인 책은 아이들에게 독서의 즐거움을 심어 주기도 하지만, 반대로 흥미를 잃게 만들 수도 있습니다. 책에 대한 아이의 긍정적이고 적극적인 반응은 독서에 대한 참여 의지를 높이고 다음 책에 대한 기대감을 키워 자연스럽게 독서 습관을 형성하는 데 도움을 줍니다. 아이가 좋아하는 책을 고르는 일은 그 책이 단순히 책장에 머물러 잠자는 그림책이 되느냐, 자주 꺼내 읽고 싶은 그림책이 되느냐를 좌우하는 핵심 요소입니다.

두 번째, 아이의 연령과 수준에 맞게 글과 그림의 비율이 조화를 이룬 책을 고르는 것이 좋습니다. 그림과 글이 서로 어우러지면 아이들은 텍스트를 이해하면서 그림을 통해 더 많은 정보를 얻고, 책의 내용을 머릿속에 채워 가며 상상력을 키울 수 있습니다.

세 번째, 간결하면서도 생생하게 표현된 문장과 그림이 돋보이는 책을 고르는 것이 좋습니다. 문장이 지나치게 길거나 복잡하면 아이가 흥미를 잃을 수도 있습니다. 글과 그림이 서로 어울리고, 아이들의 호기심과 창의력을 자극하는지 살펴보아야 합니다.

네 번째, 긍정적 메시지와 유익한 교훈을 전달하는 책을 선택합니다. 유아기와 초등 저학년은 도덕적 개념과 기본적인 사회적 가치관을 배우는 시기이므로 간접 경험을 통해 올바른 사고를 형성할 수 있는 그림책이 필요합니다. 그림책의 주제와 메시지는 아이가 세상을 이해하는 데 중요한 역할을 하며, 건강한 가치관을 갖고 성장하도록 돕습니다. 아이는 책 속 주인공에게 자신을 투영시켜 주인공의 마음에 공감하고, 주인공이 어려움을 극복하는 과정을 보며 자신도 도전에 맞설 용기와 자신감을 갖게 됩니다.

다섯 번째, 사회적 편견을 조장할 우려가 있는 책은 신중하게 선택합니다. 직업, 성 역할, 인종, 종교 등 민감한 주제를 다룰 때 고정관념을 심어 줄 수 있는 내용을 담았는지 살펴보는 것이 필요합니다. 예를 들어 남성은 강해야 하고 여성은 순종적이어야 한다는 식의 메시지는 아이에게 부정적 영향을 줄 수 있습니다.

부모라면 누구나 명작이라고 불리는 책을 우선적으로 읽어 주려고 합니다. 하지만 때로는 그 속에서 뜻하지 않는 불편한 구절을 마주하기도 하죠. 우리가 알고 있는 명작 그림책은 사실 원작과 거리가 멀고, 아이들을 위해 지은 동화가 아닌 경우가 많습니다. 문제는 부모가 읽어 주는 그림책을 통해 처음으로 세상과 만나고, 거기서 받은 인상이 아이의 잠재의식에 각인된다는 데 있습니다. 이것이 바로 어떤 그림책을 접하는지가 중요한 이유입니다.

부모는 대개 '명작'이라는 타이틀을 믿습니다. 그래서 내용을 깊이 들여다보지 않고 대수롭지 않게 넘기는 경우가 많습니다. 하지만 명작 그림책 속에는 우리가 미처 인지하지 못하는 수많은 상징 코드가 숨겨져 있습니다. 이런 요소들은 아이의 정서 발달뿐 아니라 가치관 형성에도 적지 않은 영향을 미칩니다. 따라서 그림책을 선택할 때 단순히 유명세에 의존하기보다는 그 안에 담긴 메시지가 우리 아이에게 어떤 의미로 다가올 것인지를 고민하며 신중하게 접근할 필요가 있습니다.

마지막으로, 부모의 취향보다 아이의 시선에서 책을 선택하는 것이 중요합니다. 부모는 자신이 어린 시절 감명 깊게 읽었던 명작이나 교육적으로 유익하다고 여겨지는 책을 아이에게 권하는 경향이 있습니다. 그러나 독서에서 가장 중요한 것은 책을 읽는 주체가 아이라는 점입니다. 아이의 흥미와 발달 수준을 고려하지 않고 부모의 기준에 따라 선택된 책은 아무리 내용이 훌륭하더라도 아이에게 부담이 되거나 흥미를 떨어뜨릴 수 있습니다. 또한 책이 연령과 수준에 적합하더라도 아이에게는 교육적 가치보다 재미와 흥미가 더 중요한 요소가 될 수 있습니다. 사람마다 음식 취향이 다르듯 책을 즐기는 포인트도 각기 다릅니다. 따라서 부모의 취향을 아이에게 강요하기보다는 아이가 진정으로 흥미를 느낄 수 있는 책을 선택하도록 존중하는 태도가 필요합니다.

아이가 스스로 흥미를 느끼는 독서는 단순한 학습이 아니라 세상을 탐색하는 즐거운 경험이 됩니다. 책 속 이야기를 통해 감정을 표현하는 법을 배우고, 생각을 확장하며, 자연스럽게 창의력과 사고력을 키워 나갑니다. 부모는 '좋은 책'이라는 기준을 자신의 시각에서 정의하기보다 아이의 관심과 발달 단계를 존중하며 책 선택을 도와야 합니다. 아이가 책과 친밀한 관계를 형성할 때 독서는 강요가 아닌 자발적 즐거움이 되고, 평생 지속될 수 있는 습관으로 자리 잡을 것입니다.

지금 아이의 책장을 살펴보세요. 혹시 부모가 선호하는 작가나 출판사의 책만 가득 차 있지 않나요? 아이가 눈길도 주지 않는 책들로 채워져 있다면 새로운 선택이 필요합니다.

부모를 위한 tip : 관심사를 파악하는 방법

- **아이의 일상에서 그 단서를 찾아보세요.**

  아이가 평소 즐겨 하는 놀이를 보면 관심 있는 주제를 쉽게 파악할 수 있습니다. 예를 들어 공룡 장난감을 자주 가지고 논다면 공룡 관련 그림책, 로봇 놀이를 좋아하면 기계나 과학 이야기가 담긴 책에 흥미를 느낄 가능성이 큽니다.

  아이들은 호기심이 많은 주제에 대해 끊임없이 질문합니다. "하늘은 왜 파래?" "물고기는 어떻게 숨을 쉬어?" 등의 질문을 자주 한다면 그와 관련된 과학 그림책이나 탐구 활동이 포함된 책을 추천해 보세요.

  아이가 자주 보는 애니메이션, 유튜브 콘텐츠, 좋아하는 캐릭터를 보면 관심 분야를 알 수 있습니다. 만약 아이가 동물을 좋아한다면 동물이 주인공인 그림책을, 공주 이야기에 관심이 많다면 고전 동화나 창작동화 중에서 공주가 등장하는 책을 고를 수 있습니다.

- **서점이나 도서관에서 아이와 함께 직접 책 고르는 시간을 가져보세요.**

  서점이나 도서관을 방문해 아이 스스로 책을 고르게 하면 어떤 주제나 그림 스타일에 관심을 보이는지 자연스럽게 알 수 있습니다. 이때 부모는 "왜 이 책을 골랐어?"라고 물어보며 아이의 취향을 이해하려는 노력을 기울이는 것이 중요합니다. 아이가 너무 어려서 스스로 책을 고르기 어렵다면 부모가 몇 권을 골라 보여주고 아이가 어떤 책에 더 흥미를 보이는지 관찰하는 것도 좋은 방법입니다.

- **책을 읽어 줄 때 아이의 반응을 살펴보세요.**
아이가 어떤 이야기에서 유독 집중하거나 질문이 많아진다면, 그 주제가 관심사일 가능성이 높습니다. 예를 들어 이야기 속 자동차에 대해 계속 묻는다면 자동차 관련 그림책을 더 찾아보는 것이 좋습니다.
책을 읽고 나서 아이가 가장 재미있었다고 느낀 장면이나 캐릭터를 이야기하도록 유도하면 자연스럽게 아이가 어떤 요소를 좋아하는지 알 수 있습니다.
"네가 주인공이라면 어떻게 했을까?"
"가장 좋아하는 장면이 뭐야?"
"다음에 또 이런 책을 읽고 싶어?"

- **한 장르에 국한되지 않도록 다양한 책을 시도해 보세요.**
부모가 특정한 장르나 유형의 책만 제공하면 아이의 숨겨진 관심사를 발견하기 어려울 수 있습니다. 그림책, 놀이책, 자연 관찰책, 감정 표현 관련 책 등 여러 유형의 책을 접하게 하면서 아이가 어떤 종류에 가장 끌리는지 확인하는 것도 좋은 방법입니다. 같은 주제라도 이야기 형식, 정보 전달 형식, 놀이책 등 다양한 스타일이 있으니까요.

이처럼 다양한 접근 방식을 시도해 보면 어떤 방식으로 정보를 접하는 것을 좋아하는지 파악할 수 있어 아이가 즐겁게 읽을 수 있는 책을 찾는 데 도움이 됩니다.

월별 주제에 따른 열두 달, 그림책 놀이 활동 안내

 이 책은 아이들의 눈높이에 맞춘 그림책과 누리과정의 월별 주제를 중심으로 구성되었으며, 초등학교 1~2학년 통합 교과와도 자연스럽게 연결되도록 기획되었습니다. 또한 놀이 활동의 요소를 찾아 아이가 지닌 잠재력을 끌어낼 수 있도록 다양한 활동을 제안합니다. 그림책을 활용한 놀이 활동은 아이의 상상력을 자극하며, 성장 과정에서 방향을 제시하는 나침반 역할을 할 것입니다. 그러므로 다양한 주제의 그림책을 통해 아이들의 관심을 끌어내고, 탐구와 놀이를 통해 더욱 깊이 있는 독서 경험을 만들어 보세요.

 특히 놀이와 결합한 독서 경험은 독서에 대한 흥미를 높여 아이의 독서 습관 형성에 긍정적 영향을 줍니다. 또한 학습의 틀을 벗어나 자연스럽게 다양한 단어와 표현을 접하면서 언어 능력이 발달하고, 어휘력도 확장됩니다. 더불어 그림을 보며 이야기를 만들거나 질문에 답하는 과정을 통해 아이의 표현력과 말하기 능력이 향상됩니다.

1. 월별 주제에 적합한 그림책을 가지고 다양한 소주제로 나눠 활동합니다

새 학기가 시작되는 3월부터 다음 학년으로 올라가기 전인 2월까지 계절과 문화에 어울리는 주제를 선정해 매월 그림책 12권을 소개합니다. 이들 그림책은 아이가 자연과 사회, 가족, 친구에 대해 깊이 이해하고, 건강하고 균형 잡힌 발달을 도울 수 있어야 한다는 취지에 맞춰 선정되었습니다. 월별 주제는 아이의 관심과 참여를 유도하며, 효과적인 학습과 발달을 지원하는 체계적 활동을 포함하고 있습니다. 특히 매월 선정된 그림책 가운데 4권은 독서의 재미와 효과를 극대화하기 위한 놀이 활동과 함께 소개됩니다. 이들 활동은 아이의 호기심과 창의성을 북돋아 주며, 긍정적인 학습 경험을 통해 아이들이 건강하고 행복하게 자라도록 합니다.

2. 그림책을 읽기 전 – 읽기 – 읽은 후 활동 단계로 진행합니다

읽기 전 활동은 도입 단계로, 그림책의 표지와 면지를 살펴보며 이야기를 상상하거나 다양한 질문을 던져 아이의 호기심을 자극하고 흥미를 높이는 데 도움을 줍니다. 이러한 과정은 책에 대한 공감과 이해를 높이는 역할을 합니다. 특히 표지의 그림과 제목은 주제와 내용을 암시하는 중요한 단서이므로, 이를 관찰하는 것만으로도 이야기의 흐름을 어느 정도 예측할 수 있습니다.

"표지에 무엇이 보이니?" "이 제목은 어떤 뜻일까?" "어떤 인물이 등장할까?" "이 그림을 보면 어떤 느낌이 드니? 떠오르는 것이 있니?"

"앞으로 어떤 이야기가 펼쳐질까?" 등과 같은 질문을 통해 아이의 상상력을 확장할 수 있습니다.

 읽기 활동은 그림책을 읽는 사람과 그림책 사이의 원활한 상호작용을 돕는 과정으로, 제목과 표지, 면지에서 제공되는 다양한 단서를 바탕으로 읽기의 목적을 설정하고, 그에 맞는 읽기 전략을 안내합니다. 그림책이 가진 특징과 접근 방법을 미리 알면 그림책에 대한 이해도를 높이고, 아이들에게 그림책 읽는 즐거움을 선물할 수 있습니다.

 그림책을 읽은 후에는 그림책 내용을 다시 한번 생각할 수 있는 질문으로 이야기 나누는 시간을 가집니다. 제시된 질문은 가장 기본적인 내용 파악부터 자기 생각과 느낌을 나눌 수 있는 생각거리를 제공합니다. 이들 질문은 그림책의 등장인물이나 사건에 공감되는 부분을 찾아 자신의 문제와 비교하면서 주인공과 동일시하기도 하고, 그림책을 읽는 과정에서 창의적으로 해석하고 적용해 보는 등 깊이 있게 감상하는 데 도움을 줍니다. 이 책에 실린 모든 질문을 활용하기보다 이해의 정도에 따라 적절하게 활용하길 권합니다. 책을 읽은 느낌을 나누고 때로는 주인공과 자신을 비교하며 깨달은 내용을 찬찬히 이야기하다 보면 타인을 배려하는 마음이 자라고 사고의 폭과 깊이도 확장됩니다.

3. 그림책을 읽고 나서
언어, 미술, 탐구, 수, 요리, 신체 활동 등 확장 활동을 진행합니다

 이런 활동은 초등 1~2학년 통합 교과의 '바른 생활' '슬기로운 생활' '즐거운 생활'의 특성을 반영해 교과의 성격을 유지하면서 놀이를 통해 아이들의 신체 능력과 창의적 표현 능력을 강화시킵니다.

　읽기 후 활동에서 가장 중요한 건, 아이가 자기 생각과 감정을 자유롭게 표현할 수 있도록 하는 것입니다. 어떤 방식이든 제한하지 않고, 아이가 열린 태도로 세상을 바라볼 수 있도록 도와주어야 합니다. 따라서 결과물에 대한 부정적 평가나 부모의 지나친 개입으로 아이가 자존감을 잃지 않도록 주의할 필요가 있습니다. 부모의 기준과 잣대로 통제당하고, 수정당하고, 교정당하는 아이는 남의 눈에 드는 행동만 해야 한다는 것을 배우며 자라게 됩니다. 아이가 어떤 생각을 표현하려고 했는지에 집중하고, 아이의 노력과 생각을 있는 그대로 수용하며 그 의도를 충분히 칭찬해 주세요.

설레는 시작,
새 학년을 맞이하는 3월

✦✦✦

새 학기가 시작되는 3월은 모든 것이 새로워지는 시기입니다. 아이는 어떤 친구를 만나게 될지에 대한 부푼 기대감과 새로운 선생님에 대한 설렘을 안고 새 학기를 시작합니다. 이때 아이들의 마음가짐도 달라지며, 한편으로는 새로운 환경에 적응하려는 과정에서 스트레스를 받기도 합니다. 변화된 환경에 아이가 잘 적응할 수 있기를 바라는 마음에 부모님도 덩달아 분주해지죠.

이달에는 우리 아이가 새로운 환경에 잘 적응하도록 원과 학교생활, 친구와 관련된 그림책을 읽으며 찬찬히 준비하도록 해보세요.

아이가 그림책 속 주인공이 되어 학교생활에서 마주할 수 있는 다양한 문제를 미리 해결해 본다면 설렘과 기대감 뒤에 숨은 불안을 다독이는 것은 물론 자연스럽게 치유와 준비의 시간을 가질 수 있습니다.

주제 #학교 #유치원 #시작 #도전 #친구 #관계

01

내 이름이 궁금하지 않니?

내 이름 (신혜은 글·이철민 그림 / 장영)

이름은 나와 평생을 함께하는 짝꿍이기에 친하게 지내야 합니다. 내 이름에 담긴 의미를 알아보면서 이름을 발표하는 시간이 즐거워지도록 돕는 그림책입니다.

도입 그림책의 표지와 면지를 탐색하며 이야기를 나눕니다.

- 자신의 이름을 말해 보세요. (아이의 이름을 써 보며 이름 안에 담긴 뜻을 알아보고 이름이 어떻게 만들어지게 되었는지 아이의 이름에 얽힌 일화가 있으

면 들려주세요.)
- 아빠 엄마의 이름을 말해 보세요. (아빠, 엄마 이름의 뜻을 알려주세요. 이 때 신분증이나 명함을 활용해 알려주어도 좋습니다.)
- 이름은 언제 사용하는지 이야기해 보세요. (이름이 어디에 쓰이는지 그 용도를 알아봅니다. 자신의 것이라는 소유를 나타내는 것에도 이름을 사용하고, 누군가에게 자신을 소개할 때도 이름을 사용합니다. 표지를 보며 자신의 이름을 언제 사용하는지 주변에서 찾아보며 구체적으로 말해 봅니다.)
- 이 책을 쓴 작가의 이름을 찾아보세요.

읽기 전략 tip 이름은 '나'를 대표합니다. 세상에 태어나 누군가에게 처음으로 불리는 것이 바로 이름입니다. 그래서 어느 곳을 가든 누구를 만나든 자신을 소개해야 할 때 이름을 말합니다. 그럼에도 이름을 선생님과 친구들 앞에서 말하기가 부끄럽고 힘들 때가 있습니다. 그럴 때 이름에 숨겨진 비밀을 찾아보며 그림책을 읽어 보세요. 이름에도 얼굴이 있어 어떻게 사용하느냐에 따라 다른 감정을 담고 있답니다. 자신의 이름을 여러 감정으로 불러 보고, 감정에 따라 이름이 어떻게 달리 들리는지 느껴 봅니다. 가장 마음에 드는 감정을 고른 뒤 매일 그 감정으로 자신의 이름을 부르다 보면 자신을 소개하는 것에 자신감을 가질 수 있어요.

질문하기 그림책의 내용을 파악하고 확장하기 위한 질문으로 이야기를 나눕니다.

- 친구들은 나를 부를 때 뭐라고 부르나요?
- 이름은 언제 어디서 어떻게 불리나요? (때, 상황, 장소)
- 언제 내 이름이 불릴 때 가장 행복하고 좋나요? 싫은가요?
- 언제 내 이름이 가장 많이 불리면 좋겠나요?
- 빛나는 내 이름이 되기 위해서는 어떻게 해야 할까요?

독후 활동 다양한 영역과 연계해 놀이 활동을 합니다.

- **언어 영역 : 이름을 찾아봐!**

책장에 꽂힌 그림책의 책등에서 자신의 이름과 가족의 이름이 들어간 글자를 찾는 놀이입니다. 글자 찾는 놀이를 통해 글자의 조합을 깨우칠 수 있습니다.

놀이 방법 안내

① 책장에서 그림책을 살펴보며 자신의 이름과 아빠, 엄마, 동생 등 가족의 이름이 들어간 책을 찾아 이름 순서대로 나열해 보세요.

② 이름 외에도 읽은 그림책에서 낱말을 뽑은 후 책장의 그림책에서 그 낱말을 찾아봅니다.

③ 이야기 짓기가 가능한 연령의 아이라면 자신의 이름이나 찾은 낱말을 넣어 이야기 짓기를 해보세요.

미술 영역: 이름표를 만들어 보아요!

내 이름은 그 무엇과도 바꿀 수 없는 소중한 것입니다. 이름표를 꾸미고 만들면서 내 이름에 대한 소중함을 느낄 수 있습니다.

준비물 도화지, 색종이, 색연필, 가위, 풀, 리본 테이프 등

놀이 방법 안내

① 다양한 재료를 이용해 가슴에 다는 이름표, 목에 거는 이름표, 손목 이름표 등 다양한 형태로 만들고 꾸며 보세요.
② ①의 이름표에 다니는 유치원(학교), 소속된 반, 이름을 쓰고 꾸밉니다.
③ 이름 옆에 나를 대표하는 동물이나 식물 등을 그리고 소개해 보세요.

수 영역: 내 이름의 획수는 몇 개?

글자는 선이 연결되어 이루어집니다. 선으로 이루어진 이름의 획수를 세거나 더하고 빼는 놀이를 통해 수 감각을 키울 수 있습니다.

준비물 스티커

놀이 방법 안내

① 자신의 이름과 가족의 이름에 몇 개의 선이 사용되었는지 글자 획수를 헤아려 종이에 적어 보세요.
② 가장 많은 획수를 가진 이름은 누구인가요?
③ 우리 가족 이름의 획수를 모두 더하면 얼마인가요?
④ 가장 많은 획수에서 가장 적은 획수를 빼면 얼마인가요?
⑤ 하루 동안 자신의 이름이 몇 번 불리는지 그 수를 세어 보세요. 스티커를 이용해 체크한 뒤 그 수를 세어 보세요.

02
두렵지만 시작해 보자!

유치원에 처음 가는 날
(코린 드레퓌스 글·나탈리 슈 그림 / 키다리)
처음은 누구에게나 낯설고 쉽지 않습니다. 유치원에 처음 가는 날 아이와 엄마의 마음을 찬찬히 들여다보며 느낌을 나눌 수 있는 그림책입니다.

도입 그림책의 표지와 면지를 탐색하며 이야기를 나눕니다.
- (표지에 있는 엄마와 아이의 유치원 등원 길을 손가락으로 짚은 채 따라가며) 아이의 집은 어디쯤일까요?

- 유치원에 처음 가는 아이와 엄마는 어떤 마음일까요?
- 유치원(학교)에 처음 갔을 때 어떤 마음이었는지 말해 보세요. (감정을 나타내는 낱말에는 어떤 것이 있는지 알아보고, 마음을 다양하게 표현하도록 도와주세요.)
- 아이의 가방에는 무엇이 들어 있을까요? (유치원에 가기 전 엄마와 함께 어떤 것들을 준비했는지 떠올리고 나서 표지의 아이 가방에 무엇이 들어 있을지 상상해 말해 봅니다. 유치원 선배로서 그림책 속 아이가 어떤 물건을 챙겨야 하는지 도움을 줄 수도 있습니다.)

읽기 전략 tip 등장인물의 감정을 짐작해 보며 그림책을 읽습니다. 감정 스티커를 준비해서 아이와 엄마의 마음을 짐작해 보고, 어울리는 감정을 붙입니다. 감정을 나타내는 얼굴 표정을 그려도 좋습니다.

그림책의 페이지를 넘기다 보면 유치원에 처음 가는 날인데 소나기가 내리는 장면이 많습니다. 소나기는 유치원에 처음 가는 아이와 아이를 유치원에 처음 보내는 엄마의 두렵고 불안한 마음을 나타냅니다. 그러나 소나기 내리는 소리에서 말의 재미를 느낄 수 있는 요소를 찾다 보면 어느새 두려운 마음이 사라집니다. 언어의 유희를 제대로 활용하기 어려운 연령이지만, 천천히 흉내 내는 말을 연습하면 표현력을 기를 수 있습니다.

질문하기 그림책의 내용을 파악하고 확장하기 위한 질문으로 이야기를 나눕니다.

- 엄마와 아이가 유치원에 가는 길, 날씨는 어땠나요?
- 병아리반 친구들은 왜 모두 울고 있나요?
- 엄마는 어떤 마음으로 유치원에 간 아이를 기다리나요?
- 아이는 친구들과 유치원에서 무엇을 배웠나요?
- 혹시 그림책의 아이처럼 등교할 때 우는 친구가 있나요? (그림책 아이와 같은 경험을 한 적이 있나요?)
- 엄마와 떨어져 유치원(학교)에 갈 때 어떤 마음이 드나요?
- 엄마와 떨어지는 게 두려운 친구한테 어떤 말을 해주고 싶은지 말해 보세요.

독후 활동 다양한 영역과 연계해 놀이 활동을 합니다.

- 언어·미술 영역: 유치원(학교) 가는 길을 표현해요

  나를 둘러싸고 있는 주변에 관심을 갖고 지도로 표현하는 활동을 통해 지도가 어떤 역할을 하는지 알 수 있습니다. 또한 지리에 대해 쉽게 접근할 수 있습니다.

  준비물 도화지, 색연필, 나침반

  놀이 방법 안내

  ① 집에서 원(학교)까지 가는 길을 떠올리면서 편의점, 병원, 경찰서 등 주변에 무엇이 있는지 말해 보세요.

  ② 나침반을 활용해 다양한 위치와 방향에서 유치원(학교) 가는 길을 관찰하고,

유치원(학교) 가는 길을 설명해 보세요.
③ 도화지에 등원 길을 지도로 그려 표현해 보세요.

- **수 영역: 유치원(학교)까지 몇 걸음일까?**

집에서 유치원(학교)까지 몇 걸음이면 도착할 수 있을까요? 걸음 수를 세면서 수 놀이를 합니다.

놀이 방법 안내
① 등원 길의 걸음 수를 세어 보세요.
② 한 번에 큰 수를 세기 어렵다면 등원 길을 구간별로 나누어 걸음 수를 헤아려 봅니다.
③ ②의 구간별 걸음 수를 더해 보세요.

- **탐구 영역: 날씨 변화를 살펴봐요**

우리의 생활은 날씨와 아주 밀접한 연관이 있습니다. 특히 우리나라의 경우 사계절이 존재하고 계절에 따라 많은 영향을 받기 때문에 날씨 변화를 아는 것은 매우 중요하죠. 뉴스를 통해 본 기상캐스터가 되어 오늘의 날씨를 설명해 보세요.

준비물 마이크, 지휘봉, 날씨 기록지
놀이 방법 안내
① 그림책 속 날씨는 어떠했는지 떠올려 보세요.
② 오늘 등원할 때 어떤 날씨였는지 말해 봅니다. 이때 날씨의 맑고 흐림, 비의 유무, 미세먼지, 온도 등 날씨의 변화를 종이에 기록합니다.
③ 기상캐스터가 되어 지휘봉과 마이크를 이용해 오늘의 날씨를 설명해 보세요.
④ 날씨에 어울리는 옷차림에 대해서도 말해 보세요.

03
선생님도 나랑 똑같아!

학교 가기 싫은 선생님
(박보람 글·한승무 그림 / 노란상상)
학교 가기 싫은 선생님이라니? 무섭기만 했던 선생님이 나와 똑같은 마음이라니 갑자기 선생님이 달라 보일 거예요. 공감이 되기도 하고 한편으로는 통쾌한 생각이 드는 그림책입니다.

도입 그림책의 표지와 면지를 탐색하며 이야기를 나눕니다.
- 언제 학교(유치원)에 가기 싫은지 말해 보세요.
- 선생님은 왜 학교에 가기 싫다고 하시는 걸까요?

- 만약 내가 선생님이라면 왜 학교에 가기 싫을까요? 그 이유를 말해 보세요.

읽기 전략 tip 선생님이 학교에 가기 싫은 이유를 찾으며 그림책을 읽습니다. 앞표지 면지와 뒤표지 면지의 만화를 보고 이야기의 시작과 뒷이야기의 결말도 함께 읽습니다. 자신이 유치원 또는 학교에 가기 싫은 이유와 선생님의 이유를 비교하며 그림책을 읽다 보면 선생님의 마음에 공감할 수 있게 되고, 사회관계성을 기를 수 있습니다.

질문하기 그림책의 내용을 파악하고 확장하기 위한 질문으로 이야기를 나눕니다.

- 선생님이 학교에 가기 싫은 이유는 무엇인가요?
- 선생님의 마음이 어땠을지 선생님이 되어 표정을 지어 보세요.
- 걱정 많은 선생님에게 어떤 말을 해주고 싶나요?
- 선생님이 교실에 들어왔을 때 아이들은 어떻게 대했나요?
- 선생님이 학교에 오길 잘했다고 생각한 이유는 무엇인가요?
- 나는 언제 학교(유치원)에 오길 잘했다는 생각이 드나요?
- 선생님처럼 학교(유치원)에 가기 싫은 적이 있었나요? 언제 그런 생각이 드나요?
- 그런 생각이 들 때 어떻게 해결하는 게 좋을지 방법을 말해 보세요.

독후 활동 다양한 영역과 연계해 놀이 활동을 합니다.

● 언어·탐구 영역: 용기를 주세요!

선생님도 아이들처럼 학교 가는 게 겁이 나서 학교에 가기 싫다고 합니다. 선생님에게 어떤 말을 해주면 좋을까요? 학교가 무섭기만 한 곳은 아니므로 선생님에게 용기를 주는 말을 해주세요. 다만 친구들 앞에서 이야기하면 선생님이 조금 창피할 수 있으니 선생님만 들을 수 있는 전화기에 대고 살짝 말해 보세요.

준비물 종이컵, 실, 리본 끈, 송곳, 테이프

놀이 방법 안내

① 두 개의 종이컵 밑바닥에 송곳으로 구멍을 뚫고, 구멍에 실을 넣어 테이프로 고정해 실로 연결된 종이컵을 준비해 주세요.
② 종이컵을 연결하는 실의 길이와 두께를 달리해 보세요.
③ 실의 길이와 두께를 달리했을 때 소리의 전달이 어떻게 달라지는지 소리의 크기 차이도 비교해 보세요.
④ 실을 리본 끈으로 대체해 소리의 변화를 함께 관찰해 보세요.

부모를 위한 tip
소리는 진동으로 우리에게 전달됩니다. 종이컵에 대고 말한 소리는 진동을 통해 실로 전달되고, 다른 종이컵에 귀를 대고 있으면 그 소리를 들을 수 있습니다.

- **미술 영역: 이런 학교였으면 좋겠어요**

  학교의 여러 모습을 상상하고 그것을 표현하다 보면 생각보다 더 신나고 재미난 일이 많다는 사실을 깨닫게 됩니다.

  준비물   도화지, 색연필

  놀이 방법 안내

  ① 선생님이 가고 싶은 학교의 모습을 상상해 그려 보세요. 자신이 가고 싶은 학교의 모습으로 표현해도 좋습니다.
  ② 학교에서 선생님과 해보고 싶은 것, 학교에 이런 것이 꼭 있으면 좋겠다는 것을 그려 보세요.
  ③ 학교의 모습을 그림으로 표현하면서 새 학기의 다짐을 말해 보세요.

04
우리는 친구

성격이 달라도 우리는 친구
(에런 블레이비 글·그림 / 세용출판)
정반대의 성격을 가진 두 친구가 서로의 부족한 점을 보완해 가며 진정한 친구가 되어가는 과정을 통해 우정의 소중함을 깨닫게 되는 그림책입니다.

도입 그림책의 표지와 면지를 탐색하며 이야기를 나눕니다.

- 가장 친한 친구는 누구인지, 어떻게 해서 가장 친한 친구가 되었는지 말해 보세요.

- 표지의 두 친구는 어떻게 친한 친구가 되었을까요?
- 그림 속 두 친구의 모습을 살펴보며 각각 어떤 성격일지 짐작해 말해 보세요.

읽기 전략 tip 표지의 두 친구가 어떤 점에서 다른지 성격을 비교하며 그림책을 읽습니다. 글자를 가리고 그림만으로 어떤 성격일지 짐작해서 말한 뒤, 그림을 통해 짐작한 아이의 성격이 맞는지 확인하며 읽어 보세요. 또 이야기 속 펄 발리와 찰리 파슬리 중 자신의 성격이 누구와 비슷한지 말해 봅니다.

이 그림책은 읽는 사람의 시선에서 왼쪽에는 펄 발리, 오른쪽에는 찰리 파슬리를 배치하고 정반대되는 성격의 두 친구가 부족한 점을 서로 어떻게 보완해 나가는지 보여줍니다. 다른 점이 많아서 친구가 될 수 없을 것 같은 두 아이가 가장 친한 친구가 된 이유는 상대의 부족한 점을 비난하지 않고 서로의 다름을 인정하고 받아들이면서 부족한 점을 보완해 주기 때문입니다. 펄 발리와 찰리 파슬리의 이야기를 통해 친구가 되는 방법을 배울 수 있을 거예요.

질문하기 그림책의 내용을 파악하고 확장하기 위한 질문으로 이야기를 나눕니다.

- 펄 발리가 좋아하는 것과 찰리 파슬리가 좋아하는 것을 말해 보세요.
- 찰리 파슬리가 무서움을 느낄 때 펄 발리는 어떻게 하나요?

- 펄 발리가 지칠 때면 찰리 파슬리는 어떻게 하나요?
- 펄 발리가 되어 찰리 파슬리를 다른 사람에게 소개할 때 어떤 친구라고 얘기할지 상상해 말해 보세요. 또는 찰리 파슬리가 되어 펄 발리를 소개해 보세요.
- 자신의 가장 친한 친구는 누구인지, 어떤 성격을 가졌는지 그 친구를 소개해 보세요.
- 나는 표지의 두 친구에게 어떤 말을 해주고 싶나요? 말풍선 포스트잇에 써 붙여 보세요.

독후 활동 다양한 영역과 연계해 놀이 활동을 합니다.

- **언어·미술 영역: 내 친구를 소개합니다**

  앞으로 아이는 수많은 사람을 만나고 그들과 관계를 맺으며 살아가게 됩니다. 수많은 사람 가운데 나를 좋아하고, 내가 좋아하는 친구가 있다면 더할 수 없이 행복한 일일 겁니다. 나의 친구를 그림으로 그려 소개해 보세요.

  준비물 도화지, 색연필, 크레파스

  놀이 방법 안내

  ① 가장 친한 친구를 그리고 소개해 보세요.
  ② 친구의 '생김새' '좋아하는 냄새' '좋아하는 색깔' '손으로 잘하는 것' '발로 잘하는 것' '가고 싶은 곳' '되고 싶어 하는 것' 등 조건을 제시해 주면 좀 더 쉽게 활동할 수 있습니다.

- **탐구 영역: 다름을 알아요**

  나와 친구는 생김새도 다르지만, 여러 부분에서 다른 점이 많습니다. 이 활동을 통해 자신과 친구는 서로 다르지만 다름을 인정하고 존중한다면 좋은 친구가 될 수 있다는 것을 깨닫게 됩니다.

  준비물 거울

  놀이 방법 안내
  ① 거울에 비친 자신의 얼굴을 관찰해요.
  ② 나와 친구가 어떤 점이 다른지 다음 제시한 조건에 맞춰 관찰해 보세요.
  ③ 제시한 조건 외에도 친구와 나의 다른 점을 찾을 수 있는 질문을 추가로 만들어 보세요.

조건	나	친구
안경을 썼나요?		
쌍꺼풀이 있나요?		
점이 있나요?		
머리카락이 긴가요?		
어떤 반찬을 가장 좋아하나요?		
어떤 장난감을 좋아하나요?		
어떤 계절을 좋아하나요?		
무엇을 잘하나요?		
커서 무엇이 되고 싶은가요?		
키가 몇인가요?		
손을 맞대고 크기를 재요		
신발 사이즈가 몇인가요?		

봄을 만끽하는 4월

4월에는 봄과 관련된 주제를 배우게 됩니다. 앞서 설명했듯이 누리과정은 유치원 졸업과 동시에 마무리되는 것이 아니라 확장되어 초등 교과 과정으로 이어지고 긴밀하게 연계됩니다. 누리과정 4월 생활 주제인 봄은 초등학교 '사람들' '하루' '자연' '계절' 교과 내용과 이어지고 봄 관련 날씨, 동·식물, 옷차림 등에 대해 배웁니다.

봄은 추운 겨울이 지나 생명이 탄생하고 기지개를 켜는 계절입니다. 이달에는 봄 날씨를 중심으로 주변의 동·식물에 관심을 갖고, 생명과 자연환경을 소중히 여기며, 날씨와 계절의 변화를 일상생활과 연관 지을 수 있는 주제의 그림책을 읽어 봅니다. 아이들의 상상력을 가득 채우고 탄생의 신비로움과 계절 변화까지 깨우치게 해주는 그림책이면 더욱 좋습니다. 봄과 자연을 그림책으로 체험하면서 자연을 이해하고 생명의 소중함까지 배울 수 있답니다.

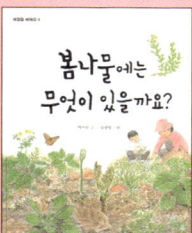

주제 #봄 #자연 #날씨 #동·식물 #봄나들이 #생명 존중 #먹거리

01

뒷다리가 쑥! 앞다리가 쑥!
올챙이는 커서 무엇이 될까?

나는 개구리다

(표영민 글·김효찬 그림 / 월천상회)

올챙이가 커서 개구리가 되는 성장 과정을 보며 나는 커서 무엇이 될까, 무엇을 잘하고 싶은지 꿈꾸고 상상하게 도와주는 그림책입니다.

도입 그림책의 표지와 면지를 탐색하며 이야기를 나눕니다.
- 개구리는 어떤 계절에 볼 수 있을까요?
- 표지 그림에서 "나는 개구리다"라고 말하는 개구리의 이름은 무엇

일까요? 상상해서 말해 보세요.
- 개구리의 표정을 살펴보고, 개구리의 기분이 어떨지 말해 보세요.
- 표지의 개구리처럼 앉아 개구리가 지금 어떤 생각을 하고 있을지 상상하며 말해 보세요.

읽기 전략 tip 주인공 올챙이가 되었다고 상상하며 그림책을 읽습니다. 올챙이는 뒷다리와 앞다리가 나오고 꼬리가 짧아지면서 개구리가 됩니다. 그런데 이 올챙이는 개구리가 아닌 다른 모습을 상상합니다. 페이지를 넘기기 전에 올챙이가 꿈꾸는 모습을 예상해 보면 그림책을 더욱 재미있게 읽을 수 있습니다. 또 올챙이가 꿈꾸는 미래의 모습이 어떤 특징을 갖는지 관찰하고, 개구리와 어떤 면에서 다른지 비교해 봅니다.

질문하기 그림책의 내용을 파악하고 확장하기 위한 질문으로 이야기를 나눕니다.
- 올챙이는 왜 자신이 커서 개구리가 된다는 사실을 모를까요?
- 올챙이는 자신이 커서 무엇이 될 거라고 생각하나요?
- 올챙이는 왜 개구리가 되고 싶어 하지 않았나요?
- 내가 올챙이라면 무엇이 가장 되고 싶은지 말해 보세요.
- (마지막 장면을 보면) 올챙이는 커서 개구리가 되었어요. 이제 개구리는 무엇이 가장 되고 싶을지 상상하며 말해 보세요.

독후 활동 다양한 영역과 연계해 놀이 활동을 합니다.

- **음악·신체 영역: 올챙이와 개구리**

  개구리는 올챙이 때 물에서 살며 아가미로 호흡하다가 성장하면 폐와 피부를 통해 호흡하며 땅에서 사는 양서류입니다. 특히 앞다리보다 뒷다리가 긴 생김새는 다른 동물과 구분되는 개구리만의 특징이에요. 개구리의 특징을 살려 율동을 만들고 동요도 불러 보세요.

  놀이 방법 안내

  ① 동요 〈올챙이와 개구리〉를 부르며 노래 가사에 어울리는 동작을 만들어 보세요.
  ② "뒷다리가 쑥~ 앞다리가 쑥~" 가사에 맞춰 다리를 앞과 뒤로 뻗어 보거나 꼬물꼬물 헤엄치는 올챙이의 모습을 손이나 몸을 이용해 표현해 보세요.
  ③ 동요 〈올챙이와 개구리〉의 가사를 그림책에 등장한 다른 동물로 개사해 그 동물의 특징에 맞게 율동으로 표현해 보세요.

- **탐구 영역: 개구리의 한살이 과정**

  동요 〈올챙이와 개구리〉의 가사를 떠올리며 개구리의 한살이를 알아보세요. 개구리는 알, 올챙이를 거쳐 다 자란 개구리가 됩니다. 알, 올챙이, 개구리의 생김새를 관찰해 차이점을 알아보고 돌아가는 회전판을 만들어 개구리의 한살이에 대한 것을 탐구해 보세요.

  준비물 도화지, 색연필, 사인펜, 종이 접시, 할핀, 가위

  놀이 방법 안내

  ① 종이 접시 두 개를 피자 판처럼 중앙을 기준으로 6등분하여 표시해요.
  ② 첫 번째 접시의 6칸에 개구리의 한살이 과정을 그려요.

③ 남은 종이 접시도 ①의 종이 접시처럼 6등분한 뒤, 그 중 한 부분을 오려요.
④ 도화지에 개구리의 얼굴과 다리를 그리고 ③의 종이 접시에 붙여요.
⑤ ④의 종이 접시 뒤에 ②의 종이 접시를 할핀으로 고정해요.
⑥ 회전식 관찰판을 돌리며 개구리 한살이 과정을 말해 보세요.

- **신체·탐구 영역: 폴짝폴짝 뛰어 봐!**

개구리가 뛰는 모습을 흉내 내어 봅니다. 가족들과 함께 누가 가장 멀리 뛰는지 '개구리 운동회'를 열어 보세요. 가족과 함께하는 놀이는 가족 간의 유대감을 형성해 아이의 정서 발달에 도움이 됩니다.

폴짝폴짝 뜀뛰기를 하는 개구리를 색종이로 접거나 고무줄의 탄성을 이용해 뜀뛰는 개구리를 만들어 누가 멀리, 높이 뛰는지 놀이로도 즐겨 보세요.

준비물 두꺼운 도화지, 개구리 그림, 가위, 풀, 고무줄

놀이 방법 안내

① 두꺼운 도화지를 가로 10cm×세로 4cm 자른 뒤 반으로 접고, 양쪽에 개구리 그림을 붙여 주세요. (개구리를 직접 그려도 좋아요.)
② 가로 1cm 정도에 가위로 양쪽, 위아래에다 고무줄을 걸 수 있는 홈을 만들어 주세요.
③ 홈이 파진 부분에 고무줄을 X자 모양으로 끼우고, 종이를 뒤집어 접은 뒤 손가락으로 눌렀다가 떼어 보세요.
④ X자 형태로 꼬여 있던 고무줄이 풀리면서 뒤집혀 있던 개구리가 원래 모습으로 돌아와 개구리가 튀어 오르는 것처럼 보일 거예요.

02

자연과 공존하는 법

고라니 텃밭
(김병하 글·그림 / 사계절)

농부와 고라니의 아름다운 공존을 통해 우리에게 자연과 더불어 살아가야 하는 이유를 깨닫게 해주는 그림책입니다.

도입 그림책의 표지와 면지를 탐색하며 이야기를 나눕니다.

먼저 면지의 그림을 보고 이야기를 상상해 봅니다. 트럭을 타고 꼬불꼬불한 길을 달려 숲속 집으로 이사 가고 있는 아저씨의 모습을 살펴보고 나서 표지 그림과 내용을 연결시켜 봅니다.

- 면지의 그림에 무엇이 보이는지 말해 볼까요?
- 트럭을 타고 가는 사람은 누구이고, 어디로 가고 있나요?
- 트럭에는 어떤 짐이 실려 있나요?
- 집은 어디에 있나요?
- 표지의 동물은 어떤 동물일까요?
- 표지의 아저씨와 고라니는 무엇을 하고 있나요?
- 지금은 낮일까요, 밤일까요? 사계절 중 어느 계절일까요?

읽기 전략 tip 표지와 면지를 통해 어떤 사건이 벌어질지 상상하며 그림책을 읽습니다. 아저씨가 텃밭에 심어 놓은 채소의 종류도 찾아보고, 아저씨가 자신의 텃밭을 지키기 위해 어떤 대책을 세웠을지 추측해 봅니다.

질문하기 그림책의 내용을 파악하고 확장하기 위한 질문으로 이야기를 나눕니다.

- 아저씨는 텃밭에 무엇을 심었나요?
- 혹시 아저씨가 텃밭에 심은 채소 가운데 먹어 본 채소가 있나요? 먹어 보고 싶은 채소가 있나요?
- (먹어 봤던) 채소의 맛은 어땠나요?
- 먹어 보고 싶은 채소는 무엇이고, 어떤 맛일지 상상해 보세요.

- 누가 텃밭의 채소를 먹었나요?
- 아저씨는 텃밭을 지키기 위해 어떻게 했나요?
- 내가 아저씨라면 텃밭을 지키기 위해 어떻게 할 건가요?
- 내가 고라니 가족이라면 아저씨에게 무슨 말을 하고 싶은지 포스트 잇에 써 보세요.
- 고라니 가족에게 무슨 말을 해주고 싶나요?

독후 활동 다양한 영역과 연계해 놀이 활동을 합니다.

다양한 채소에 대해 알아보고 성장 과정을 직접 관찰하는 활동은 자연과의 연결을 느끼고 교감하는 기회를 제공하며, 정서적 안정감을 높이고 심미적 감성을 길러 줍니다. 또한 씨앗을 심고 가꾸며 식물의 성장 과정을 눈으로 직접 확인하고 놀이로 체험하는 과정은 생명에 대한 사랑과 존중, 책임감을 키우는 특별한 경험이 될 수 있습니다.

- **언어·탐구 영역: 텃밭의 채소 이름 맞추기**

  준비물 씨앗, 화분, 흙, 관찰기록장

  놀이 방법 안내

  ① 아저씨의 텃밭에는 몇 가지 채소가 심어져 있나요? 여러 채소의 이름을 알아보고, 채소의 생김새와 특징에 대해 말해 보세요.

  ② 직접 씨앗을 심어 채소의 성장 과정을 관찰하고 그 내용을 '그림 관찰 일지'에 써 보세요.

- **수·탐구 영역: 채소 개수 세기, 분류하기**

    준비물 다양한 채소 그림

    놀이 방법 안내

    ① 아저씨가 텃밭에 심은 채소의 개수를 종류별로 세어 그 수를 더해 보세요.
    ② 아저씨가 자신의 텃밭과 고라니 텃밭으로 나눠 울타리를 세우는 장면을 보고 각각의 텃밭에 있는 채소를 나누며 분류의 개념을 이해합니다.
    ③ 그림책에 나오는 채소 그림이나 사진을 준비해 다양한 패턴을 만들어 보는 활동을 해보세요.

- **신체·탐구 영역: 채소를 심어요**

    준비물 다양한 채소 그림, 바구니(그릇), 여러 권의 책

    놀이 방법 안내

    ① 다양한 채소 그림을 준비해 주세요.
    ② 일정한 간격을 두고 책 등을 활용하여 채소 심을 장소를 표시해 놓은 뒤 아이와 함께 채소 심기 놀이를 해요.
    ③ 바구니나 그릇에 채소 그림을 담아 미리 표시해 놓은 장소에 준비한 채소를 심고, 반환점을 돌아 심은 채소를 수확해 출발점으로 돌아옵니다.
    ④ 먼저 도착한 사람이 이기는 게임입니다.

03

봄꽃놀이

달래네 꽃놀이

(김세실 글·윤정주 그림 / 책읽는곰)

꽃놀이 나온 달래 가족들 앞에 아름답게 펼쳐진 봄의 풍경 속에서 재미있는 흉내 내는 말과 우리의 세시풍속인 삼짇날에 대해 알 수 있는 그림책입니다.

도입 그림책의 표지와 면지를 탐색하며 이야기를 나눕니다.

표지와 면지에 그려진 봄꽃의 이름을 알아보고, 꽃놀이 가는 달래네 가족들이 어떤 물건을 가져가는지 살펴봅니다. 광주리, 소반, 화로 등 아이들에게 생소한 물건도 함께 알아봅니다.
- 내가 알고 있는 봄꽃의 이름을 말해 보세요.
- 표지와 면지에 어떤 꽃이 있는지 이름을 말해 볼까요?
- 달래네 가족들은 어디를 가고 있는 걸까요?
- 무엇을 들고 가나요?

읽기 전략 tip 봄을 맞아 바깥나들이를 떠난 달래네 가족들이 만난 다양한 동·식물을 살펴보며 그림책을 읽습니다. 그 풍경을 따라가다 보면 '조물조물' '폴짝폴짝' 같은 아기자기한 흉내 내는 말을 만나게 되는데, 리듬감을 살려 읽으면 봄을 더욱 재미있게 느낄 수 있습니다.

질문하기 그림책의 내용을 파악하고 확장하기 위한 질문으로 이야기를 나눕니다.

- 달래네 가족들은 무엇을 하기 위해 분주하게 준비하나요?
- 달래네 가족들이 꽃놀이를 간 날은 무슨 날인가요?
- 삼짇날에 꽃놀이를 간 달래네 가족들은 어떤 재료로 만든 음식을 먹었나요? (삼짇날은 음력 3월 초사흗날이에요.)
- 우리 가족들이 꽃놀이를 간다면 무엇이 필요할까요? 가방에 꽃놀이에 필요한 준비물을 챙겨 보세요.
- 삼짇날의 풍속에 어떤 것이 있는지 알아보고, 경험해 보고 싶은 것이 있다면 말해 보세요.

독후 활동 다양한 영역과 연계해 놀이 활동을 합니다.

- **언어·탐구 영역: 봄꽃 이름 수수께끼로 맞춰 보기**

  꽃은 계절에 따라 다양한 모양과 색상으로 피어 사람들의 눈길을 사로잡습니다. 봄을 알리는 중요한 매개체인 봄꽃을 수수께끼 놀이로 알아보세요.

  준비물 봄꽃 사진 또는 그림

  놀이 방법 안내

  ① 수수께끼 활동 전 다양한 봄꽃 그림이나 사진을 준비해서 꽃의 특징을 설명해 주세요. 꽃의 색깔, 식용 유무, 꽃과 잎이 피는 순서 등 그 차이를 설명해 주면 아이가 기억하기에 좋습니다.

  ② 봄꽃의 특징을 들은 아이가 설명에 알맞은 꽃 그림이나 사진을 고르며 봄꽃의 특징을 익히도록 해주세요.

- **신체 영역: 삼짇날 놀이를 즐겨요**

  삼짇날에는 꽃놀이도 즐겼지만, 활쏘기 대회도 열렸다고 합니다. 옷걸이를 이용해 삼짇날 놀이 도구를 만들어 보세요.

  준비물 옷걸이, 나무젓가락, 테이프, 고무줄, 딱지, 색연필

  놀이 방법 안내1

  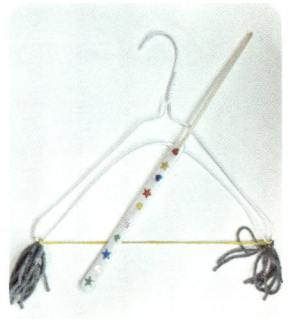

  ① 사진처럼 옷걸이를 구부리고 고무줄을 걸어 활을 만들고, 나무젓가락으로 화살도 만들어 보세요.

  ② 온 가족이 참여하는 활쏘기 대회를 열어 보세요.

놀이 방법 안내2

① 딱지를 접어 윗면에 진달래, 개나리 등 봄꽃을 그려 준비해 주세요.
② 가족과 함께 ①의 딱지로 딱지놀이를 해요.
③ 상대방 딱지의 윗면 꽃 그림이 바닥을 향하게 되면 게임에서 이깁니다.

- ### 요리 영역: 식용 꽃을 이용해 화전을 부쳐요

주인공 달래처럼 봄 동산에 핀 진달래를 직접 따서 화전을 만들어 보는 것은 어렵겠지만, 판매하는 식용 꽃을 이용하면 예쁜 화전을 만들 수 있습니다. 알록달록한 꽃을 활용해 전을 부치면 오감으로 봄을 즐길 수 있을 뿐 아니라 전통문화를 직접 체험하는 뜻깊은 기회가 되기도 합니다.

준비물 찹쌀가루, 미지근한 물, 식용 꽃

놀이 방법 안내

① 아이와 함께 찹쌀가루에 미지근한 물을 부어 반죽을 하고, 그 위에 꽃을 얹어 알록달록 예쁜 화전을 만들어 보세요.
② 쫀득쫀득한 화전을 맛보며 봄의 맛, 색깔, 냄새 등을 떠올려 보세요.

- ### 탐구 영역: 봄꽃이 피었어요

어떻게 꽃이 피고 열매를 맺게 되는 걸까요? 실험을 통해 재미있는 과학 원리를 알아보세요.

준비물 종이, 가위, 물을 담은 큰 그릇(세숫대야)

놀이 방법 안내

① 종이에 여러 장의 꽃잎을 가진 꽃을 그리고 오립니다. 너무 두꺼운 종이를

사용하면 꽃잎이 잘 펴지지 않으니 적당한 두께의 종이를 선택합니다.

② 꽃잎을 순서대로 한 장씩 접은 뒤 물 위에 살짝 올려놓아요.

③ 시간이 조금 흐르면 종이에 물이 흡수되어 꽃잎을 접은 순서와 반대로 꽃잎이 하나씩 펼쳐집니다.

부모를 위한 tip

종이꽃은 왜 물에서 피는 걸까요? 종이를 현미경으로 확대하면 가늘고 긴 모양의 섬유가 엉켜 있어요. 이 섬유가 물을 흡수하면 종이가 팽창해 종이의 접힌 부분이 펴지게 됩니다. 이처럼 가늘고 긴 관을 따라 액체가 위로 올라가거나 내려가는 현상을 모세관 현상이라고 하는데, 식물들이 뿌리를 통해 흡수한 물을 구석구석까지 전달해 꽃을 피우고 열매를 맺을 수 있는 것도 이런 현상 때문입니다.

● **미술 영역: 예쁜 꽃 팔찌를 만들어요**

봄꽃 그림을 이용해 예쁜 꽃 팔찌를 만들어 가족과 친구에게 선물해 보세요.

준비물 종이, 색연필, 가위, 풀, 봄꽃 그림

놀이 방법 안내

① 책에 있는 진달래꽃 그림을 복사하거나 아이가 직접 그린 봄꽃을 오려 준비해 주세요.

② 아이의 손목 둘레에 맞춰 종이를 잘라요.

③ ②의 자른 종이 중앙에 ①의 봄꽃 그림을 붙이면 예쁜 봄꽃 팔찌가 완성됩니다.

04

봄의 먹거리, 봄나물

할머니, 어디 가요? 쑥 뜯으러 간다!
(조혜란 글·그림 / 보리)

매서운 겨울바람을 이겨내고 따뜻한 봄날 보드라운 싹을 틔워 우리 밥상에 오르는 정겨운 먹거리를 할머니와 옥이를 통해 만나 볼 수 있는 그림책입니다.

도입 그림책의 표지와 면지를 탐색하며 이야기를 나눕니다.

- (먼저 뒤의 면지를 펼친 뒤) 옥이와 할머니가 사는 집은 어디일까요?
- (앞의 면지를 살펴보며) 옥이네 이웃에 누가 사는지 말해 보세요.

- 봄에 먹을 수 있는 봄나물에는 어떤 것이 있는지 말해 보세요. (56~57쪽의 봄나물에 대해 알아봅니다.)
- 쑥을 본 적이 있나요? 표지 그림에서 쑥, 고사리, 엄나무 순을 찾아보고 그 생김새를 관찰해 보세요.
- 할머니는 쑥을 뜯으러 어디로 가시는 걸까요?
- 쑥을 뜯으러 갈 때 무엇을 준비하면 좋을까요?
- 누가 할머니와 함께 쑥을 뜯으러 가고 있나요?

읽기 전략 tip 　그림책을 읽으며 옥이와 할머니를 따라 쑥과 엄나무 순, 고사리를 따라 그림책의 배경인 산과 들, 갯가, 시장, 마을 곳곳을 함께 누벼 봅니다. 할머니가 뚝딱 차려내는 자연 밥상이 어떤 과정을 거치는지 살피며 책을 읽다 보면 지금까지 그냥 지나쳤던 풀도 다시 보게 됩니다. 또 산과 들, 갯가, 시장, 마을 곳곳의 장소에서 옥이와 할머니가 무엇을 하고 있는지, 누구를 만나는지 찾아보세요. 숨은그림찾기를 하는 재미도 느낄 수 있고, 장소에 따라 달라지는 풍경도 볼 수 있답니다.

질문하기 　그림책의 내용을 파악하고 확장하기 위한 질문으로 이야기를 나눕니다.

- 할머니와 옥이는 뜯어 온 쑥으로 무엇을 만들었나요?
- 할머니는 어디서 쑥, 엄나무 순, 고사리를 캐셨나요?

- 할머니는 어린이날 옥이와 마을 아이들에게 무엇을 선물하셨나요?
- 쑥개떡, 엄나무 순 쌈, 고사리 나물은 어떤 맛일지 상상해서 이야기해 보세요.
- 그림책에 나온 음식 가운데 친구나 가족과 함께 나눠 먹고 싶은 것은 무엇인가요?
- 우리 집 밥상에 어떤 반찬이 있었으면 좋겠는지 말해 보세요.

독후 활동 다양한 영역과 연계해 놀이 활동을 합니다.

- **언어 영역: '어디 가요?' 말놀이**

  아이와 부모가 짝이 되어 '어디 가요?' 말놀이를 해보세요. 말놀이는 나무가 자라면서 나뭇가지를 뻗어 나가듯 많은 단어를 배우게 되어 어휘력을 키울 수 있습니다.

  놀이 방법 안내

  ① 책 제목처럼 아이가 "엄마, 어디 가요?"라고 물으면 엄마는 "시장 간단다"처럼 장소를 언급하며 가려고 하는 곳이 어디인지 대답합니다.
  ② 순서를 바꿔 해보세요.
  ③ 아이가 장소를 말할 때는 주변의 익숙한 장소부터 떠올리며 대답할 수 있도록 하고, 천천히 새로운 장소로 확장시켜 준다면 어렵지 않게 상상해서 대답할 수 있을 거예요.

- **탐구·미술 영역: 봄 식물 책을 만들어요**

  식물도감을 미리 준비해 식물의 사진이나 세밀화를 참고하면서 주변에 어떤 식물이 있는지 관심을 갖고 찾아보도록 합니다.

준비물 식물도감, 도화지

놀이 방법 안내

① 아이와 함께 주변에서 볼 수 있는 봄 식물을 채집해 관찰해요.

② 채집한 식물의 이름을 식물도감에서 찾아보세요.

③ 식물을 종이에 직접 붙이거나 그려서 책으로 만들어 보세요.

④ 식물을 직접 붙여 책을 만들 때 식물 옆에 아이가 잎과 줄기의 모습을 관찰하고 식물의 특징을 표현할 수 있도록 해주세요.

나와 가족의 소중함을 깨닫는 5월

5월은 가정의 달입니다. 이달은 가족의 의미를 되새기고, 가족뿐 아니라 주변 사람들에게 감사의 마음을 전하는 행사가 많은 시기이기도 합니다. 원과 학교에서도 아이들이 자신을 돌아보고, 가족이 형성되는 과정과 의미를 탐색하며 가족의 소중함을 깨닫는 다양한 활동을 진행합니다.

가족과의 경험을 다룬 그림책은 아이가 가족에 대한 긍정적 경험을 쌓고, 가족의 소중함을 느끼도록 돕는 중요한 매개체가 됩니다. 그림책 속 이야기를 통해 듣기 싫은 잔소리만 하던 엄마가 사랑이 넘치는 엄마로, 바빠서 얼굴 보기도 어려웠던 아빠가 다정하게 놀아주는 아빠로 바뀌기도 합니다. 또한 아이가 소망하는 이상적인 가족의 모습이 담긴 그림책은 가족 간의 관계 개선을 돕고, 실제 생활에서도 더욱 따뜻한 관계를 만들 수 있다는 믿음을 심어 줍니다.

5월, 사랑과 감사를 가족에게 표현하는 시간을 가져보는 것은 어떨까요?

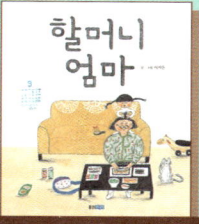

주제   #가족 #사랑 #성 역할 #성장

01
가족의 탄생, 가족 이야기

엄마 아빠 결혼 이야기
(윤지회 글·그림 / 사계절)

아이에게 엄마 아빠의 결혼은 어떤 의미로 다가올까요? 호기심으로 시작된 가족의 탄생 이야기를 함께 나누는 모습을 통해 가족 간의 따뜻한 마음을 느낄 수 있는 그림책입니다.

도입 그림책의 표지와 면지를 탐색하며 이야기를 나눕니다.
- 그림의 남자와 여자는 어떤 옷을 입고 있나요?
- 표지 그림에 보이는 사람들은 무엇을 하고 있는 걸까요?

- 결혼은 누구와 하는 걸까요?
- 표지 그림에 보이는 두 사람이 어떻게 결혼하게 되었을지 상상하며 말해 보세요.

읽기 전략 tip 《엄마 아빠 결혼 이야기》는 엄마 아빠가 어떤 과정을 통해 가족이 되었는지 보여줍니다. 결혼 앨범을 준비하고 준이 엄마 아빠의 결혼 이야기 위에 우리 엄마 아빠의 결혼 이야기를 덧붙여 들려주며 책을 읽습니다. 결혼에 참석한 사람들을 중심으로 가족관계를 파악할 수도 있는데, 결혼 앨범 속 친척들의 얼굴을 찾아보고 가족의 호칭에 대해서도 알아봅니다.

질문하기 그림책의 내용을 파악하고 확장하기 위한 질문으로 이야기를 나눕니다.

- 준이는 누구와 결혼하고 싶다고 했나요?
- 준이는 왜 결혼하고 싶을까요?
- 결혼하려면 무엇이 필요할까요?
- 결혼할 때 어떤 옷을 입을까요?
- 결혼한다면 누구와 결혼하고 싶은지 말해 보세요.
- 왜 그 사람과 결혼하고 싶나요? (요즘 가장 큰 관심을 가진 사람이 누구인지 아이의 대답을 통해 알 수 있어요.)
- 결혼할 때 어떤 옷을 입고 싶은지 말해 보세요.

독후 활동 다양한 영역과 연계해 놀이 활동을 합니다.

- **언어·미술 영역: 엄마 아빠의 청첩장 만들기**

  아이의 입장에서는 엄마 아빠의 결혼사진에 자신이 빠져 있다는 사실이 섭섭하기도 하고, 그 이유가 무엇인지 궁금할 거예요. 이런 아이의 서운함을 달래 주기 위한 가장 좋은 방법은 가족 탄생의 시작점인 결혼식 청첩장을 아이와 함께 만들어 보는 것입니다.

  준비물 표지의 결혼식 그림, 가족 사진(아빠와 엄마, 아이), 도화지, 풀

  놀이 방법 안내

  ① 도화지를 반으로 접은 뒤 접은 도화지 한쪽 면에 표지의 결혼식 그림을 복사해서 아빠 엄마의 얼굴 사진을 붙여요.
  ② 두 사람 사이에 아이 사진도 넣는데, 멋진 턱시도나 예쁜 드레스를 입은 모습으로 꾸며요.
  ③ 청첩장은 다른 사람을 초대하는 내용을 담고 있어요. 초대장의 형식을 갖춰 초대하는 사람, 초대하는 대상, 초대하는 내용, 날짜와 장소, 시간 등을 꼭 써넣어 가족 청첩장을 만들어 보세요.

- **언어·신체 영역: 함 사세요~!**

  아이가 함을 파는 함진아비 역할을 하며 엄마 아빠의 결혼식에 참여함으로써, 결혼을 통해 가족이 형성되는 과정을 자연스럽게 배우는 놀이입니다.

  준비물 등에 멜 수 있는 가방, 색종이, 보자기, 마른오징어, 오곡, 도화지

  놀이 방법 안내

  ① 함 놀이를 위해 등에 멜 수 있는 가방을 준비해 주세요.

② 색종이로 ①의 가방에 넣을 오방색(청색·흰색·적색·흑색·황색) 오곡 주머니를 봉투 모양으로 만들어요. 오곡을 준비해 두었다가 넣어도 되고 검은콩, 깨, 팥, 찹쌀, 노란콩 등 오곡의 이름을 종이에 써서 봉투에 넣어도 무방합니다.
③ 백년해로를 기원하는 의미로 기러기 한 쌍을 도화지에 그려 ①의 가방 안에 넣어 주세요.
④ 결혼하는 사람에게 축하 인사를 담은 엽서를 써 보세요.
⑤ 준비된 보자기에 가방을 싸서 함 가방으로 만들어요.
⑥ 그림책에 나오는 함 파는 아저씨처럼 마른오징어를 얼굴에 쓴 뒤 "함 사세요!"라고 크게 외치면서 우리나라의 전통 혼례 풍습 놀이를 해보세요.

02
엄마를 기쁘게 하는 방법

엄마를 화나게 하는 10가지 방법
(실비 드 마튀이시욋스 글·세바스티앙 디올로 장 그림 / 어린이작가정신)
킬킬 웃음을 유발하고, 가족이기에 서로를 이해하는 시간이 더욱 필요하다는 사실을 깨닫게 해주는 그림책입니다.

도입 그림책의 표지와 면지를 탐색하며 이야기를 나눕니다.
- 표지 그림에 보이는 아이는 어떤 일로 엄마를 화나게 했을까요?
- 엄마를 화나게 하는 10가지 방법은 무엇일까요?

- 아이 엄마의 화난 표정을 지어 보세요.

읽기 전략 tip   그림책 속 주인공이 말한 방법이 어떤 이유에서 엄마를 화나게 만드는지 이야기하고, 주인공이 알려준 엄마를 화나게 하는 10가지 방법 가운데 자신이 엄마를 화나게 하는 행동을 몇 가지 하는지 비교하며 책을 읽어 봅니다. 그리고 엄마를 화나지 않게 하려면 어떻게 하는 것이 좋을지, 그에 반대되는 행동에는 어떤 것이 있는지 이야기를 나누며 읽어 봅니다.

또 엄마를 화나게 하는 아이의 입장에서 아이의 행동에 화를 내는 엄마의 입장으로 역할을 바꿔 생각하며 그림책을 읽으면 서로를 이해하는 시간이 될 수 있습니다.

질문하기   그림책의 내용을 파악하고 확장하기 위한 질문으로 이야기를 나눕니다.

- 주인공이 알려준 엄마를 화나게 하는 방법 10가지는 무엇인가요?
- 주인공이 했던 행동 가운데 '이건 정말 하면 안 되겠다' 싶은 행동이 있나요? 왜 그렇게 생각하는지 말해 보세요.
- 주인공의 엄마는 주인공이 어떤 행동을 할 때 크게 화를 냈을까요?
- 엄마를 화나게 하는 방법 가운데 나는 몇 가지를 하고 있는지 말해 보세요.
- 만약 책의 제목이 '아빠를 화나게 하는 10가지 방법'이었다면 어떤

행동이 들어갈까요? 상상해서 말해 보세요.
- 엄마는 내가 어떻게 할 때 좋아하거나 기뻐하나요?
- 엄마를 기쁘게 하는 10가지 방법을 말해 보세요.

독후 활동 다양한 영역과 연계해 놀이 활동을 합니다.

- 언어·신체 영역: 요렇게 따라 해 봐!

아이에게는 자기 행동을 돌아보게 함으로써 나쁜 습관을 고치게 할 수 있고, 엄마 아빠에게는 반성의 시간이 될 수 있는 활동입니다. 특히 각자의 입장에서 얼굴 표정을 따라 하는 역할놀이는 상대방의 감정을 느낄 수 있어 서로를 이해하는 공감의 시간이 될 수도 있습니다.

준비물 4면체 주사위 도안, 거울

놀이 방법 안내

① 4면체 주사위에 엄마 아빠가 자주 짓는 표정을 떠올리며 그려 보세요.
② 아이가 엄마 아빠의 얼굴 표정을 그리는 것을 어려워한다면 화났을 때, 기뻐할 때, 슬퍼할 때, 걱정할 때 등의 예시를 주고 어떤 표정을 짓는지 떠올리게 합니다.
③ 주사위를 던져 나온 엄마 아빠의 표정을 거울을 보며 따라 하고, 엄마 아빠가 어떤 상황에서 그런 표정을 짓는지 말해 보세요.
④ 거울처럼 표정을 따라 하는 활동을 함께 해보세요. 엄마가 짓는 표정을 아이가 거울을 보듯 똑같이 따라 합니다.
⑤ ④의 상황을 아이 입장에서 제시해 보고, 그다음에는 엄마 입장에서도 제시해 보세요.

● **미술 영역: 쿠폰 만들기**

다른 사람을 기쁘게 하기 위한 쿠폰을 만들려면 그 사람이 무엇을 해야 기뻐할지, 좋아할지 생각해야 합니다. 이 과정을 통해 아이는 가족을 위해 자신이 어떤 노력을 해야 할지 깨닫게 됩니다.

준비물 도화지, 색연필, 사인펜

놀이 방법 안내

① 먼저 우리 가족이 어떤 상황에서 화를 낼지, 기뻐할지 상상해 보세요.
② ①을 바탕으로 가족을 기쁘게 하기 위해 자신이 할 수 있는 일을 적어 쿠폰을 만들어 보세요.
③ 아이는 화난 엄마 아빠를 기쁘게 해드리기 위한 쿠폰을 만들고, 엄마 아빠는 화난 아이의 기분을 풀어 주기 위한 쿠폰을 만들어 보세요.

03

가족을 이해해요

엄마는 내 마음도 몰라 / 솔이는 엄마 마음도 몰라
(이상희 글·혜경 그림 / 상상스쿨)

가족은 누구보다 가까운 사이지만 가끔 서로의 입장을 헤아리지 못하고 상처 주는 말로 서운한 마음이 들게 합니다. 그런 마음에 공감할 수 있는 그림책입니다.

도입 그림책의 표지와 면지를 탐색하며 이야기를 나눕니다.

- 엄마의 표정과 솔이의 표정이 어떤지 말해 보세요.
- (앞표지와 뒤표지의 제목을 보며) 엄마와 솔이는 왜 서로 자기 마음을

모른다고 할까요?
- 엄마는 어느 때 내 마음을 몰라주나요?

읽기 전략 tip   이 그림책은 앞과 뒤로 나눠 솔이와 엄마의 이야기로 구성되어 있습니다. 앞쪽에서는 솔이의 마음, 뒤쪽에서는 엄마의 마음을 표현하고 있어요. 면지에 보면 도대체 모르겠다는 표정을 짓고 있는 솔이와 엄마의 표정이 표현되어 있습니다. 그림책을 펼치면 서로의 입장을 이야기하고 있는데, 두 사람의 이야기를 읽으며 서로의 마음을 이해하도록 합니다. 엄마와 솔이가 되어 각자 역할을 바꿔 보고, 역할극을 통해 책을 읽으면서 등장인물의 마음을 이해하기 위해 노력합니다.

질문하기   그림책의 내용을 파악하고 확장하기 위한 질문으로 이야기를 나눕니다.
- 엄마와 솔이는 서로에게 왜 마음이 상했을까요?
- 엄마와 솔이의 진짜 속마음은 무엇일까요?
- 엄마가 솔이에 대한 불만을 이야기할 때 솔이의 입장을 대변해 말해 보세요.
- 솔이가 엄마에 대한 불만을 이야기할 때 엄마의 입장을 대변해 말해 보세요.
- 어떻게 하면 엄마와 솔이의 서운한 마음이 풀어질까요? 두 사람에

게 그 방법을 알려주세요.

독후 활동 다양한 영역과 연계해 놀이 활동을 합니다.

- **미술 영역: 아이스크림 막대 인형을 만들어요**

역할극 놀이는 내가 아닌 다른 사람의 마음을 잘 이해할 수 있고, 자신의 속마음을 스스럼없이 표현할 수 있는 가장 좋은 놀이입니다. 막대 인형을 만들어 가족의 마음에 공감하고 이해하는 시간을 가져보세요.

준비물 아이스크림 막대, 털실, 리본 끈, 도화지, 사인펜, 테이프

놀이 방법 안내

① 도화지에 엄마와 솔이를 각각 그리고 꾸며 주세요. 엄마의 뽀글거리는 머리카락은 털실을 붙여 꾸미고, 솔이의 머리에는 리본 끈을 리본 모양으로 묶어 붙여요.
② 두 개의 아이스크림 막대에 ①에서 만든 것을 각각 붙여 주세요.
③ 완성된 아이스크림 막대 인형으로 역할놀이를 해보세요. 아이는 엄마가 되고, 엄마는 솔이가 되어 입장을 바꿔 서로의 마음을 말해 보세요.
④ 역할극을 할 때 아이와 엄마가 각각 어떤 행동이나 말을 할 때 가장 속상한지 서로의 마음을 말해 보세요.

- **언어·음악 영역: 무엇이 무엇이 똑같나요?**

엄마 아빠와 어떤 점이 닮았는지 찾아보고 동요로 만들어 부르는 과정을 통해 정서적 유대감을 높일 수 있습니다.

놀이 방법 안내

① 엄마 아빠와 무엇이 닮았는지 생각해요. 이때 외모부터 습관까지 어떤 점이 닮았는지 찬찬히 살펴보며 찾아봅니다.
② 동요 〈똑같아요〉(작사 윤석중)를 들어요.
③ ①에서 찾은 닮은 점을 동요 〈똑같아요〉의 음계에 어울리는 가사로 만들어 불러 보세요.
④ 어울리는 율동을 만들어 동요 부를 때 함께 해보세요.

예시

엄마랑 어디가 똑같은가
엄마 입 내 입 똑같아요

아빠랑 어디가 똑같은가
아빠 코 내 코 똑같아요

엄마랑 어디가 똑같은가
엄마 손가락 내 손가락 똑같아요

아빠랑 어디가 똑같은가
아빠 발가락 내 발가락 똑같아요

04
가족에게 감사의 마음을 전해요

할머니 엄마
(이지은 글·그림 / 웅진주니어)
무조건 자신의 편이 되어주는 할머니와 지은이의 소소하고 따뜻한 일상을 통해 '할머니 엄마'의 조건 없는 무한 사랑을 느낄 수 있는 그림책입니다.

도입 그림책의 표지와 면지를 탐색하며 이야기를 나눕니다.
- 표지 그림에 보이는 것들을 말해 보세요.
- 표지 그림의 아이와 할머니는 무엇을 하고 있나요?

- 오늘은 무슨 날일까요?

    * 표지에 그려진 달력과 음료수, 과자, 가방 등 숨겨진 힌트를 보며 할머니가 왜 김밥을 싸고 계시는지 예상할 수 있습니다.

읽기 전략 tip 작가의 자전적 이야기를 담은 이 그림책에는 작가의 이름과 똑같은 아이가 등장합니다. 이야기 속 할머니와 지은이의 추억을 따라가다 보면 지은이의 할머니가 우리 아이의 할머니라는 생각이 듭니다. 할머니와 함께하고 싶었던 것이 무엇인지 이야기하고, 그림책의 지은이 할머니를 따라 엉덩이도 흔들어 봅니다.

질문하기 그림책의 내용을 파악하고 확장하기 위한 질문으로 이야기를 나눕니다.

- 할머니는 엄마에게 회사에 출근하지 말라고 우는 지은이를 달래기 위해 어떻게 하셨나요?
- 지은이의 엄마가 되어 회사에 가지 말라고 우는 지은이를 다정한 말로 달래 보세요.
- 지은이는 반죽으로 무엇을 만들었나요?
- 지은이는 가족 운동회에 누구와 함께 갔나요?
- 달리기에서 할머니가 넘어졌는데, 지은이는 달리기에서 졌다고 울기만 해요. 지은이에게 어떤 말을 해주고 싶나요?
- 시장에서 지은이와 할머니는 무엇을 샀나요?
- 할머니는 시장에서 사 온 것으로 무엇을 만드셨나요?

- 지은이 할머니를 위해 시장에서 사 오고 싶은 것이 있나요?

독후 활동 다양한 영역과 연계해 놀이 활동을 합니다.

- **미술 영역: 마트 전단지로 밥상을 차려요**

  마트 전단지를 활용해 '할머니 엄마'에게 감사의 마음을 담아 따뜻하고 맛난 밥상을 차립니다. 늘 사랑만 받아 왔기에 이번에는 감사한 마음을 담아 정성스럽게 한 상 가득 차리고 '할머니 엄마'에게 감사의 마음을 전해 보세요.

  준비물 도화지, 마트 전단지

  놀이 방법 안내

  ① 마트 전단지를 준비하고 그 전단지에 나온 다양한 음식 재료 사진 중 할머니에게 어떤 음식을 만들어 드릴지 생각해 보세요.

  ② 도화지에 ①에서 생각한 음식 재료 사진을 오려 붙이고 어떤 음식을 만들지 그려 보세요. 이때 음식을 어떻게 만들지 조리법을 구체적으로 생각합니다. 할머니 엄마가 힘이 세지고 더욱 건강하시라고 시금치국을 끓이고, 단백질이 풍부한 검은콩을 넣어 콩밥도 하면 좋겠죠? 팔딱팔딱 싱싱한 고등어 한 마리도 지글지글 굽고, 콩나물무침도 밥상에 올립니다. 달걀로 지은이 할머니가 좋아하는 부드러운 달걀찜도 만들면 좋겠네요.

  ③ 할머니 할아버지가 계신다면 감사한 마음을 전하는 영상을 찍고, 아이가 차린 밥상 사진도 함께 전달해 보세요.

- **신체 영역: 가족 운동회를 열어요**

  줄다리기, 짝꿍과 함께 달리기, 과자 따먹기 등 운동회는 다양한 놀이를 즐기는 행사입니다. 온 가족이 모여 가족 운동회를 열어 보세요.

준비물 넥타이 등 운동회에 필요한 물건

놀이 방법 안내

① 가족이 모여 가족 운동회 종목을 정해요.
② 운동회에서 어떤 종목에 출전할지 역할을 정해요.
③ 아빠 넥타이를 다리에 묶고 반환점을 돌아 출발점까지 발을 맞춰 뛰는 짝꿍과 함께 달리기, 엄마와 아빠 팀으로 나눠 줄다리기도 해요.
④ 서로 역할을 바꿔 운동회를 즐겨 보세요. 호루라기를 불어 경기의 진행을 알리고 정정당당하게 판정을 내리는 심판이 되거나 경기에 참여하는 선수가 되어 봅니다.

우리 동네를 관찰하는 6월

6월에는 우리가 살아가며 맺는 사회적 관계와 주변 환경을 세심하게 관찰하는 시간을 가져보세요. 우리 동네의 다양한 장소에 관심을 두고 여러 기관과 시설, 가게, 직업 등을 탐색하며 생각과 느낌을 나누어 보세요. 거주하는 곳의 지도를 활용하면 동네를 더욱 쉽게 탐험할 수 있습니다.

아이와 함께 호기심을 가지고 동네를 탐색하며 자기 생각과 경험을 다양한 방법으로 표현할 수 있도록 도와주세요. 또한 우체국이나 은행 등 실생활에 필요한 장소를 방문하며 색다른 경험을 쌓고, 놀이와 함께 사람들의 다양한 생활 모습을 체험할 수 있다면 더욱 의미 있는 시간이 될 것입니다.

우리 동네는 아이에게 세상의 따뜻함을 느끼게 해주는 공간이자 평생 간직할 소중한 추억의 무대입니다. 가까이는 평생의 친구가 될 사람들과의 만남부터 멀리는 아이가 꿈꾸게 될 사회 구성원의 모습까지, 우리 동네는 아이에게 다양한 가능성을 열어주는 중요한 주제입니다. 아이가 살아갈 이 공간을 더욱 따뜻하게 느낄 수 있도록 함께해 주세요.

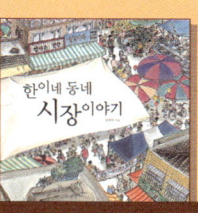

주제 #동네 #이웃 #직업

01

우리 동네를 관찰해요

어슬렁어슬렁 동네 관찰기
(이혜정 글·그림 / 웅진주니어)
화가가 새로 이사 와서 만난 동네의 모습을 통해 자신에게 집중되었던 관심을 주변 세상으로 확장해 호기심을 갖고 바라보게 도와주는 그림책입니다.

도입 그림책의 표지와 면지를 탐색하며 이야기를 나눕니다.

- 표지 그림에 무엇이 보이는지 말해 보세요.
- 표지 그림 속 사람들은 무엇을 하고 있나요?

- 우리 동네에서 가장 좋아하는 장소는 어디인가요?

읽기 전략 tip 그림책 작가가 표현한 동네의 모습과 우리 동네의 모습을 비교하며 읽어 봅니다. 학교 앞에 어떤 가게들이 있는지, 우리 동네 떡볶이 가게는 떡볶이 1인분에 몇 개를 주는지 등 비교하며 읽어 봅니다. 책에 나온 소리를 녹음하거나 우리 동네에서 나는 소리를 녹음해서 아이와 함께 들어 봅니다. 그리고 어디서 들을 수 있는 소리인지 맞혀 보면서 아이가 주변의 모든 것에 주의를 기울이며 살펴보도록 해주세요.

질문하기 그림책의 내용을 파악하고 확장하기 위한 질문으로 이야기를 나눕니다.

- 우리 동네에는 어떤 집들이 있나요?
- 우리 동네의 문들이 어떻게 생겼는지, 어떤 색인지 말해 보세요.
- 오늘 하루 동네에서 어떤 사람을 만났는지 말해 보세요.
- 작가의 동네에서 가장 가 보고 싶은 곳은 어디인가요?
- 그림책에서 어떤 소리가 났는지 말해 보세요. 우리 동네에서는 그 소리를 어디서 들을 수 있나요?
- 우리 동네에서 가장 멋진 곳이나 친구에게 소개하고 싶은 곳을 말해 보세요.

독후 활동 다양한 영역과 연계해 놀이 활동을 합니다.

- **탐구·미술 영역: 우리 동네 지도를 그려요**

무엇이 어디에 있는지를 나타낸 것을 위치라고 해요. 지금 사는 우리 동네 곳곳의 위치는 어떻게 알 수 있을까요? 우리 동네 지도 그리기는 머릿속의 추상적인 위치를 그림 지도로 표현하면서 지도의 개념과 구성 요소를 배울 수 있는 활동입니다.

준비물 도화지, 색연필 등

놀이 방법 안내

① 우리 집 주변에 어떤 장소가 있는지 관찰해요.
② 지도를 그리기 전 가장 먼저 우리 집과 주변 가게, 공공기관의 위치를 고려해 우리 집의 위치를 표시해요.
③ 우리 집을 기준으로 도로를 포함한 길을 그리고, 주변에서 만날 수 있는 다양한 장소(가게, 공원, 놀이터, 마트, 병원 등)를 그려요.
④ 아이가 그림 그리는 것에 부담을 느낀다면 스티커를 준비하거나 미리 다양한 가게의 이미지를 인터넷에서 찾아 활용하면 우리 동네 지도를 효과적으로 표현할 수 있습니다.

- **탐구·수 영역: 우리 집 주소를 알아봐요**

어딘가를 찾아가려면 그 장소의 주소를 알아야 하는데, 우리 동네 주소를 살펴보면 장소에 따라 다른 숫자로 표기되어 구분된다는 것을 알 수 있습니다. 숫자로 이루어진 주소를 관찰하는 활동을 통해 그동안 익숙한 나머지 놓치고 지나간 우리 동네를 자세히 살펴볼 수 있습니다.

놀이 방법 안내

① 우리 집의 주소를 알아보세요.

② 컴퓨터나 핸드폰 지도 앱을 활용해 우리 집 주소를 입력하고 우리 집이 어디 있는지 찾아보세요.

③ 우리 집 외에 자주 방문하는 장소의 주소도 찾아보고, 주소가 어떻게 다른지 살펴보세요.

02

우리 동네 이웃들

12명의 하루
(스기카 히로미 글·그림 / 밝은미래)

12명의 주인공이 각기 다른 공간에서 하루를 보내며 이웃과 어울립니다. 각자의 하루 같지만, 서로의 이야기에 이야기가 겹치며 마음껏 상상의 나래를 펼칠 수 있는 그림책입니다.

도입 그림책의 표지와 면지를 탐색하며 이야기를 나눕니다.
- 표지 그림에 몇 명의 사람이 보이나요?
- 표지 그림의 사람들은 어떤 일을 하는 것처럼 보이나요?

- 표지 그림에 등장하는 사람들 가운데 어떤 사람의 하루가 가장 궁금한가요? 그 이유를 함께 말해 보세요.

읽기 전략 tip 주인공 12명의 하루를 살펴봅니다. 아침 6시에 시작해 다음 날 아침 6시까지의 하루를 들여다볼 수 있어요. 12명의 하루를 한꺼번에 살펴보려면 이 그림책의 재미난 포인트를 놓칠 수 있습니다. 우선 주인공 12명 가운데 가장 궁금한 순서대로 ①~⑫번까지 번호를 정해 보세요. 그리고 한 명씩 그들의 하루를 따라가며 읽어 봅니다. 책장을 넘기며 주인공 12명의 하루와 그들이 사는 전체 동네를 살펴봅니다. 동네 그림에서 해당 주인공의 집은 어디인지, 그 주인공의 옆집에는 어떤 이웃이 살고 있는지, 어떤 장소가 있는지 관찰하다 보면 우연히 다른 주인공의 하루도 만날 수 있어요. 그리고 그림책의 마지막 장 동네 지도에다 주인공들의 집과 거쳐 간 장소를 표시하며 어떤 인물과 동선이 겹치는지도 알아보세요.

질문하기 그림책의 내용을 파악하고 확장하기 위한 질문으로 이야기를 나눕니다.

- 동네가 시끌시끌 움직이는 시간에 잠자고 있는 사람은 누구인지 찾아보세요.
- 모두가 잠든 시간에 일하고 있는 사람은 누구인가요?
- 이른 새벽부터 일하는 사람은 누구인가요?

- 동네 곳곳을 가장 많이 돌아다니며 일하는 사람은 누구인가요?
- 12명 가운데 어떤 사람이 가장 힘든 하루를 보내는 것처럼 보이나요? 그렇게 생각한 이유는 무엇인가요?
- 어떤 하루를 보냈는지 나의 하루를 말해 보세요.
- 12명 중 한 명을 정해 동네 지도를 보며 그 사람이 사는 집의 위치를 설명해 보세요.

독후 활동 다양한 영역과 연계해 놀이 활동을 합니다.

- **탐구·미술 영역: 동네 사람들을 그려요**

  주변 사람들의 모습을 관찰하고 표현하는 활동은 아이에게 사람들이 하는 일에 관심을 갖도록 만듭니다. 또 그들 사이에서 일어나는 다양한 상황을 통해 이웃 간 배려와 예절을 배울 수 있고, 사회의 일원으로 성장할 수 있습니다.

  준비물 도화지, 색연필 등

  놀이 방법 안내
  ① 오늘 아침 등원 길부터 집으로 돌아오기까지 길에서 만난 사람들의 모습을 떠올려 보세요.
  ② 그중 가장 기억에 남는 모습을 이야기해 보세요.
  ③ ②의 장면을 그림으로 그려 보세요. 어떤 장소에서 만난 사람인지, 어떤 옷을 입었는지, 어떤 표정을 짓고 있었는지, 어떤 행동을 하고 있었는지, 주변 사람들은 어떤 모습인지 그려 보세요. 폐지를 줍고 계신 할머니, 강아지를 산책시키는 아줌마, 발 세수하고 있는 검은색 고양이처럼 무심코 지나칠 때는 보이지 않던 모습이 떠오를 거예요.

● 탐구·미술·신체 영역: 동네를 산책해요

우리 동네에서 몇 번 버스를 자주 볼 수 있나요? 운행 중인 버스 노선을 알아보고, 상자로 버스를 만들어 동네 구석구석을 산책해 보세요. 우리 동네가 더 가깝게 느껴지고 애정이 생겨 소속감을 갖게 됩니다.

준비물 종이 상자, 끈, 색연필, 스티커 등

놀이 방법 안내

① 택배 상자 여러 개를 준비하고, 택배 상자의 한쪽 면에 구멍을 뚫고 끈으로 연결해 여러 명을 태울 수 있는 버스를 만들어요.

② 알록달록 버스를 예쁘게 색칠하고 버스 번호도 써서 꾸며 보세요.

③ 상자 버스를 타고 우리 동네 곳곳을 둘러보세요. 학교도 가 보고, 경찰서에도 들르고, 소방관 아저씨들이 있는 소방서에도 가 봐요.

03

시장에 가면?

한이네 동네 시장 이야기
(강전희 글·그림 / 진선아이)
전통 시장보다 대형 마트나 편의점, 백화점이 익숙한 아이들에게 시끌벅적한 시장을 간접적으로 체험하게 해주는 그림책입니다.

도입 그림책의 표지와 면지를 탐색하며 이야기를 나눕니다.

면지에는 시장에서 일하는 사람들과 그곳에서 파는 다양한 물건이 그려져 있어요. 책을 읽기 전 한이네 동네 시장을 먼저 만나보고, 어떤 물건들을 파는지 그림을 보며 말해 보세요.
- 표지 그림의 시장에서는 어떤 것들을 팔고 있나요?
- 표지 그림에서 장을 보러 시장에 온 한이와 엄마를 찾아보세요.
- 어떤 간판이 보이는지 말해 보고, 그곳에서 무엇을 팔지 말해 보세요.

읽기 전략 tip 한이 그리고 한이 엄마와 함께 시장 나들이를 떠나 봅니다. 시장에는 온갖 제철 물건이 가득하고, 맛난 먹거리도 가득합니다. 숨은그림찾기를 하듯 시장 곳곳에서 장을 보는 한이와 엄마를 찾아보세요. 잠시 가던 길을 멈추고 둘러보면 지글지글 꿀이 듬뿍 든 호떡이 손짓하고, 뜨끈한 어묵에 짭조름하고 쫄깃한 오징어 다리가 아이들을 유혹합니다. 책을 읽기 전 우리 동네 전통 시장을 방문해 한이네 동네 시장과 비교하며 책을 읽어 보세요. 전통 시장에서 장 봐 온 물건들을 보며 한이의 장바구니 품목과 비교해 보고, 사 온 재료로 어떤 음식을 만들지 메뉴도 아이와 함께 이야기해 보세요.

질문하기 그림책의 내용을 파악하고 확장하기 위한 질문으로 이야기를 나눕니다.
- 시장에서 한이와 엄마는 무엇을 샀나요?
- 한이는 시장 안의 풍년 참기름 가게에서 무엇을 보고 변신 로봇 같다고 했나요?
- 연두 어머니는 시장에서 만난 한이에게 무엇을 주셨나요?

- 한이 엄마는 정육점에서 무엇을 사셨을까요?
- 고등어 한 손은 몇 마리를 말하나요?
- 생선 가게에서 모기향을 피우는 이유가 뭘까요?
- 한이가 엄마를 졸라서 산 것은 무엇인가요?
- 한이처럼 엄마를 졸라서 산 것이 있나요?
- 엄마와 함께 시장에 간다면 무엇을 사고 싶나요?
- 그림책에 나온 여러 간판 중 가장 기억에 남는 것은 무엇인가요?

독후 활동 다양한 영역과 연계해 놀이 활동을 합니다.

- 수 영역: 물건의 가치는 얼마일까요?

물건의 가격을 짐작하고 조사하는 과정을 통해 수의 다양한 의미와 물건의 가치를 알 수 있습니다. 직접 시장에 가서 가격 조사를 하기가 어렵다면 마트 전단지를 활용해 보세요.

준비물 그림책, 마트 전단지

놀이 방법 안내

① 그림책에 나오는 다양한 물건의 가격이 얼마인지 예측해 보세요.
  '콩할머니네 할머니표 손두부는 얼마일까요?'
  '한이가 맛있게 먹었던 부산 원조 어묵은 한 장에 얼마일까요?'
② ①의 예측한 가격을 바탕으로 그림책의 한이네 시장에서 판매하는 물건들의 가격을 정해 보세요.
③ 우리 동네 시장이나 마트에서 똑같은 물건을 얼마에 파는지 가격을 조사하고 가격을 비교해 보세요.

- **탐구·미술·신체 영역: 우리 가게로 놀러 오세요**

    아이는 시장 놀이를 통해 판매자와 구매자 역할을 하며 의사소통 능력과 사회성을 기를 수 있습니다. 또한 돈과 물건을 교환하는 과정을 경험하면서 수 개념이 자연스럽게 발달합니다. 간단한 덧셈과 뺄셈을 익히며 수리적 사고를 키우고, 돈의 가치와 기초적인 경제 개념까지 배울 수 있어 놀이를 통한 학습 효과가 더욱 커집니다.

    준비물 팔고 싶은 물건, 마트 전단지, 앞치마

    놀이 방법 안내
    ① 그림책에서 봤던 시장의 모습과 아이들이 직접 경험한 시장의 모습이 어떤지 비교하며 말해 보세요. 시장에 갔을 때 어떤 가게가 있었는지, 가게마다 어떤 물건을 팔고 있었는지 말해 봅니다.
    ② 주변 시장을 관찰하고 나서 자신이 판매하고 싶은 물건을 정해요.
    ③ 가게 이름을 정하고 간판을 만들어요
    ④ 팔고 싶은 물건의 가격을 정한 후 가격표를 만들어요. 채소 파는 가게를 한다면 집에 있는 파, 양파, 감자, 마늘, 당근 등을 준비해요. 집에 없는 채소는 아이들이 직접 그리거나 전단지를 오려 활용해도 됩니다.
    ⑤ 사람들에게 물건을 팔기 위해 어떻게 행동하고 말해야 할지 함께 고민해요.
    ⑥ 앞치마를 입은 아이는 가게 주인이 되고 엄마는 손님이 되어 시장 놀이를 해 보세요.

- **미술 영역: 장바구니 만들기**

    장바구니를 만들기 위해 자르고 붙이는 등 다양한 재료를 활용하는 과정에서 소근육이 발달하고, 자신만의 디자인을 구상하고 표현하면서 창의적 사고를 하게 됩니다.

준비물 색도화지(A3 사이즈와 A4 사이즈), 칼, 풀, 자, 테이프

놀이 방법 안내

① A3 사이즈의 도화지를 반으로 접어요.
② 다음 그림처럼 접은 도화지를 가로·세로 2~3cm 여유를 두고 가로 방향으로 선을 그은 후 선을 따라 칼로 오리세요. (칼 사용은 부모님이 도와주세요.)
③ A4 사이즈의 색도화지를 1cm 너비로 길게 여러 개 오려 주세요.
④ ③의 색도화지를 ②의 도화지의 칼선에 세로 방향으로 한 칸씩 엇갈리게 끼워 주세요.
⑤ 엇갈리게 끼운 색도화지의 맨 윗부분과 맨 아랫부분을 풀로 붙여 주세요.
⑥ 양 옆면의 벌어진 곳은 테이프로 붙이고, 손잡이도 예쁘게 만들어 완성해요.

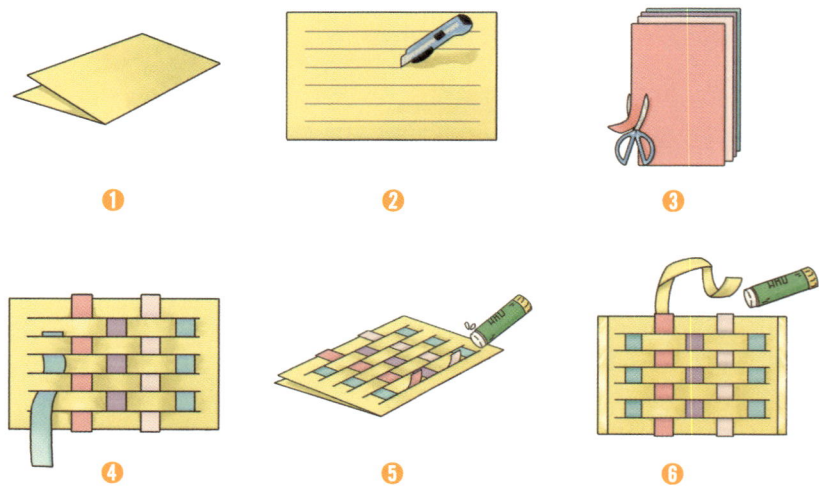

04

우리 동네 '우체국'

생쥐 우체부의 여행

(마리안느 뒤비크 글·그림 / 고래뱃속)

생쥐 우체부의 짐수레에 실린 소포는 누구에게 전해질까요? 우편물을 배달하는 생쥐 우체부를 따라가며 구석구석 다양한 이야기와 볼거리를 즐길 수 있는 그림책입니다.

도입 그림책의 표지와 면지를 탐색하며 이야기를 나눕니다.

- 표지 그림에 장소, 동물 등 무엇이 보이는지 말해 보세요.
- 우체부는 어떤 일을 하는 사람인지 말해 보세요.

- 생쥐 우체부의 짐수레에 실린 우편물은 누구의 것이고, 무엇이 들어 있을지 상상해 말해 보세요.

읽기 전략 tip   생쥐 우체부가 우편물을 배달하는 과정을 따라가며 누구에게 우편물을 배달할지 예측해 보고, 방문한 동물의 집이 어떻게 생겼는지, 집 안에 무엇이 있는지 살펴봅니다. 또 배달한 우편물에는 무엇이 들어 있을지 상상하면서 책을 읽습니다. 생쥐 우체부를 따라 동물의 집 안 구석구석 숨겨져 있는 볼거리와 기발한 이야기를 찾아 읽다 보면 동물의 생태를 자연스럽게 깨칠 수 있습니다.

질문하기   그림책의 내용을 파악하고 확장하기 위한 질문으로 이야기를 나눕니다.

- 생쥐 우체부는 뱀 아저씨에게 전할 물건이 없어 마음이 놓였는데, 무슨 이유 때문일까요?
- 생쥐 우체부는 다람쥐 아저씨에게 무엇을 배달했나요?
- 거북이 아주머니는 생쥐 우체부가 배달한 롤러스케이트를 어디에 쓰려고 하나요?
- 생쥐 우체부가 박쥐 세 자매 집을 살금살금 발끝으로 걸으며 지나간 이유는 무엇일까요?
- 생쥐 우체부의 짐수레에 있던 마지막 소포는 누구의 것인가요?
- 동물들이 받은 편지에 어떤 내용이 쓰여 있을지 그 내용을 상상해

말해 보세요.
- 우편물을 배달하기 위해서라면 무슨 일이든 하는 생쥐 우체부에게 어떤 말을 해주고 싶나요?

독후 활동 다양한 영역과 연계해 놀이 활동을 합니다.

- **미술·탐구 영역: 동물의 집을 그려요**

  우리 동네에는 다양한 직업을 가진 사람들이 살고 있습니다. 활동하기 전 아이와 함께 우체부뿐 아니라 지역 경찰관, 소방관 등이 어떤 일을 하는지 살펴보세요. 이때 아이가 어떤 일을 하고 싶어 하는지에 대한 이야기를 나눠도 좋습니다.

  준비물 도화지, 색연필

  놀이 방법 안내
  ① 생쥐 우체부가 그림책에 소개된 동물 외에 다음에는 어떤 동물의 집을 방문할지 상상해 보고, 그 동물의 집을 그려 보세요.
  ② 동물의 집을 그릴 때는 그 동물의 특징을 떠올리며 집 구조가 어떻게 생겼을지, 집 안에는 무엇이 있을지 상상하면서 그려 보세요.
  ③ 동물과 관련된 우화나 옛이야기, 세계 명작에 어떤 것이 있는지 떠올려 보고 그 이야기를 들려주세요.

- **음악·신체 놀이: 우체부 아저씨 어디 가세요?**

  다양한 직업에 대한 이해와 고마운 마음을 담아 동요 〈우체부 아저씨〉를 부르며 율동도 함께해 보세요. 동요 가사에 따라 동작을 자유롭게 표현하는 과정에서 창의적 사고를 하게 되고 상상력도 자극됩니다.

> **놀이 방법 안내**

① 우편물을 전해 주는 일을 하는 고마운 우체부 아저씨를 생각하며 동요 〈우체부 아저씨〉를 불러요.
② 동요에 어울리는 동작을 만든 후, 동요를 부르며 율동을 함께해요.

- **언어·미술·탐구 영역: 우체국에 가면?**

열심히 일하시는 아빠의 직장이나 멀리 떨어져 사시는 할아버지 할머니 댁에 편지 보내는 특별한 이벤트를 해보세요. 편지를 받는 사람의 기쁨도 크지만, 편지 보내는 사람의 기쁨도 크다는 것을 자연스럽게 느낄 수 있습니다.

> **준비물** 편지지, 편지 봉투

> **놀이 방법 안내**

① 편지지를 예쁘게 꾸미고 가족이나 친구에게 하고 싶은 말을 써 보세요.
② 편지 봉투에 보내는 사람과 받는 사람의 이름, 주소, 우편번호를 써요. 이때 누구에게 무슨 내용으로 편지를 쓸 것인지 생각할 시간을 주고, 편지 봉투에 주소를 바르게 쓰도록 도와주세요.
③ 직접 우체국을 방문해 우체국에서 일하는 사람들이 어떤 일을 하고 있는지 관찰하고, 우표를 구매해 직접 편지를 부쳐요. 우표가 편지를 부치기 위해 지불해야 하는 요금이라는 것도 짚어 주세요.

● 편지 봉투 만들기 ●

준비물 A4 용지 한 장, 가위(칼), 연필(펜), 자, 풀

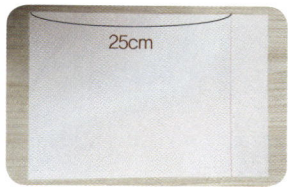
❶ A4 용지를 25cm로 자릅니다.

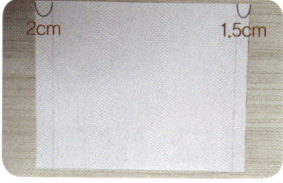
❷ 용지의 세로면에 2cm와 1.5cm로 각각 선을 긋습니다.

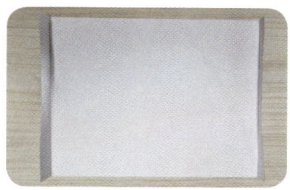
❸ ❷에 그어 놓은 선을 따라 종이를 접습니다.

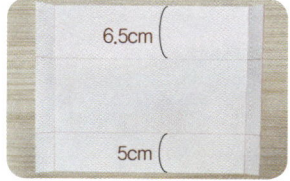
❹ ❸의 가로면에 6.5cm와 5cm로 각각 선을 긋습니다.

❺ ❹에 그어 놓은 선을 따라 종이를 접습니다.

❻ 사방면에 0.5cm를 표시합니다.

❼ 0.5cm가 표시된 부분을 가위나 칼로 자릅니다.

❽ 용지 윗부분을 접어 풀을 바르고 나서 아랫부분을 접어 붙입니다.

❾ 사진과 같이 풀을 바릅니다.

❿ 봉투가 완성되었습니다.

뜨거운 여름 7월

7월은 아이들이 손꼽아 기다리는 여름방학이 시작되는 달입니다. 무더운 여름을 시원하게 보내기 위해 가족들과 바다나 계곡 여행을 계획하고, 물놀이를 위한 다양한 도구를 준비하며 기대에 부풉니다. 시원한 물속에서 더위를 식히는 즐거움을 누리고, 수박 등 제철 과일을 먹으며 여름의 맛을 만끽할 수도 있습니다. 또한 여름철 특유의 시끄럽게 울어 대는 매미 소리를 들으면서 계절의 변화를 체감하게 되죠.

하지만 불볕더위로 건강 관리에 더욱 신경 써야 하는 시기이기도 합니다. 아이가 즐겁고 의미 있는 여름을 보낼 수 있도록 미리 계획을 세우고, 다양한 체험을 할 수 있도록 도와주세요. 여름과 관련된 주제의 그림책을 함께 읽거나 놀이 활동을 접하면 아이가 계절의 특징을 자연스럽게 익히고, 주변 환경에 대한 호기심과 배경 지식을 확장하는 데 큰 도움이 됩니다.

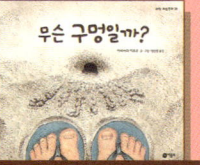
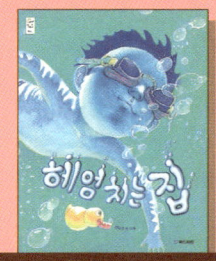

주제 #여름 날씨 #여름 생활 #여름 동·식물 #여름철 놀이 #건강

01
한여름 밤 불청객 모기

모기와 춤을 (하정산 글·그림 / 봄개울)

모기의 앵앵거리는 소리 때문에 텐트에서 자던 온 가족이 한밤중에 일어나 모기에 가까운 동작을 취하며 모기를 잡으려고 이리 뛰고 저리 뜁니다. 배꼽 잡는 웃음을 선사하는 그림책입니다.

도입 그림책의 표지와 면지를 탐색하며 이야기를 나눕니다.
- 표지 그림 속 사람들이 무엇을 하는 것처럼 보이나요?
- 하루 중 언제일까요?

- 모기가 내는 소리를 들어 본 적이 있다면 그 소리를 흉내 내어보세요.
- 모기에 물려 본 적이 있나요? 모기에 물렸을 때 어땠는지 그 증상에 대해 말해 보세요.
- 책을 읽기 전 뒷면 면지에 실린 QR 코드를 인식해 동요 〈모기와 춤을〉 들으며 모기 잡는 흉내도 내어보세요.

읽기 전략 tip 《모기와 춤을》은 저절로 흥얼거리며 읽게 되는 마법 같은 그림책입니다. 면지의 모기 소리를 시작으로 손으로 따라가며 모기가 어디로 갔는지 모기의 행방을 찾아보며 책을 읽습니다. 첫 장을 넘기는 순간부터 자연스럽게 흥얼거리며 리듬을 실어 읽어 주면 책 읽기의 재미를 느낄 수 있습니다. 문답을 주고받을 수 있게 그림책의 글자가 빨간색과 노란색으로 구분되어 있으니 아이와 역할을 나누어 읽어 보세요. 우리에게 친숙한 동요의 가사가 그림책 속 내용에 절묘하게 녹아 있어서 즐겁게 동요를 따라 부르며 리듬감 있게 책을 읽게 된답니다.

질문하기 그림책의 내용을 파악하고 확장하기 위한 질문으로 이야기를 나눕니다.
- 가족들이 잠을 자는 곳은 어디일까요?
- 한밤중에 누가 가족들을 찾아왔나요?
- 가족들은 모기를 잡기 위해 어떤 도구를 사용했나요?

- 모기를 잡은 사람은 누구인가요?
- 나라면 모기를 잡기 위해 어떻게 할까요?
- 모기는 또 누구를 찾아갔을지 상상해서 말해 보세요.

독후 활동 다양한 영역과 연계해 놀이 활동을 합니다.

- **미술 영역: 모기를 잡자!**

    성가시게 구는 모기를 어떻게 하면 혼쭐낼 수 있을까요? 아이 손바닥을 본떠 모기를 혼쭐낼 모기 채를 만들어 보세요. 흥미로우면서도 즐거운 경험을 제공하는 활동이 될 수 있습니다.

    준비물 택배 상자(두꺼운 종이), 스티커, 색종이

    놀이 방법 안내

    ① 택배 상자나 두꺼운 종이를 여러 겹으로 겹쳐 준비해 주세요.
    ② ①에 아이의 손바닥을 대고 모양대로 그려요. 이때 손목 부분까지 그려서 모기 채의 손잡이를 만들어 주세요.
    ③ ②를 가위로 오린 뒤 스티커나 색종이로 꾸며요. 이왕이면 모기가 무서워 도망가게 모기의 천적이나 겁낼 수 있는 것들로 꾸며 주세요.

- **음악·신체 영역: 동대문을 열어라!**

    전통 구전 동요와 '동대문을 열어라' 놀이를 접목해 '모기 잡기 놀이'를 해보세요. 아이들은 박자에 맞춰 함께 움직이고 노래하는 과정을 통해 자연스럽게 상호작용을 하는 것은 물론 협동심과 사회성도 키울 수 있습니다.

놀이 방법 안내

① 먼저 술래가 될 두 명을 정해요.

② 술래 두 명이 양손을 맞잡아 문을 만들고, 나머지 사람은 모기가 되어 노래 〈동대문을 열어라〉를 부르며 문을 지나가길 반복해요.

③ 노래가 끝남과 동시에 술래가 맞잡은 양손을 내려 문을 닫음으로써 지나가던 모기를 잡아 가두어요.

④ 문이 닫혀 갇힌 사람은 새로운 술래가 된답니다.

02
여름 날씨

비 오니까 참 좋다
(오나리 유코 글·하타 고시로 그림 / 나는별)
비가 전해 주는 하늘과 땅의 냄새, 다양한 노랫소리를 통해 온몸으로 비를 느껴 볼 수 있는 그림책입니다.

도입 그림책의 표지와 면지를 탐색하며 이야기를 나눕니다.
- 비를 맞고 있는 아이의 표정이 어때 보이나요?
- 우산이나 우비를 입지 않고 비를 맞아 본 적이 있나요? 그때 느낌을

말해 보세요.
- 비가 어떤 소리를 내면서 내리는지 그 소리를 흉내 내어보세요.

읽기 전략 tip 우리 아이는 참방참방 첨벙 빗속을 신나게 내달리며 비와 친구가 되어 노는 아이의 모습에 대리만족을 느끼며 책을 읽게 됩니다. 비 내리는 소리를 리듬감 있게 흉내 내며 읽어 주세요. 대야에 물을 담아 아이가 직접 물의 촉감을 느끼며 책을 읽으면 주인공 아이가 느끼는 흥겨움을 함께 느낄 수 있습니다. 또한 비 오는 날의 옷차림에 대해 이야기하면 날씨에 따라 옷차림이 달라진다는 것도 배우게 됩니다.

질문하기 그림책의 내용을 파악하고 확장하기 위한 질문으로 이야기를 나눕니다.
- 시커먼 구름이 밀려오고 나서 하늘에서 무엇이 내렸나요?
- 아이는 왜 비에게 소리를 쳤나요?
- 비를 맞아 흠뻑 젖은 아이는 왜 기분이 좋다고 했을까요?
- 그림책의 아이처럼 참방거리며 빗속을 뛰어다닌다면 어떤 기분일 것 같나요?
- 비 내리는 날에 가장 해보고 싶은 것이 있다면 그것이 무엇인지 말해 보세요.

독후 활동 다양한 영역과 연계해 놀이 활동을 합니다.

- **언어·신체 영역: 빗소리를 느껴요, 표현해요!**

  그림책 마지막 장을 보면 비를 흠뻑 맞으며 신나게 놀고 온 아이는 욕실에서 우산을 펼쳐놓고 비의 노랫소리를 듣습니다. 그림책 속의 아이처럼 아이와 함께 비의 노랫소리를 감상해 보세요. 어떤 소리가 들리나요? 소리를 듣고 표현하는 과정에서 감각을 자극하게 되고, 이를 언어와 행동으로 구체화하면서 다양한 능력을 키울 수 있습니다.

  준비물 우산

  놀이 방법 안내

  ① 욕실에서 우산을 펼치고 샤워기의 물을 틀어 우산에 떨어지는 물소리를 들어 보세요.

  ② 비가 들려주는 노랫소리를 흉내 내어 보고, 몸으로 표현해요.

- **탐구 영역: 물과 기름은 섞이지 않아요**

  비가 오는 날 우산을 쓰면 비를 맞지 않습니다. 우산을 쓰면 왜 비를 맞지 않는 걸까요? 아이와 함께 실험을 통해 알아보세요. 일상생활에서 접하는 과학적 원리를 눈으로 확인하고 직접 체험함으로써 과학에 대한 기초 이해를 형성할 수 있습니다.

  준비물 두꺼운 도화지, 초, 크레파스, 수성 사인펜, 스포이트

  놀이 방법 안내

  ① 두꺼운 도화지의 반듯한 면이 위로 가도록 반으로 접어요.

  ② 접은 양쪽에 똑같이 크레파스로 우산을 그리고 수성 사인펜으로 색칠해요.

  ③ 색칠한 우산 그림 가운데 한쪽을 선택해 초를 골고루 문질러요.

④ 스포이트로 우산 그림에 물을 한 방울씩 떨어뜨린 뒤 색칠한 우산 그림이 어떻게 변하는지 관찰해 보세요.

부모를 위한 tip

초를 골고루 문지른 우산 그림은 초의 기름 성분으로 색이 번지지 않지만 그렇지 않은 우산 그림은 수성 사인펜의 색이 물에 번지면서 떨어지는 물방울을 따라 색이 흐릅니다. 이 실험으로 물과 기름은 섞이지 않는 성질을 가졌다는 사실을 알 수 있습니다.

03
여름 과일

수박씨를 삼켰어!
(그렉 피졸리 글·그림 / 토토북)
자신의 몸에서 수박이 자랄지도 모른다는 악어의 엉뚱한 고민에 공감하면서 꼬마 악어의 상상 속으로 함께 빠져들 수 있는 그림책입니다.

도입 그림책의 표지와 면지를 탐색하며 이야기를 나눕니다.
- 표지 그림에서 무엇이 보이는지 이야기해 보세요.
- 악어가 먹고 있는 것은 무엇인가요?

- 표지 그림에 그려진 수박씨는 몇 개인가요?

읽기 전략 tip   수박은 여름을 대표하는 과일로, 무더위를 식히기에 제격입니다. 겉은 초록색이지만 안은 빨간색인 수박처럼 겉과 속이 다른 과일에는 어떤 것이 있는지 알아보세요. 그림책의 꼬마 악어 몸에 수박씨를 놓아 두고 수박씨가 지금쯤 어디에 있을지 소화 과정을 함께 살펴보면서 책을 읽어 봅니다. 소화 과정을 설명할 때 우리 아이의 몸과 꼬마 악어의 몸을 비교해 설명하면 음식의 소화 과정에 대한 이해를 높일 수 있습니다.

질문하기   그림책의 내용을 파악하고 확장하기 위한 질문으로 이야기를 나눕니다.

- 꼬마 악어가 좋아하는 과일은 무엇인가요?
- 어떤 과일을 좋아하는지, 내가 좋아하는 과일의 씨앗이 어떻게 생겼는지도 말해 보세요.
- 꼬마 악어는 수박씨를 삼키고 지금 어떤 고민에 빠졌나요?
- 꼬마 악어의 몸속으로 들어간 수박씨는 어떻게 되었나요?
- 꼬마 악어처럼 수박씨를 삼킨 적이 있는지 과일의 씨앗을 삼켰던 경험을 말해 보세요.
- 걱정하는 꼬마 악어에게 어떤 말을 해주고 싶나요?

독후 활동 다양한 영역과 연계해 놀이 활동을 합니다.

- ### 수 영역: 수박씨 세어 보기

  여름을 대표하는 과일인 수박을 활용해 수 세기와 가르기를 즐겁게 익혀 보세요. 수 세기와 가르기를 놀이하듯 즐기면서 익히면 수학적 개념을 자연스럽고 흥미롭게 탐색할 수 있습니다. 이렇게 배우면 이해도 빠르고 기억에도 오래 남습니다.

  준비물 수박

  놀이 방법 안내

  ① 수박을 먹으며 수박씨가 몇 개 나오는지 세어 보세요.
  ② 10이나 20과 같은 기준을 정해 수를 분류하고 나누면서, 다양한 방법으로 수의 개념을 배워요.
  ③ 수박씨를 이용해 덧셈과 뺄셈을 해보세요.

- ### 신체 영역: 수박씨 멀리 불기 대회

  누가 수박씨를 가장 멀리 불 수 있을까요? '수박씨 멀리 불기 대회' '수박씨 얼굴에 붙이기' 등 가족 대회를 열어 보세요. 수박씨를 이용한 게임을 통해 신체 조절 능력을 기르고, 놀이의 규칙을 배울 수 있습니다.

  준비물 수박, 그릇

  놀이 방법 안내

  ① 출발선에서 좀 떨어진 곳에 입으로 수박씨를 불어 넣을 그릇을 준비해 두세요.
  ② 순서를 정한 뒤 수박씨를 불어 준비한 그릇에 넣는데, 수박씨를 가장 많이

넣는 사람이 이기는 거예요..
③ 얼굴에 수박씨 붙이기 대회도 해보세요.

- **요리 영역: 화채 만들기**

요리 과정에서 다양한 과일 이름과 도구를 익히게 되고, 요리 과정을 설명하거나 의사소통하면서 언어 능력을 키우게 됩니다. 또 요리의 시작부터 끝까지 아이가 주도적으로 참여한다면 자기 주도성과 책임감을 기를 수 있습니다. 요리를 완성했을 때 성취감을 느끼고, 자신이 만든 음식을 맛있게 먹으며 자신감도 키울 수 있습니다.

준비물 여름 제철 과일, 칼, 우유 또는 주스

놀이 방법 안내

① 수박 등 다양한 여름 과일을 준비해 주세요.
② 플라스틱(유아용) 칼을 사용해 다양한 모양과 크기로 과일을 잘라 준비해요. 이 과정은 부모님이 도와주되, 아이가 과일마다 다른 단면을 가지고 있다는 것을 관찰하도록 유도해 주세요. 또한 아이가 직접 요리에 참여하며 흥미를 느끼도록 격려해 주세요.
③ 준비한 과일에 우유나 주스를 섞어 시원하고 맛있는 과일 화채를 완성해요.

04

여름철 놀이

오늘은 수영장일까?
(토모 미우라 글·그림 / 위즈덤하우스)
월화수목금토일 수영장은 무엇으로 변신할까요? 수영장은 물놀이만 할 수 있는 공간이라는 편견을 깨고 기발한 상상력을 발휘해 날마다 변신하는 수영장의 모습을 상상하게 만드는 그림책입니다.

도입 그림책의 표지와 면지를 탐색하며 이야기를 나눕니다.
- 표지 그림의 장소는 어디일까요?
- 수영장에 갔던 경험을 떠올리며 수영장에 갈 때 무엇을 준비해야

하는지 말해 보세요.
- 요일마다 수영장이 어떻게 변신했을지 상상하며 말해 보세요.

읽기 전략 tip　먼지에 나오는 아이처럼 수영장에 들어가기 전 해야 하는 준비 체조를 따라 해보고, 수영하기 전 왜 준비 체조를 해야 하는지 그 이유를 알아봅니다. 그리고 책장을 넘기면서 월화수목금 날마다 수영장이 어떻게 변신할지 상상하며 그림책을 읽습니다. 수영장이 어떻게 변신하면 좋겠는지 먼저 상상하고, 그림책의 수영장이 어떻게 변신했는지 살펴보며 읽어 보세요.

질문하기　그림책의 내용을 파악하고 확장하기 위한 질문으로 이야기를 나눕니다.

- 아이는 수영장에 가기 위해 어떤 준비물을 챙겼나요?
- 요일별로 수영장이 어떻게 변신했는지 말해 보세요.
- 금요일은 수영장이 휴관이었어요. 그렇다면 토요일에 아이는 수영할 수 있었을까요?
- 토요일과 일요일에 수영장이 어떻게 변신했을지 그 모습을 상상해 말해 보세요.

독후 활동　다양한 영역과 연계해 놀이 활동을 합니다.
학습을 통해 어려운 과학 이론을 이해하기보다 재미있는 실험으로 과학을 즐기면서 배우도록 해주세요. 과학 실험은 관찰하고 예측하고 결과를 확인하는 일련의 과정을 포함하고 있어 아이의 문제해결 능력과 논리적 사고를 자극합니다.

- **탐구 영역: 물에 뜨는 것과 가라앉는 것**

  준비물 동전, 지우개, 클립, 수저, 가위, 장난감 블록, 연필, 자석, 물이 담긴 커다란 그릇

  놀이 방법 안내
  ① "배처럼 물에 뜨는 것과 잠수함처럼 물에 가라앉는 것에는 어떤 물건이 있을까?"라는 질문에 대한 답을 생각하며 아이와 함께 집에서 이와 관련된 물건을 찾아보세요.
  ② 찾은 물건이 나무, 금속, 유리, 플라스틱 등 무엇으로 만들어졌는지 물질의 성질을 알아보세요.
  ③ 물이 담긴 커다란 그릇에 준비된 물건을 차례대로 넣은 뒤 물에 넣은 물건의 상태를 관찰해 보세요.
  ④ 물에 뜨는 물건과 물에 뜨지 않는 물건을 구분해요.
  ⑤ 실험 전 아이가 생각했던 답과 실험을 통해 얻는 결과가 어떻게 다른지 비교해 보세요.

  부모를 위한 tip
  물이 물속에 있는 물체를 밀어 올리는 힘을 부력이라고 합니다. 어떤 물체가 물속에 잠기면 물체가 잠긴 만큼 물을 밀어내게 됩니다. 이때 물체를 들어 올리면 밀려난 물은 제자리를 채우게 되죠. 부력은 물체에 의해 밀려난 물이 제자리를 차지하려고 물체를 밀어 올리는 힘이에요.

- **탐구·신체 영역: 수영 놀이**

  아무리 무더운 여름이라도 수영장의 수온은 바깥보다 낮아서 갑작스러운 온도 변화에 근육이 경직될 수 있으므로 경련을 일으키지 않도록 수영 전 준비운동을 꼭 해야 합니다. 또 물에 들어갈 때는 찬물에 심장이 놀라지 않도록 몸에 물을 뿌리며 천천히 들어가야 합니다. 수영하기 전 준비운동을 하는 이유를 다시 한번 설명해 주고 수영 놀이를 즐겨 보세요.

  놀이 방법 안내
  ① 주인공 아이처럼 물에 들어가기 전에 해야 할 준비운동을 따라 해보세요.
  ② 준비운동을 마친 후 나만의 수영법을 만들어 표현해 보세요.
  ③ 개구리 수영법, 소금쟁이 수영법, 거북이 수영법 등 다양한 동물의 특징을 흉내 내며 수영법을 만들어 보세요.

다양한 교통수단을 알아보는 8월

놀이를 배우기 시작하는 연령의 아이들이 즐기는 놀이 가운데 하나가 교통수단 놀이입니다. 단순한 놀이처럼 보일 수 있지만, 다양한 교통수단은 아이의 상상을 자극하는 매개체이자 안전을 위해 꼭 알아두어야 할 주제입니다.

누리과정에서는 교통수단의 종류, 형태, 생활 속 활용, 안전에 대해 배웁니다. 이를 바탕으로 초등 과정에서는 교통과 생활, 교통수단의 발달과 변천사, 교통수단의 원리와 구조 등 더욱 심화된 내용을 학습합니다. 아이들은 장난감으로 접했던 교통수단을 실제로 관찰하며 다양한 역할과 과학적 원리를 이해하게 되죠. 또한 재미있는 만들기 활동과 체험을 통해 교통수단이 어떻게 작동하는지 자연스럽게 익힐 수 있습니다.

더불어 교통 안전 규칙을 배우면서 안전한 교통수단 이용법을 비롯해 규칙 준수, 양보, 배려 등 사회적 가치도 함께 익히게 됩니다. 따라서 단순히 놀이를 즐기는 것에 그치지 말고 연관 체험 학습이나 연계 독서를 적극 활용해 주세요. 아이가 경험하고 배운 만큼 더 넓은 시야로 세상을 바라보고, 스스로 생각하며 실천하는 힘을 기를 수 있습니다.

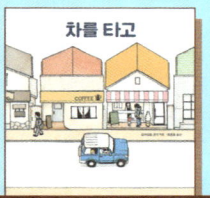

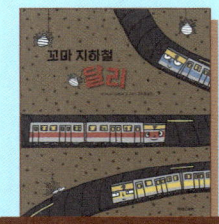
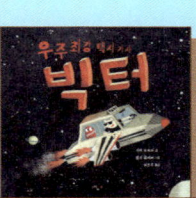

주제 #교통수단 #다양한 탈것 #이동 수단 #안전

01
땅 위를 달리는 탈것

보여? 보여! 마법 안경
(나카시마 준코 글·그림 / 베틀북)
주변의 여러 사물을 관찰해 눈에 보이지 않는 탈것을 유추해 보고, 사람들이 어떤 목적으로 탈것을 이용하는지 알아보는 매력적인 그림책입니다.

도입   그림책의 표지와 면지를 탐색하며 이야기를 나눕니다.

- 그림책의 제목에서 '보여? 보여!'는 무엇이 보인다는 것인지 표지 그림을 보며 말해 보세요.

- 표지 그림에 등장하는 사람들의 표정과 자세를 살펴보고 어떤 상황인지 상상해서 말해 보세요.

읽기 전략 tip 먼저 면지의 찾기 퀴즈를 복사해서 각각 오린 뒤 테이블에 펼쳐 두세요. 오린 퀴즈의 뒷면에 제시된 답을 참고로 페이지와 힌트를 메모해 두고, 책을 읽기 전 그림책에 어떤 것이 숨어 있는지 하나씩 살펴봅니다. 이제 그림책의 주인공인 미키와 아빠를 따라다니며 우리 주변에 어떤 탈것이 있는지 질문하고 답하면서 읽습니다. 타고 있는 사람들의 모습을 꼼꼼히 살피고, 문장 속 힌트를 참고해 탈것의 이름을 알아맞혀 보세요. 또 사람들이 왜 그 탈것을 이용하는지, 어디서 볼 수 있고, 어떤 방법으로 이용하는지 말해 보세요. 이렇게 우리 주변에 어떤 탈것이 있는지 숨은 그림 33개를 찾아보는데, 이때는 탈것을 이용하는 사람들과 사물의 모습에 집중하며 읽어 보세요.

질문하기 그림책의 내용을 파악하고 확장하기 위한 질문으로 이야기를 나눕니다.

- 미키와 아빠는 어떤 특별한 안경을 가지고 있나요?
- 특별한 안경을 쓰면 어떤 일이 일어나나요?
- 미키와 아빠가 하늘 높이 뱅글뱅글 돌기도 하고, 위아래로 오르락내리락하며 탄 것은 무엇일까요? 이 탈것은 어디서 볼 수 있나요?
- 엄청나게 높은 빌딩에 올라갈 때는 무엇을 타면 될까요?

- 32쪽에서 미키는 무엇을 타고 있나요?
- 다양한 탈것 가운데 내가 경험한 탈것과 경험하지 못한 탈것에 어떤 것이 있는지 말해 보세요.
- 마법 안경을 갖게 된다면 무엇이 투명하게 보이는 안경이면 좋겠는지 말해 보세요.

독후 활동 다양한 영역과 연계해 놀이 활동을 합니다.

- **탐구 영역: 보여? 보여! 보여? 아니, 안 보여!**

    마법처럼 보이는 이 현상 속에 숨겨진 과학적 원리는 무엇일까요? 셀로판지 마법 안경 실험은 신기하고 새로운 현상을 체험함으로써 과학 원리에 대한 호기심과 탐구심을 아이에게 자극해 줍니다.

    준비물 셀로판지(빨강·파랑), 두꺼운 도화지

    놀이 방법 안내
    ① 두꺼운 도화지로 안경 2개를 만든 뒤 각 안경알에 빨간색과 파란색의 셀로판지를 붙여 주세요. 안경은 아이의 얼굴에 맞춰 만들어요.
    ② 그림책 속에 탈것이 투명하게 보이는 부분을 복사해서 준비해 주세요.
    ③ ②에 빨간색과 파란색 사인펜으로 보이지 않는 탈것을 그려요.
    ④ 빨간색과 파란색의 셀로판지 안경을 번갈아 쓰며 탈것이 어떻게 보이는지 말해 보세요.

    부모를 위한 tip
    빨간색 사인펜으로 그린 탈것을 빨간색 안경을 쓰고 보면 빨간색만 통과시키고 나머지 색깔의 빛은 반사하거나 흡수하기 때문에 모두 빨간색으로 보입니다. 이때 빨간색 물체를 보면 주변과 합쳐져 모두 빨간색으로 보여 잘 보이지 않습니다. 반면에 파란색 안경을 쓰고 보면 탈것이 잘 보입니다.

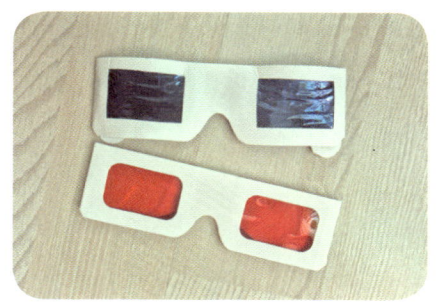

- **수 영역: 땅 위의 탈것은 몇 대일까요?**

  우리가 이용하는 버스, 지하철, 기차, 배, 비행기를 통해 교통수단을 체험할 수 있습니다. 아이와 함께 책에 등장하는 교통기관을 구분하고, 각각의 특징을 관찰해 보세요.

  놀이 방법 안내

  ① 그림책 속에 나오는 탈것 가운데 땅 위의 탈것에는 어떤 것이 있는지 찾아보고, 그 수를 세어 보세요.
  ② 땅 위의 탈것 외에 그림책에 나오는 배, 비행기 등 다양한 교통수단을 찾아보세요.
  ③ 교통수단이 다니는 길(하늘, 바다, 땅)에 따라 교통수단을 나눔으로써 분류에 대한 개념을 익히도록 해주세요.
  ④ 교통수단이 다니는 길에 따라 분류한 탈것의 수를 부등호(>, <)와 등호(=)를 사용해 나열하고 수의 크기를 비교해 보세요.

- **탐구·미술 영역: 바퀴는 어떻게 굴러가나요?**

  세모, 네모, 동그라미 가운데 바퀴처럼 굴러가는 것은 원의 형태를 가진 동그라미입니다. 다양한 모양의 블록과 물건(상자, 물병 등)을 활용하면 바퀴가 굴러가는 원리를 쉽게 깨우칠 수 있습니다.

준비물 물감, 도화지, 자동차 장난감

놀이 방법 안내

① 주변에 있는 다양한 사물 가운데 바퀴처럼 굴러가는 것을 찾아보세요. 바퀴 모양과 비슷한 것을 찾아보고, 바퀴의 원리에 대해 알아보세요.
② ①에서 찾은 사물 가운데 가장 잘 굴러가는 것은 무엇인지 알아보고, 그 이유를 생각해 보세요.
③ 집에 있는 자동차 장난감의 바퀴에 물감을 묻혀 종이에 찍고 나서 바퀴의 다양한 무늬를 관찰해 보세요.

02
하늘을 나는 탈것

여행은 제비 항공
(모토야스 게이지 글·그림 / 책읽는곰)
비행기를 타고 떠나는 여행은 가슴을 두근두근 설레게 만듭니다. 작은 동물들과 함께 여행의 설렘과 즐거움을 느낄 수 있는 그림책입니다.

도입 그림책의 표지와 면지를 탐색하며 이야기를 나눕니다.

그림책 표지의 앞·뒤 면지에는 비행기를 이용할 때 꼭 알아두어야 하는 기내 안전 수칙과 비행기 이용 고객에게 제공하는 기내식과 편의용품이 안내되어 있습니다. 여행의 즐거움에 다양한 정보까지 얻을 수 있으니 지나치지 말고 표지와 면지를 자연스럽게 연결해 살펴보세요.

- 표지에 보이는 제비 항공은 우리가 알고 있는 비행기와 어떻게 다른지 설명해 보세요.
- 비행기는 어디로 날아가는 걸까요?
- 누가 비행기에 타고 있을까요?
- 제비 항공 외에 어떤 항공사가 있을까요? 그림책의 뒤표지를 보며 말해 보세요.
- 혹시 모를 위험에 대비하기 위해 비행기에서 꼭 지켜야 하는 안전 수칙이 있는데, 앞면지를 보며 개구리의 시범을 따라 해보세요.
- (뒷면지를 보며) 제비 항공의 기내식 가운데 어떤 것을 선택할지 말해 보세요.

읽기 전략 tip 거미 공항에서는 사람 대신 저마다 큰 가방을 짊어지고 여행을 떠나기 위해 모인 수많은 작은 동물을 만날 수 있습니다. 게다가 공항 구석구석 우리가 미처 생각하지 못한 것들이 재미나게 변형되어 있어요. 다양한 간판, 기름 대신 에너지 음료로 배를 채우고 수영장 다이빙대를 활주로 삼아 힘차게 날아오르는 제비 항공 등 각 장에 볼거리가 가득해서 자연스럽게 상상의 나래를 펼치며 그림책을 읽게 됩니다.

공항과 비행기 안에서 개구리 가족이 무엇을 하는지, 다른 동물들은 어디에 있는지 동물의 동선을 따라 그림책을 읽어 보세요. 숨은그림찾기처럼 동물 하나를 선택해 페이지를 넘길 때마다 찾아보는 것도 좋습니다. 또 공항에서 어떤 일들을 하고 있는지 찾아보며 파일럿, 승무원, 정비사 등 다양한 직업 세계에 대해 알아보세요.

질문하기 그림책의 내용을 파악하고 확장하기 위한 질문으로 이야기를 나눕니다.

- 개구리 가족의 목적지는 어디인가요?
- 개구리 가족은 제비 비행기를 타기 위해 공항에서 가장 먼저 무엇을 했나요?
- 비행기를 타려면 무엇이 필요한가요?
- 꼬마 개구리는 비행기에서 무엇을 먹었나요?
- 제비 비행기에 탄 동물들은 비행기 안에서 무엇을 하고 있나요?
- 남섬에 도착한 제비 비행기는 어떤 공항에 착륙했나요?
- 그림책에 등장하는 여러 항공사 중에서 어떤 항공사의 비행기를 타 보고 싶은지 이야기해 보세요.
- 비행기를 타고 어떤 곳을 여행하고 싶은가요?
- 남섬에 도착한 개구리 가족은 무엇을 하고 있을지, 내가 남섬에 간다면 무엇을 할지 상상해서 말해 보세요.

독후 활동 다양한 영역과 연계해 놀이 활동을 합니다.
- **미술 영역: 비행기를 탈 때 필요해요**

  교통수단은 우리 생활에 편리함을 주지만 규칙과 안전을 생각하지 않고 이용하면 오히려 큰 피해를 볼 수 있습니다. 놀이를 하면서 교통수단을 이용하는 방법과 규칙을 숙지해 올바르게 교통수단을 이용하도록 해주세요.

준비물 도화지, 아이 사진, 색연필, 사인펜, 물감(잉크)

놀이 방법 안내

① 아이와 여행하고 싶은 곳에 대해 이야기를 나눠 보세요. 여행을 떠날 때 이용하고 싶은 항공사를 생각해 보도록 합니다.
② 출국 수속 절차에 필요한 여권을 만들어 보세요.
③ ②의 여권에 아이 사진을 붙이고, 출입국할 때 찍는 도장도 그려 보세요.
④ 여행하고 싶은 나라의 국기를 그리거나 그곳을 대표하는 것(에펠탑, 자유의 여신상, 스핑크스 등)을 도장으로 표현해 보세요.
⑤ 도화지를 이용해 아이들이 타고 싶은 항공사의 로고를 그려 비행기표를 만들어 보세요.

- ### 신체 영역: 승무원이 되어 보아요

승무원은 비행기를 편리하고 안전하게 이용하도록 도와주는 일을 하는 사람입니다. 승무원과 탑승객이 되어 비행기 안의 다양한 상황을 역할극 놀이로 해보세요.

준비물 의자, 넥타이(끈)

놀이 방법 안내

① 의자 여러 개를 비행기의 좌석처럼 앞뒤 또는 통로를 사이에 두고 나란히 배치해요.
② 각자의 역할을 정해 보세요.
③ 탑승객 역할을 맡은 사람은 넥타이, 끈 등을 활용해 만든 안전벨트를 매고

이륙을 준비합니다.

④ 승무원 역할을 맡은 사람은 탑승객에게 항공 안전 수칙 시범을 보여주고 안전한 여행을 하도록 돕습니다. 또 이동식 카트에 과자, 음료 등을 준비해 탑승객에게 서비스하는 상황 놀이를 해보세요.

- **탐구 영역: '떳다 떳다 비행기'**

무거운 비행기는 어떻게 하늘을 날 수 있을까요? 비행기는 바로 날개에서 생기는 양력에 의해 하늘을 날 수 있습니다. 공기의 흐름으로 하늘을 나는 왕관 비행기를 만들어 날려 보세요.

준비물 색종이, 가위, 풀

놀이 방법 안내

① 다음 그림의 순서대로 색종이를 접어 왕관 비행기를 만들어 보세요.
② 완성된 비행기를 날려 보세요.
③ 동요 〈떳다 떳다 비행기〉를 부르며 가족과 비행기 멀리 날리기 대회를 열어 보세요. 다른 방법으로도 비행기를 만들어 날려 보세요.

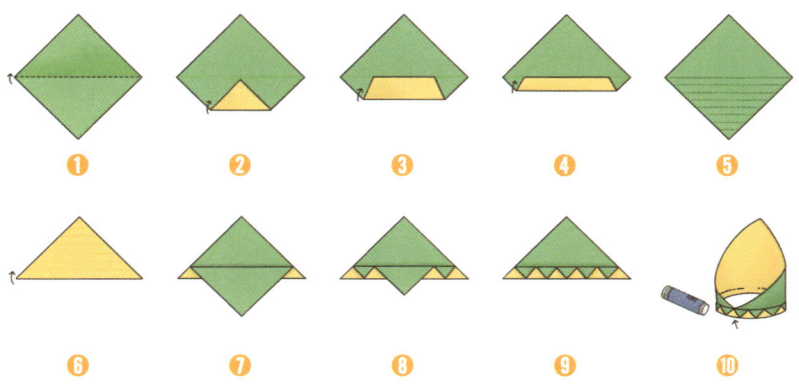

03

철길을 달리는 탈것

칙칙폭폭 동물 기차

(시노다 코헤이 글·그림 / 북극곰)

아프리카의 무더위를 피하고 싶은 사자와 하마는 기차를 타고 바캉스를 떠날 수 있을까요? 독서와 놀이가 한데 어우러져 재미있게 읽을 수 있는 그림책입니다.

도입 그림책의 표지와 면지를 탐색하며 이야기를 나눕니다.

책의 표지를 양쪽으로 길게 펼쳐서 표지와 면지를 읽게 해주세요.

- 동물 기차에는 어떤 동물이 타고 있나요?

- 기차 안의 동물들은 무엇을 하고 있나요?
- 동물들은 기차를 타고 어디로 가는 걸까요?

읽기 전략 tip　　아프리카 기차역에서 사자와 하마 두 동물이 무더위를 피해 시원한 곳으로 가기 위해 기차를 기다리고 있습니다. 어마어마하게 큰 코끼리들이 탄 첫 번째 기차에는 하마의 엉덩이가 너무 커서 탈 수가 없었어요. 얼룩말들이 탄 두 번째 기차는 무서운 사자에게 잡아먹힐까 봐 문도 열어 주지 않고 출발해 버렸어요. 과연 다음 기차에는 하마와 사자가 탈 수 있을까요? 다음에 도착할 기차에는 어떤 동물들이 타고 있을까요? 아이들과 장을 넘기기 전 다음 기차에 어떤 동물이 타고 있을지, 사자와 하마가 기차를 탈 수 있을지 상상해 보며 그림책을 읽습니다. 기차 안 동물들의 특징을 흉내 내어 보고, 마지막 장에서는 동요 〈동물 기차 노래〉를 부르며 뒷면지에 실린 율동도 함께 따라 해요.

질문하기　　그림책의 내용을 파악하고 확장하기 위한 질문으로 이야기를 나눕니다.

- 하마와 사자가 서로를 싫어하는 이유는 무엇일까요?
- 아프리카 역에 도착한 기차에는 어떤 동물들이 타고 있었는지 차례대로 말해 보세요.
- 하마와 사자가 탄 기차에는 어떤 동물이 타고 있었나요?

- 서로를 싫어하던 하마와 사자는 어떻게 친구가 되었나요?
- 남극에 도착한 하마와 사자는 따뜻한 곳으로 가고 싶대요. 다음에는 어떤 동물이 탄 기차를 타고 어디로 갔을지 상상해서 말해 보세요.
- 아프리카 기차역에서 내가 타고 싶은 기차는 어떤 동물이 탄 기차인가요?
- 동물 기차를 타고 어디로 가고 싶은지 말해 보세요.

독후 활동 다양한 영역과 연계해 놀이 활동을 합니다.

- **언어 영역: 기차 끝말잇기를 해요**

  여러 칸이 연결되어 달리는 기차처럼 낱말의 끝나는 말로 시작되는 단어를 연결해 포스트잇 낱말 기차를 만들어 보세요. 끝말잇기 놀이는 아이들이 재미있고 쉽게 다양한 낱말을 습득할 수 있는 놀이입니다.

  준비물 포스트잇

  놀이 방법 안내
  ① 낱말을 적을 수 있는 포스트잇을 여러 장 준비해요.
  ② 포스트잇에 '기차'를 첫 단어로 적어요.
  ③ 다음 사람이 '기차'의 끝말인 '차'로 시작되는 단어를 다른 포스트잇에 적어 첫 포스트잇과 나란히 붙여요.
  ④ 같은 방식으로 끝말잇기를 하면서 포스트잇 기차를 만들어 보세요.

- **신체 영역: 기차를 만들어요**

  신체 놀이와 역할놀이는 아이에게 즐거움을 주고, 감정을 자연스럽게 표현할 기회를 제공합니다. 그래서 스트레스를 해소하고 긍정적인 감정을 경험하게 해줍니다.

준비물 넥타이(스카프)

놀이 방법 안내

① 넥타이(스카프) 2~3개의 양쪽 끝을 묶어 동그랗게 연결해 칙칙폭폭 기차놀이를 준비해요.
② 집의 다양한 장소에 역 이름을 써서 붙여요.
③ 넥타이로 만든 기차를 타고 칙칙폭폭 기차 노래를 부르며 출발해요.
④ 다음 도착할 기차역은 '안방 역'이에요. 승무원이 되어 승객에게 도착할 역을 안내하고, 출발하기 전 새로운 승객을 태워 다음 역으로 출발하면서 기차놀이를 즐겨 보세요.

04

물 위를 떠다니는 탈것

바다 이야기
(아누크 부아로베르·루이 리고 지음 / 보림)
바다 위와 바닷속 모습을 팝업으로 함께 보여주며 바다 오염의 심각성과 신비로움을 동시에 깨닫게 해주는 그림책입니다.

도입 그림책의 표지와 면지를 탐색하며 이야기를 나눕니다.

- 바다에 가 본 적이 있나요? 바다를 직접 보고 느낀 것들을 떠올리며 경험한 것을 말해 보세요.

- 알고 있는 바다 생물의 이름과 표지에 그려진 바닷속 생물의 이름을 말해 보세요.
- 표지 그림의 배 안에 있는 사람들과 면지 그림의 해변 사람들은 무엇을 하고 있나요?

읽기 전략 tip 항구에서 출항 준비를 마친 빨간 배를 따라 바다 항해를 시작합니다. 바다 위에서는 어떤 일이 벌어지고, 배 아래에서는 무슨 일이 일어날까요? 해면을 기준으로 바다 위와 바닷속 풍경을 살펴보며 책을 읽습니다.

깊고 푸른 바다에 살아가는 신비롭고 다양한 동·식물의 이야기를 팝업북으로 생생하게 전달합니다. 뿐만 아니라, 인간의 이기심으로 점점 심각해지고 있는 바다 오염의 심각성도 함께 보여줍니다. 바다가 어떻게 오염되고 있으며, 그것이 우리에게 미치는 영향은 무엇인지 함께 이야기해 보세요.

질문하기 그림책의 내용을 파악하고 확장하기 위한 질문으로 이야기를 나눕니다.

- 책에 나오는 다양한 종류의 배 이름을 말해 보세요.
- 빨간 배가 북극에서 만난 북극 동물을 책에서 찾아보세요.
- 문어가 제집으로 삼은 곳은 무엇인가요?
- 작은 만에 닻을 내린 빨간 배의 선원들은 어디로 간 걸까요?
- 빨간 배를 타고 바다를 여행한다면 어떤 바다 동물을 가장 만나고

싶나요?
- 바닷속에 쓰레기는 어떻게 쌓이는 걸까요?
- 바닷속 쓰레기를 어떻게 치워야 하고, 바닷속에 쓰레기가 쌓이지 않게 하려면 어떻게 해야 할지 말해 보세요.

독후 활동 다양한 영역과 연계해 놀이 활동을 합니다.

- **탐구 영역: 배를 움직여요**

배는 어떤 힘으로 움직일까요? 우리가 교통수단으로 이용하는 배는 연료를 동력으로 삼아 움직입니다. 그런데 주방세제를 이용해 배를 움직일 수도 있다고 해요. 아이의 흥미를 자극하는 과학 실험을 통해 알아보세요.

준비물 우유 상자(플라스틱 용기), 유성 매직, 면봉, 주방세제

놀이 방법 안내

① 우유 상자(일회용 용기)를 배 모양으로 오리고, 유성 매직으로 예쁘게 색칠해요.
② 세면대(대야 등)에 넘치지 않게 물을 채운 뒤 물 위에 ①의 배를 올려요.
③ 면봉에 주방세제를 살짝 묻혀 배가 나아가는 방향의 뒤쪽에 찍어요.
④ 배가 어떻게 되는지 관찰해 보세요.

부모를 위한 tip
배의 뒤쪽에 주방세제를 살짝 묻히면 신기하게 배가 조금씩 움직입니다. 배가 앞으로 나아가는 것은 배 주위에 생긴 표면장력이 주방세제로 인해 약해졌기 때문입니다.

- **언어 영역: 소리는 같아도 뜻이 달라요**

동음이의어 가운데 낱말 '배'는 책에서 봤던 것처럼 '사람이나 물건을 싣고 물 위를 떠다니도록 만든 교통수단'과 '배나무의 열매'라는

뜻이 있습니다. 또 사람의 신체 부위인 '배', 어떤 수나 양을 두 번 합한 만큼을 뜻하는 '배'도 있어요. 이처럼 소리는 같아도 뜻이 다른 낱말을 동음이의어라고 합니다. 우리말에는 동음이의어가 많아서 동음이의어를 익혀 두면 책의 내용을 이해하는 데 큰 도움이 됩니다.

준비물 도화지, 색연필 등 필기구

놀이 방법 안내

① 동음이의어가 들어간 문장 여러 개를 만들어요. 이때 문장 안의 동음이의어는 다음에 나온 예시처럼 (   )로 표기합니다.
② 문장 안에 들어갈 동음이의어를 종이에 적고, 동음이의어 옆에 그림 또는 기호를 그려 준비해 주세요. 동음이의어 옆에 그림이나 기호로 표현하는 것은 같은 소리를 가지고 있는 낱말이라도 서로 다른 뜻을 가졌다는 사실을 아이가 인지할 수 있도록 하기 위해서입니다.
③ 종이의 낱말과 그림의 힌트를 바탕으로 문장에 어울리는 동음이의어를 찾아보며 동음이의어에 대해 알아보세요.

- 사각사각 씹히는 (   )의 맛이 달고 시원해요.
- 아침을 먹지 않았더니 (   )가 너무 고파요.
- 사람들이 모두 타자 (   )는 서서히 물살을 가르며 나아갔어요.

세계 속 우리나라를 알아보는 9월

9월에는 세계적으로 독창성과 우수성을 인정받은 한글, 고운 선의 한복, 정성 가득한 음식, 명절과 놀이 등 우리나라를 대표하는 문화 요소를 통해 우리의 전통과 가치를 깊이 이해하는 시간을 가지려고 합니다. 이 과정을 통해 아이들은 자연스럽게 우리 문화에 대한 애정과 자부심을 키워 나갑니다. 또한 세계 여러 나라의 독특한 문화를 배우며 세계 속에서 우리의 위치를 이해하고, 다양한 문화를 존중하고 공감하는 태도를 익히게 됩니다. 단순히 우리의 문화가 최고라는 생각에서 벗어나 다른 문화를 열린 시각으로 받아들이고, 서로의 다름을 인정하는 균형 잡힌 시각을 갖는 것이 중요합니다.

이를 위해 우리나라의 전통문화와 세계 문화를 함께 담은 그림책을 활용해 보세요. 아이들이 다양한 문화 속에서 조화롭게 살아가는 법을 배우고, 성숙한 문화인으로 성장하도록 돕는 소중한 경험이 될 것입니다.

 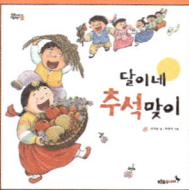  

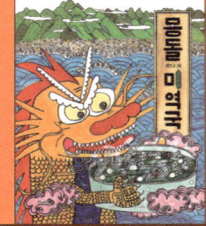   

주제 #우리나라 #전통문화 #세계 문화 #기념일 #추석

01

우리 고유의 집 한옥

한글 품은 한옥 (김도영 글·그림 / 발견)

우리 고유의 집인 한옥 여기저기에 숨겨진 한글을 찾아보면서 아름다운 전통 채색화를 감상할 수 있는 보물 같은 그림책입니다.

도입 그림책의 표지와 면지를 탐색하며 이야기를 나눕니다.

- (표지 그림의 한옥을 가리키며) 여기는 누가 사는 집일까요?
- 한옥 주변에는 무엇이 있나요?

- 문과 창문은 어떻게 생겼나요?
- 한옥에 살면 어떤 점이 좋을까요?
- 한옥은 무엇을 재료로 지었을까요?

읽기 전략 tip 앞면지의 열린 문을 통해 한옥 안으로 들어가 천천히 그림책 감상을 시작합니다. 책을 똑똑 두드리며 "이리 오너라!" 하고 힘차게 외치며 대문 안으로 들어갑니다. 그림책 감상이 끝난 뒤에는 그림책의 마지막 면지처럼 한옥을 둘러보고 돌아가는 발자국을 따라 대문을 나가며 한옥의 주인에게 감사 인사를 합니다. 각 장의 한글 자음 모양을 한 기와지붕 위에 손가락으로 14개 자음을 직접 쓰며 읽습니다. 그리고 기와지붕 아래 여기저기 지붕과 같은 자음으로 시작하는 낱말의 물건을 찾아봅니다. 한옥을 방문하는 손님이 되거나 손님을 맞이하는 주인이 되어 그림책을 읽다 보면 역할에 따라 바라보는 시각이 달라져 더 재미있게 책을 읽을 수 있습니다.

질문하기 그림책의 내용을 파악하고 확장하기 위한 질문으로 이야기를 나눕니다.

- 한옥에는 어떤 한글이 숨겨져 있나요?
- 한옥의 기와지붕 모양을 닮은 한글의 자음으로 시작하는 물건에 무엇이 있나요? ㄱ부터 ㅎ까지 하나씩 찾아보며 말해 보세요.
- 우리 집(오늘날의 집)과 어떤 점이 비슷하고, 어떤 점이 다른가요?

- 한옥에서 살면 어떨 것 같나요?
- 옛날 집에서 살게 된다면 어떤 집에서 살고 싶나요?

독후 활동   다양한 영역과 연계해 놀이 활동을 합니다.

- **신체·언어 영역: 한글을 낚아요!**

  한글은 자음과 모음 조합으로 이루어진 글자입니다. 낚싯대로 물고기가 아닌 한글을 낚으면서 글자가 만들어지는 조합에 대해 알아보세요. 이는 낱말의 의미를 자유롭게 상상하고 창의적으로 해석할 수 있는 활동입니다.

  준비물 도화지, 말굽자석, 나무젓가락, 클립, 리본 끈

  놀이 방법 안내

  ① 그림책에 나온 ㄱ~ㅎ으로 시작되는 단어를 찾아보세요.
  ② 도화지를 3×4cm 정도 크기로 오려 어휘 카드를 여러 개 만드세요.
  ③ 그림책에서 찾은 단어를 자음과 모음으로 나눠 준비된 ②의 어휘 카드에 적고, 클립을 꽂아 주세요.
  ④ 거실 중앙에 색 테이프로 (어휘 카드를 펼쳐놓을 정도의) 연못을 만들어 ③의 준비된 카드를 연못 안에 골고루 펼쳐 놓으세요.
  ⑤ 나무젓가락 한쪽 끝에 아이 키의 반 정도 길이의 리본 끈을 묶고, 리본 끈의 반대쪽에는 말굽자석을 묶어 낚싯대를 만들어요.
  ⑥ 자석 낚싯대를 이용해 연못 안의 자음 카드와 모음 카드를 낚은 뒤 낱자 카드를 조합해 책에서 봤던 단어를 만들어요.
  ⑦ 한글의 자음과 모음을 조합하면 다양한 단어를 만들 수 있습니다. 자음과 모음 카드를 활용하여 책에 나온 단어 외에도 새로운 단어를 만들어 보세요.

- **탐구 영역: 환경의 영향을 받아요!**

  집은 생활 터전이므로 환경의 영향을 많이 받습니다. 오늘날의 집은 형태 면에서 보면 달라졌지만 그 의미는 크게 달라지지 않았어요. 과거와 오늘날의 집을 비교하며 사람에게 집이 어떤 의미인지 생각해 보세요.

  준비물 사진 자료

  놀이 방법 안내

  ① 내가 사는 집을 소개해 보세요. 어떤 집에서 살고 있으며, 우리 집에서 가장 좋아하는 장소는 어디이고, 우리 집의 가장 좋은 점은 무엇인지 말해 보세요.
  ② 우리 집과 그림책에서 보았던 전통 집인 한옥이 어떻게 다른지 비교해 말해 보세요(집 짓는 재료, 모양, 구조, 장·단점 등).
  ③ 사진 자료를 찾아보며 초가집에 대해서도 알아보세요.

  부모를 위한 tip

  옛날 사람들은 사는 곳의 날씨나 땅 모양에 따라 집 모양을 다르게 지었어요. 또 뒤에 산이 있고, 앞에 강이 흐르는 곳에 위치한 집을 좋다고 생각했어요. 산이 바람을 막아 주고 강에서 물과 먹을 것을 구하기 쉬웠기 때문이죠. 방과 대문, 창문에 햇빛이 잘 드는 것도 중요하게 생각해 닥나무로 만든 한지로 창문을 만들었고, 짚과 흙을 섞어 벽을 만들었어요. 우리의 전통 집은 흙, 나무 등 자연 재료로 지어져 건강에도 좋은 집이라고 해요.

02
즐거운 명절

달이네 추석맞이

(선자은 글·차정인 그림 / 푸른숲주니어)

음력 8월 15일 '한가위'인 추석을 맞아 달이 가족이 할머니 댁에 모였어요. 달이 가족의 추석맞이 이야기를 통해 우리의 추석 모습과 풍습을 알 수 있는 그림책입니다.

도입 그림책의 표지와 면지를 탐색하며 이야기를 나눕니다.

- 표지 그림을 보고 '추석' 하면 떠오르는 것을 말해 보세요.
- 아이들은 모두 어떤 옷을 입고 있나요?

- 그림 속 아이들은 무엇을 손에 들고 있나요?
- 추석에 무엇을 했는지 나의 경험(본 것, 들은 것, 한 것 등)을 말해 보세요.

읽기 전략 tip 추석을 맞아 할머니 댁을 찾은 달이 가족의 추석맞이 이야기를 우리 집의 추석맞이 모습과 비교하며 책을 읽습니다. 추석 전에 달이 가족은 어떤 음식을 준비하고, 차례상에는 어떤 음식이 올라가는지, 추석을 맞이해 무엇을 하는지 등 책장을 넘기며 달이 가족의 추석맞이를 통해 우리의 추석 풍습에 대해 알아봅니다. 24시간 하루 시간표를 준비해 달이 가족의 추석맞이 일정을 아침부터 밤까지 시간별로 나눠 살펴보며 책을 읽어도 좋습니다.

질문하기 그림책의 내용을 파악하고 확장하기 위한 질문으로 이야기를 나눕니다.

- 달이네 온 가족이 함께 음식을 준비하는 이유는 무엇인가요?
- 할머니는 왜 '올게심니'를 방문에 걸어 두셨나요?
- 추석날 동네잔치에서 사람들은 어떤 전통놀이를 즐겼나요?
- 추석에는 어떤 음식을 먹나요? 대표적인 추석 음식에는 무엇이 있나요?
- 차례상 앞에서 달이와 해준이는 할아버지께 절을 올렸어요. 달이와 해준이를 따라 절을 해보세요.
- 보름달을 보며 어떤 소원을 빌고 싶은지 말해 보세요.

독후 활동 다양한 영역과 연계해 놀이 활동을 합니다.

● 언어·탐구 영역: 우리나라의 의미 있는 날은?

달력에는 명절 외에도 개인, 국가나 국제기구에서 정한 의미 있는 날이 많습니다. 주제에 맞춰 아이와 함께 달력에서 찾아보세요.

준비물 달력, 사인펜 또는 색연필

놀이 방법 안내

① 달력을 준비해 주세요.
② 우리 가족에게 중요한 의미가 있다고 생각한 날을 찾아 달력에 사인펜으로 표시해요.
③ ②에 표시한 날이 왜 중요한 날인지, 그 기념일에 어떤 일을 하는지 또는 하고 싶은지 말해 보세요.
④ 다음 표의 주제에 맞춰 중요한 의미를 지닌 날을 찾아 사인펜으로 구분해 표시하고, 어떤 날인지 말해 보세요.

주제	기념일
우리 가족에게 의미 있는 날	기념하는 날(가족의 생일, 결혼기념일, 제사 등)
우리나라의 역사를 알 수 있는 날	3·1절(3월 1일), 현충일(6월 6일), 6·25전쟁(6월 25일), 제헌절(7월 17일), 광복절(8월 15일), 개천절(10월 3일), 한글날(10월 9일), 독도의 날(10월 25일) 등
다양한 분야의 직업이 지닌 소중함을 이해하기 위해 정한 날	예비군의 날(4월 1일), 근로자의 날(5월 1일), 철도의 날(6월 28일), 국군의 날(10월 1일), 경찰의 날(10월 21일), 소방의 날(11월 9일), 농업인의 날(11월 11일) 등
세계인이 주목하는 사회적 이슈가 담긴 날	세계 습지의 날(2월 2일), 국제 여성의 날(3월 8일), 세계 물의 날(3월 22일), 장애인의 날(4월 20일), 지구의 날(4월 22일), 바다의 날(5월 31일), 환경의 날(6월 5일), 에너지의 날(8월 22일), 세계 동물의 날(10월 4일) 등
사람과 사랑, 나눔의 중요성을 생각해 보는 날	어린이날(5월 5일), 어버이날(5월 8일), 스승의 날(5월 15일), 부부의 날(5월 21일), 노인의 날(10월 2일) 등

- **요리 영역: 예쁜 송편을 만들어요**

  추석에 즐겨 먹는 대표적인 음식을 꼽으라면 송편을 빼놓을 수 없습니다. 쌀가루로 반죽을 해서 콩이나 깨를 넣어 만드는 송편이 아닌 새콤달콤 과일을 넣어 맛있는 과일 송편을 만들어 보세요.

  <mark>준비물</mark> 식빵, 밀대, 컵, 버터, 과일
  <mark>놀이 방법 안내</mark>
  ① 식빵을 밀대로 밀어 반으로 접어도 부서지지 않을 두께로 준비해요.
  ② 아이가 좋아하는 과일을 잘게 잘라 식빵 위에 올리고 식빵을 반으로 접어요.
  ③ 반으로 접은 식빵을 작은 컵으로 눌러 반달 모양을 만들어요.
  ④ 약한 불에 버터를 녹여 식빵으로 만든 송편을 살짝 구워 주면 맛있는 과일 송편이 완성됩니다.

- **미술 영역: 차례상을 차려요**

  추석 차례상은 단순한 상차림이 아니라 조상님에 대한 감사와 가족의 화합, 풍요로운 미래에 대한 기원을 담고 있습니다. 차례상에 올리는 음식들이 지닌 특별한 의미를 알아보며 차례상을 준비해요.

  <mark>준비물</mark> 마트 전단지, 도화지
  <mark>놀이 방법 안내</mark>
  ① 마트 전단지를 준비해요.
  ② 추석 차례상에 올리고 싶은 음식을 마트 전단지의 다양한 이미지 사진에서 골라 오려 주세요.
  ③ 도화지에 교자상을 그린 뒤 전단지에서 오린 사진으로 조상께 올릴 차례상을 준비해요. 그림책에 나온 차례상처럼 격식에 맞는 상차림도 좋지만, 감사한 마음을 담아 차례상에 음식을 올리는 것이 중요하다는 사실을 알려주세요.

03
우리나라의 전통문화

인절미 시집가는 날
(김아인 글·그림 / 국민서관)

쿵덕쿵덕 덩실덩실 전래 동요를 부르며 작가의 상상력이 덧붙여진 이야기 속에서 조상들의 지혜를 엿볼 수 있는 그림책입니다.

도입 그림책의 표지와 면지를 탐색하며 이야기를 나눕니다.

그림책을 읽기 전 그림책의 표지와 면지부터 꼼꼼히 살펴봅니다. 먼저 책 제목에 쓰인 낱말 '시집'이 무슨 뜻인지 사전에서 찾아보고, 비슷한 뜻을 가진 '결혼' '혼례'도 찾아봅니다. 이 그림책에는 시집이라는 낱말 뿐 아니라 아이들에게 익숙하지 않은 도구의 이름이 많이 등장합니다. 물을 끌어올리기 위해 사용했던 펌프, 밥을 지을 때 사용했던 석유 풍로 등 책을 읽기 전에 지금은 찾아보기 어려운 도구에 대한 이름을 익혀 두세요. 그리고 표지 그림을 보면서 인절미가 누구에게 시집가는지, 새색시와 신랑은 결혼할 때 어떤 옷을 입는지, 인절미의 결혼식에 누가 초대되었고 이름이 무엇인지 알아봅니다.

- 책 제목《인절미 시집가는 날》에서 '시집'은 무슨 뜻일까요?
- 지금 무엇을 하는 걸까요?
- 인절미의 결혼식에 누가 참석했나요?
- 인절미는 누구에게 시집가는 걸까요?
- 인절미는 시집가는 날 무엇을 타고 가나요?
- 인절미와 인절미 신랑은 어떤 옷을 입고 있나요?

읽기 전략 tip 면지를 시작으로 표지에서 봤던 등장인물들을 숨은 그림찾기처럼 그림책 곳곳에서 찾으며 읽습니다. 인절미가 만들어지는 과정에서 옛날 사람들이 사용했던 도구들이 어떻게 사용되는지 그 용도를 함께 살펴보도록 해요. 그림책을 다 읽고 나서는 앞뒤 면지의 그림을 비교하며 다른 점을 찾아보세요.

질문하기　그림책의 내용을 파악하고 확장하기 위한 질문으로 이야기를 나눕니다.

- 할머니가 안 계시자 부엌살림들은 무엇을 만들기로 했나요?
- 찰밥을 힘껏 내리쳐 쫄깃하게 만든 것은 누구인가요?
- 부엌살림들은 찰떡에게 어떤 선물을 주었나요?
- 베 보자기가 찰떡에게 콩고물과 팥고물로 화장을 해주자 찰떡은 무엇이 되었나요?
- 부엌살림들이 데리고 온 신랑감들 가운데 인절미는 누구를 가장 마음에 들어 했나요?
- 나는 인절미를 누구에게 시집보내고 싶나요?
- 시집가는 인절미와 장가가는 총각김치에게 어떤 말을 해주고 싶나요? 둘에게 결혼(혼례)을 축하하는 인사말을 해주세요.

독후 활동　다양한 영역과 연계해 놀이 활동을 합니다.

- **미술 영역: 신랑 각시 인형을 만들어요**

  휴지심과 색종이를 이용해 새색시와 새신랑 인형을 예쁘게 만들어 전통 혼례 역할극을 해요. 청혼서 전달이나 신부 가마 타기 등 혼례 절차를 직접 만든 인형으로 재현해 보면 혼례의 의미와 그 속에 담긴 예법을 쉽게 이해할 수 있습니다.

  준비물 휴지심, 색종이, 풀
  놀이 방법 안내
  ① 휴지심에 전통 혼례복의 색처럼 신랑은 파란색 색종이, 각시는 빨간색 색종

이를 두른 뒤 풀로 붙여요.
② 각시 인형에는 색종이를 이용해 족두리와 연지곤지를 표현해요.
③ 새색시와 새신랑 인형이 완성되면 전통 혼례가 어떻게 진행되는지 인터넷 영상을 찾아서 감상하고, 전통 혼례 역할극을 해보세요.

● **음악 영역: 〈인절미와 총각김치〉 노래를 불러요**

《인절미 시집가는 날》은 전래 동요를 작가의 상상력을 더해 이야기로 풀어낸 그림책입니다. 다양한 리듬과 박자, 강약, 빠르기 등으로 구성된 전래 동요는 세대와 세대를 넘어 입에서 입으로 전해지며 자연스럽게 우리 생활에 녹아든 노래라고 할 수 있습니다. 전래 동요를 부르며 동요에 어울리는 율동을 곁들여 보세요. 전래 동요에 녹아든 우리의 전통적 가치를 즐겁게 배울 수 있습니다.

준비물 옷(빨간색과 파란색)

놀이 방법 안내
① 전래 동요 〈인절미와 총각김치〉를 부르며 아이와 함께 동요에 어울리는 율동을 해보세요.
② 아이에게 원에서 배운 동요 〈인절미와 총각김치〉와 손유희를 부모님도 배워 함께하면 좋아요.
③ 전통 혼례복을 닮은 빨간색과 파란색 옷을 입고, 새색시와 새신랑처럼 동요를 불러 보세요.

04
세계 여러 나라의 다양한 문화

세계와 만나는 그림책
(무라타 히로코 글·테즈카 아케미 그림 / 사계절)

세계의 여러 나라를 소개하고, 그들 나라의 다양한 문화와 가치를 보여주는 그림책입니다.

도입 그림책의 표지와 면지를 탐색하며 이야기를 나눕니다.

지구본이나 면지의 세계 지도를 보면서 어떤 나라가 있는지 살펴보세요. 우리나라의 위치를 찾아보고, 여행한 나라에 대한 경험도 나눕니다.

- 표지 그림에 나온 의상들 가운데 가장 입어 보고 싶거나 마음에 드는 옷이 있나요?
- 사람들이 입은 옷들 가운데 익숙한 민속의상이 있나요?
- 세계 지도에서 우리나라는 어디에 위치해 있나요?
- 가장 여행하고 싶은 나라는 어느 나라인가요?

읽기 전략 tip 지구에는 우리만 존재하는 것이 아니고, 우리와 생김새가 다른 사람들이 세계 곳곳에서 살고 있습니다. 책에 소개된 다양한 인물의 모습을 통해 우리와 다른 생김새, 언어, 옷, 종교, 집, 놀이, 음식 등 세계 여러 나라의 문화를 살펴보면서 책을 읽습니다. 또 책을 읽으며 가장 가고 싶은 나라, 가장 먹어 보고 싶은 음식, 가장 입어 보고 싶은 의상 등 궁금한 문화를 가진 나라가 세계 지도에서 어디에 위치하는지 살펴보세요. 가장 여행하고 싶은 나라가 우리나라와 가까운지 먼지, 그 나라에는 어떤 모습의 사람들이 어떤 집에서 살고 있으며 어떤 음식을 먹는지 알아봅니다. 그림에 붙은 번호와 색을 따라 지도를 찾아보면서 읽어도 좋습니다.

질문하기 그림책의 내용을 파악하고 확장하기 위한 질문으로 이야기를 나눕니다.

- 사람들이 멋을 내는 방법 가운데 가장 독특하다고 생각한 것은 무엇인가요?

- 다양한 집 가운데 살고 싶은 집이 있나요?
- 책에 소개된 요리 가운데 가장 신기한 음식, 먹어 보고 싶은 음식을 말해 보세요.
- 친구들과 함께 어떤 놀이를 하고 싶은가요?
- 세계의 여러 글자 가운데 가장 쓰기 어렵고 말하기 어려운 글자는 어느 나라의 글자라고 생각하나요?
- 어느 나라의 인사법이 가장 마음에 드나요?

독후 활동 다양한 영역과 연계해 놀이 활동을 합니다.

- **언어 영역: 세계의 인사말을 나누어요**

그림책은 누군가를 만났을 때 반갑게 인사하는 법과 세계의 여러 인사말을 함께 소개하고 있습니다. 인사말이나 인사를 나누는 방식도 그 나라의 전통과 문화가 녹아들어 세계 문화를 배우고 익히는 데 큰 도움이 됩니다. 세계의 인사말을 가족이나 친구와 나눠 보고, 게임으로도 즐겨 보세요.

놀이 방법 안내

① 세계의 다양한 인사말과 인사법을 아이랑 함께 말하고 표현하며 가족들과 인사를 나누어 보세요.
② 몸으로 인사말을 표현해 보세요. 부모님이 "안녕하세요"라고 인사말을 하면 아이는 고개를 숙이며 인사법을 몸으로 표현하는 거예요.
③ 상대의 인사말을 듣고 인사말에 어울리는 인사법을 표현하면서 인사를 나눠 보세요.

● **미술 영역: 퍼즐을 맞춰요**

민속의상은 과거 일상생활에서 사람들이 즐겨 입던 옷을 말합니다. 세계 사람들이 과거에 어떤 옷을 즐겨 입었는지, 문화에 따른 의복의 특징을 관찰하며 퍼즐을 완성해 보세요.

준비물 휴지심, 그림책의 민속 의상 그림

놀이 방법 안내

① 그림책에 소개된 세계의 민속의상을 복사해 준비해요.
② 마음에 드는 나라의 민속의상 그림을 오려 휴지심에 풀로 붙여 주세요.
③ 휴지심에 붙인 민속의상 그림을 얼굴, 상체, 하체로 나눠 3등분으로 잘라요.
④ 3등분으로 자른 휴지심을 뒤섞어 놓은 뒤 얼굴, 상체, 하체의 짝을 찾아 순서대로 쌓으며 세계의 민속의상을 완성해요.

풍성한 가을 10월

✦✦✦

10월은 가을을 더욱 풍성하게 느낄 수 있는 달이기 때문에 학교나 유치원에서도 이를 마음껏 느낄 수 있는 체험 활동 프로그램을 많이 진행합니다. 우리 주변 곳곳에서 느낄 수 있는 계절의 풍경을 살펴보는 것으로 시작하여 낙엽의 색깔과 모양을 관찰해 봅니다. 이때 스크래치 기법으로 나뭇잎의 잎맥을 그려 보고, 직접 낙엽을 밟으며 어떤 소리가 나는지 귀 기울여 듣는 활동을 합니다. 또한 가을에 먹을 수 있는 다양한 열매에 대해 알아보고, 열매마다 어떤 특징이 있는지 관찰합니다. 가을 나무의 특징을 살펴보고 계절의 변화를 알아보고 나서 아이가 느낀 가을을 나무로 표현하고 발표하는 시간도 갖습니다. 물론 이 과정에서 계절과 관련된 그림책을 연계하여 활동하면 직·간접적 경험을 통해 아름다운 가을을 더욱 깊이 느낄 수 있습니다.

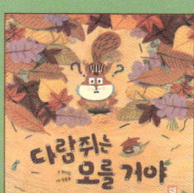

주제 #가을 풍경 #가을 열매 #곡식 #낙엽 #곤충

01
가을 풍경

낙엽 스낵
(백유연 글·그림 / 웅진주니어)

자연이 만들어낸 고운 색의 낙엽에 아기 고라니의 정성스러운 마음이 더해져 특별한 음식으로 재탄생합니다. 바삭바삭 꼬수운 낙엽 스낵으로 숲속 동물들과 함께 가을을 느낄 수 있는 그림책입니다.

도입 그림책의 표지와 면지를 탐색하며 이야기를 나눕니다.

- '스낵'은 어떤 뜻일까요? 평소 내가 즐겨 먹는 스낵은 무엇인지 소개해 보세요. (스낵의 맛, 모양, 냄새, 색, 소리 등)

- 낙엽 사이에 어떤 동물들이 보이나요?
- 낙엽 스낵은 어떻게 만들어질까요?
- 낙엽 스낵의 냄새, 맛, 모양, 소리 등을 상상해서 말해 보세요.

읽기 전략 tip 자연이 주는 재료만으로 만드는 낙엽 스낵은 아주 특별한 음식입니다. 게다가 아기 고라니의 정성스러운 손질이 더해지고 그 맛 또한 아주 고소해서 한번 맛보면 잊을 수 없을 정도예요. 아기 고라니가 낙엽 스낵을 만드는 과정을 따라가며 그림책을 읽습니다. 그리고 낙엽 스낵을 만드는 아기 고라니를 숲속 친구들이 어떻게 도와주는지 고라니 주변에 숨은 친구들을 찾아봅니다. 어떤 잎으로 만든 낙엽 스낵이 가장 맛있을지, 맛이 어떨지, 낙엽 스낵을 베어 물었을 때 어떤 소리가 날지 상상하며 그림책을 맛있게 읽어 보세요.

질문하기 그림책의 내용을 파악하고 확장하기 위한 질문으로 이야기를 나눕니다.

- 낙엽 스낵은 어느 계절에 만들 수 있나요?
- 아기 고라니는 모은 낙엽 가운데서 어떤 낙엽을 골라 스낵 만들 준비를 했나요?
- 아기 고라니는 깨끗하게 씻은 낙엽을 왜 돗자리 위에 펼쳐 두었을까요?
- 아기 고라니는 낙엽 스낵을 누구와 나눠 먹었나요?

- 낙엽 스낵의 맛과 냄새를 상상해서 말해 보세요.
- 낙엽 스낵을 베어 물면 어떤 소리가 날까요?
- 어떤 낙엽으로 만든 스낵이 가장 맛있을지 내 생각을 말해 보세요.
- 나는 낙엽 스낵을 누구와 나눠 먹고 싶은가요?

독후 활동 다양한 영역과 연계해 놀이 활동을 합니다.

- **미술 영역: 낙엽 리스 만들기**

  낙엽 리스 만들기는 아이와 함께 낙엽을 줍는 즐거운 야외 활동일 뿐 아니라, 식물의 모양과 색을 관찰하며 창의력을 키우는 미술 시간으로도 이어질 수 있어요.

  준비물 두꺼운 도화지, 낙엽(낙엽 도안), 양면테이프, 목공풀

  놀이 방법 안내

  ① 아기 고라니가 낙엽 스낵을 만들기 위해 낙엽을 주운 것처럼 빛깔이 고운 낙엽을 주워 깨끗하게 씻은 뒤 햇빛에 잘 말려 준비해 주세요. 낙엽 줍는 것이 어렵다면 낙엽 도안을 이용해요.

  ② 두꺼운 도화지에 리스 기본 틀을 동그라미, 하트, 별 등 원하는 모양으로 오려 만들어 주세요.

  ③ 양면테이프로 말린 낙엽을 리스 기본 틀에 원하는 만큼 붙이면서 잎의 특징을 말해 보세요.

- **수·탐구 영역: 잎을 분류해요**

손 모양을 닮은 잎, 길쭉한 바늘을 닮은 잎, 달걀을 닮은 잎, 심장을 닮은 잎, 주걱을 닮은 잎 등 식물의 종류에 따라 잎 모양은 다양합니다. 다양한 모양의 낙엽을 나누며 분류의 개념을 익히는 시간을 가져요.

준비물 낙엽

놀이 방법 안내

① 비슷한 모양이나 색을 가진 잎 등 기준에 따라 낙엽을 분류해요.
② 인터넷으로 여러 가지 모양의 잎을 준비한 뒤 비슷한 모양의 잎을 찾아보는 활동도 연계해 보세요.

02

가을 곡식과 열매

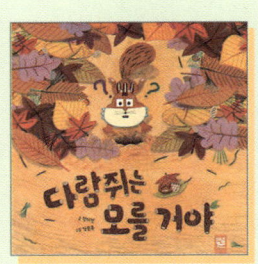

다람쥐는 모를 거야
(천미진 글·강은옥 그림 / 키즈엠)

다람쥐만 모르는 놀라운 비밀은 무엇일까요? 그 놀라운 비밀이 밝혀지는 순간, 다람쥐의 습성과 커다란 숲이 이뤄지는 배경까지 알게 되는 그림책입니다.

도입 그림책의 표지와 면지를 탐색하며 이야기를 나눕니다.

- 다람쥐에 대해 알고 있는 것이 있다면 말해 보세요.
- 표지에 그려진 다람쥐의 표정이 어때 보이나요?

- 다람쥐는 무엇을 하고 있나요?
- 다람쥐가 숨겨 놓은 도토리 백 개는 어디로 사라졌을까요?
- 다람쥐의 집은 어디인가요?

읽기 전략 tip   다람쥐가 참나무 숲에 도토리를 백 개나 숨겨 놓았는데, 어느 날 감쪽같이 사라졌대요. 다람쥐의 도토리는 도대체 어디로 사라진 걸까요? 책장을 넘기면서 다람쥐가 숨겨 놓은 도토리가 어디에 있는지 구석구석을 살피며 주인공 다람쥐의 친구 또는 탐정이 되어 도토리를 함께 찾아봅니다. 본문뿐 아니라 표지와 면지에도 곳곳에 도토리가 숨겨져 있어요. 뒷면지에는 다람쥐의 숲속 친구들이 잃어버린 도토리를 찾아주는 장면이 나옵니다. 다람쥐의 친구가 되어 잃어버린 도토리를 함께 찾으며 그림책을 읽는다면 등장인물들에 쉽게 동화되어 실감 나게 책을 읽을 수 있습니다.

질문하기   그림책의 내용을 파악하고 확장하기 위한 질문으로 이야기를 나눕니다.

- 다람쥐는 동물 친구들을 모아 놓고 무슨 이야기를 했나요?
- 다람쥐는 도토리 백 개를 어디 어디에 숨겨 놓았나요?
- 다람쥐가 숨겨 놓은 도토리는 어디로 사라진 걸까요?
- 족제비가 친구들에게 말한 다람쥐의 비밀은 무엇인가요?
- 다람쥐는 숲이 커지는 데 어떤 도움을 주었나요?

- 밤낮없이 숲의 구석구석을 돌아다니며 애타게 도토리를 찾는 다람쥐에게 어떤 말을 해주고 싶나요?
- 다람쥐는 나중에 자신의 비밀을 알게 되었을까요? 알게 되었다면 어떻게 알게 되었는지 상상해서 말해 보세요.
- 만약 족제비에게 다람쥐의 놀라운 비밀을 듣게 된다면 다람쥐에게 그 사실을 말해 줄 건가요?

독후 활동 다양한 영역과 연계해 놀이 활동을 합니다.

- **수 영역: 도토리 개수를 세어 보아요**

    그림책의 장면마다 도토리가 곳곳에 그려져 있습니다. 도토리 게임을 통해 연산을 배우고 수의 비교를 익혀 보세요.

    놀이 방법 안내
    ① 각 장면에서 도토리의 개수가 몇 개인지 그 수를 세어 보아요.
    ② ①에서 헤아린 도토리의 개수를 장면(장소)별로 막대그래프에다 그려 비교해 보세요.
    ③ 이번에는 눈을 감고 그림책의 한 면을 펼쳤을 때 누가 더 많은 도토리가 나오는지 게임을 해요.
    ④ 도토리의 수가 더 많이 나오는 사람이 이기는 게임입니다.

- **신체 영역: 가을 열매를 찾아봐!**

    다람쥐는 자신이 숨겨 놓은 도토리를 찾지 못해 애가 탑니다. 아이와 함께 숨겨 놓은 도토리를 찾아보세요. 이때 아이가 탐정이 되어 제공된 단서를 기반으로 도토리를 찾는다면 역할에 몰입해서 즐겁게 도토리를 찾을 수 있습니다.

준비물 도토리 그림, 가을 열매(밤, 대추 등)

놀이 방법 안내

① 도토리 그림을 여러 개 준비해서 집안 곳곳에 도토리 그림을 숨겨 놓습니다.

② 제시한 시간 안에 부모님이 집안 곳곳에 숨긴 도토리를 아이가 찾아내는 게임을 해요.

③ 반대로 아이가 도토리를 숨기고 부모님이 도토리를 찾는 게임으로 역할을 바꿔서 해도 좋아요. 아이가 잘 찾지 못하면 힌트를 하나씩 주고 도토리를 찾도록 해주세요.

④ 다람쥐처럼 폴짝폴짝 뛰면서 '다람쥐'나 '도토리'와 관련된 동요를 부르며 재미있게 도토리를 찾아보세요. 가을 열매인 밤, 대추 찾기 놀이로 진행해도 좋습니다.

03
가을 곤충

잠자리의 가을 여행
(한영식 글·다호 그림 / 다섯수레)

곤충들이 어떻게 계절을 맞이하고 준비하는지 가을 풍경과 함께 그 모습을 섬세하고 아름다운 세밀화로 만나볼 수 있는 그림책입니다.

도입 그림책의 표지와 면지를 탐색하며 이야기를 나눕니다.

- 표지 그림의 나뭇잎 색이 어떤지 말해 보세요.
- (표지와 면지 그림을 보면) 어떤 곤충들이 보이나요?

- (표지와 면지 그림을 보면) 곤충들이 무엇을 하고 있나요?
- 표지 그림의 곤충들은 어느 계절에 많이 볼 수 있나요?

읽기 전략 tip 가을 풍경을 보기 위해 길을 나선 고추잠자리의 여행에 동행하며 그림책을 읽습니다. 세밀화를 통해 잠자리의 생김새와 특징을 알아보세요. 그리고 잠자리가 여행 중에 본 가을 풍경이 어땠는지, 어떤 장소에서 누굴 만났는지 살펴봅니다. 해마다 찾아오는 가을이지만, 그림책을 통해 가을의 동·식물을 더 가까이 만나면서 계절에 따라 변화하는 자연환경을 이해할 수 있어요.

질문하기 그림책의 내용을 파악하고 확장하기 위한 질문으로 이야기를 나눕니다.

- 잠자리의 날개는 몇 개인가요?
- 잠자리는 왜 기온이 너무 높거나 낮으면 활동할 수 없나요?
- 가을이 오면 고추잠자리 수컷의 몸은 어떻게 변하나요?
- 가을 꽃밭과 풀밭에서 잠자리는 어떤 곤충을 만났나요?
- 잠자리를 잡아먹는 포식자는 누구인가요?
- 잠자리는 짝짓기를 하기 전 무엇을 하나요?
- 책에 소개된 다양한 곤충 가운데 본 적이 있거나 알고 있는 곤충이 있다면 그 곤충에 대해 말해 보세요.
- 풀벌레 울음소리를 따라 하고, 뛰는 모습을 몸으로 흉내 내요.

독후 활동 다양한 영역과 연계해 놀이 활동을 합니다.

- **탐구 영역: 가을을 관찰해요**

  곤충 채집통과 채집망을 준비해 가을의 자연을 관찰하는 시간을 가져보세요. 인터넷에서 저렴한 가격으로 채집통과 채집망을 구매할 수 있으며, 이를 활용하면 계절마다 다양한 식물과 곤충을 가까이서 관찰할 수 있습니다. 멀리 나가지 않아도 집 주변에서 아이와 함께 자연을 느낄 수 있는 장소를 쉽게 찾을 수 있을 거예요. 채집통과 채집망을 활용해 가을의 변화를 생생하게 경험해 보세요.

  준비물 곤충 채집통, 채집망, 관찰기록장(스케치북)
  놀이 방법 안내
  ① 채집망으로 잠자리를 잡아 잠자리의 눈, 날개, 다리 등을 관찰해요. 잠자리의 눈은 수많은 겹눈으로 이루어져 있고, 잠자리의 날개는 아주 촘촘한 그물처럼 되어 있답니다.
  ② 채집통의 확대경으로 잠자리를 살펴보고 나서 관찰한 것을 보고서에 그리고 내용을 기록해요.

- **음악·신체 영역: 잠자리를 잡아 봐요!**

  준비물 잠자리 도안, 종이컵, 바둑돌(단추), 아이스크림 막대, 테이프, 털실(끈)
  놀이 방법 안내
  ① 잠자리 도안을 오리고 도안 뒷면 중앙에 바둑돌 또는 단추를 테이프로 붙여요.
  ② 20cm 길이의 털실 한쪽을 잠자리 도안 뒷면 꼬리에, 나머지 털실 한쪽은 종이컵 입구에 테이프로 붙여 주세요.

③ 아이스크림 막대를 ②의 종이컵 바닥에 테이프로 붙여 고정해요.
④ 아이스크림 막대를 잡고 종이컵 속에 잠자리를 넣으면 성공하는 놀이예요.

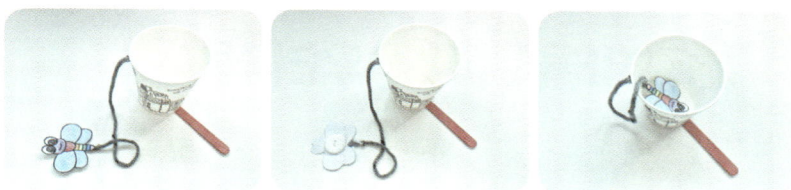

04

가을 날씨와 우리 생활

바빠요 바빠

(윤구병 글·이태수 그림 / 보리)

산골에 사는 마루네 가족의 바쁜 가을 모습을 통해 계절 변화가 우리 생활에 어떤 영향을 미치는지 알 수 있는 그림책입니다.

도입 그림책의 표지와 면지를 탐색하며 이야기를 나눕니다.

- 표지 그림에서 무엇이 보이는지 말해 보세요.
- 표지 그림의 집은 시골과 도시 중 어디서 많이 볼 수 있나요?

- 표지 그림 속 할머니 할아버지는 무엇을 하고 계시나요?
- 그림책 제목은 왜 '바빠요 바빠'일까요? 무엇이 바쁘다는 걸까요? 육하원칙(누가, 언제, 어디서, 무엇을, 어떻게, 왜)에 따라 상상해서 말해 보세요.

읽기 전략 tip 산골에 사는 마루네는 가을이 오면 모두 바빠집니다. 그림책의 모든 문장은 "누가 ~하면 ~ 하느라고 ~ 하느라고 바빠요 바빠"로 시작하고 끝이 납니다. 아이와 함께 그림책을 읽을 때 부모님이 "누가 ~하면 ~ 하느라고 ~ 하느라고" 문장을 읽으면 아이는 부모님의 말을 이어받아 문장의 마지막 부분인 "바빠요 바빠"를 읽는 거예요. 이렇게 주고받으며 책을 읽다 보면 단순히 글자를 읽는 것이 아니라 동요를 부르듯 문장에 음을 얹어 노래처럼 읽게 되어 낭독의 재미와 즐거움을 느낄 수 있습니다. 또 등장인물들이 가을을 맞아 어떤 일을 하는지 살펴보고, 그 모습에서 가을 풍경과 그 풍경 안에서 볼 수 있는 소품의 쓰임새를 알아보며 책을 읽어 보세요.

질문하기 그림책의 내용을 파악하고 확장하기 위한 질문으로 이야기를 나눕니다.

- 마루 할머니는 무엇을 하느라 바쁘신가요?
- 참깨를 터느라 바쁜 할머니에게 마루는 무슨 얘기를 하나요?
- 뒤뜰에 알밤이 툭툭 떨어지면 마루와 다람쥐, 청설모는 무엇을 하

느라 바쁜가요?
- 할아버지 할머니는 콩을 털 때 어떤 도구를 사용하셨나요?
- 감이 빨갛게 익으면 마루 가족은 무엇을 하느라 바쁜가요?
- 마루네는 무와 배추를 뽑아 무엇을 만들었나요?
- 마루는 동네방네 김치를 나르느라고 바쁘대요. 누구네 김치를 나르는지 상상해서 말해 보세요.
- 마루 가족들 가운데 가장 바쁜 사람은 누구라고 생각하나요?
- 마루가 만든 곶감의 맛이 어떨지 그 맛을 표현해 보세요.

독후 활동 다양한 영역과 연계해 놀이 활동을 합니다.

- **미술 영역: 천연 염색을 해봐요**

  가을 열매의 껍질이나 치자 등 천연 재료를 활용해 자신만의 독특한 무늬로 천연 염색을 해보세요. 어떤 염색 재료를 사용하느냐, 염색 천을 어떻게 꼬아 주느냐, 고무줄을 어떤 방식으로 묶느냐에 따라 다양한 무늬와 색을 표현할 수 있습니다.

  준비물 염색 재료(밤 껍질, 치자 등), 고무줄, 면 손수건, 소금

  놀이 방법 안내

  ① 작아져 입지 못하는 면티, 속옷, 손수건 등을 원하는 대로 꼬거나 말아서 고무줄로 묶어 주세요.
  ② 냄비에 물과 함께 염색 재료를 넣고 10분 정도 끓이고 나서 끓인 물에 소금을 넣어 잘 녹여요.
  ③ 물이 식으면 ②에 고무줄로 묶은 손수건(면티, 속옷 등)을 넣고 조물조물 10분

정도 주물러 주세요.
④ 이 과정을 2~3번 반복하고 나서 깨끗한 물로 헹구고 물기를 꽉 짜서 말리면 천연 염색이 완성됩니다.

- **언어 영역: 바빠요 바빠 말놀이**

'바빠요 바빠' 말놀이는 아이가 상상의 나래를 펼칠 수 있는 활동입니다. 이야기를 꾸미거나 역할극을 통해 아이는 다양한 상황을 상상하며 창의적 사고를 할 수 있습니다. 또 말놀이를 통해 자연스럽게 주변을 관찰하고 표현하는 능력을 기를 수 있습니다.

놀이 방법 안내

① 가족들이 하루 동안 무엇을 하며 보내는지 관찰해요.
② 가족들이 무엇을 하고 있는지 '바빠요 바빠'를 붙여 말해요.
　예를 들어 엄마가 저녁식사 준비를 하고 있다면 "엄마가 감자 껍질을 슥슥 벗기고, 생선을 노릇노릇 굽느라 바빠요 바빠"라고 말하는 거예요. 이때 행동에 어울리는 흉내 내는 말도 함께 표현해요.

지구를 위한 작은 실천을 배우는 11월

우리의 생활과 환경은 밀접하게 연결되어 있습니다. 하루 동안 우리 집에서 배출되는 쓰레기의 양만 살펴보아도 환경 문제가 얼마나 심각한지 실감할 수 있습니다.

11월에는 지구 환경과 우리 삶이 어떤 관계를 맺고 있는지 깊이 탐구해 봅니다. 먼저 우리가 일상적으로 접하지만, 그 중요성을 쉽게 간과하는 환경 요소(소리, 물, 흙, 바람, 공기, 빛 등)의 중요성을 배우고, 이를 통해 환경 보호에 대한 인식을 높이는 것이 중요합니다. 환경에 대한 올바른 인식이 자리 잡고 이를 실천에 옮길 때 비로소 우리 아이들에게 더 나은 미래를 선물할 수 있습니다.

'환경과 생활'을 주제로 한 그림책을 활용해 물건을 아끼고 분리 수거를 생활화하는 습관을 길러 주며, 아이가 지구를 지키기 위해 노력하는 사람으로 성장하도록 도와야 합니다.

자연을 소중히 여기고 사랑하는 아이만큼 책임감 있고 멋진 아이는 없을 테니까요.

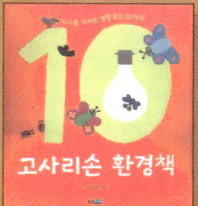

주제　#환경 #지구 #생명 존중 #생활

01

물의 소중함

코끼리 아저씨와 100개의 물방울

(노인경 글·그림 / 문학동네)

물의 소중함을 잊은 채 당연함에 젖어 사는 사람들에게 코끼리 아저씨가 물의 의미와 그 소중함을 알려주는 그림책입니다.

도입 그림책의 표지와 면지를 탐구하며 이야기를 나눕니다.

- 표지 그림에서 무엇이 보이는지 말해 보세요.
- 코끼리 아저씨는 100개의 물방울로 무얼 하려는 건지 상상해서 말

해 보세요.
- 양동이에 담긴 물방울이 100개가 되려면 앞으로 몇 개의 물방울이 필요할까요?
- (앞면지를 보며) 수많은 코끼리가 양동이에 물을 담아 가는 이유는 무엇일까요?

읽기 전략 tip 과연 코끼리 아저씨는 양동이 속 100개 물방울을 안전하게 옮길 수 있을까요? 코끼리 아저씨가 100개 물방울로 가득찬 양동이를 머리에 이고 달리는 과정을 따라가며 그림책을 읽습니다. 그 과정에서 누굴 만나는지, 어떤 일이 생기는지, 100개 물방울은 어떻게 되는지 살펴봅니다. 또 코끼리 아저씨가 달리는 길 곳곳에 많은 동물이 있는데, 어떤 동물이 있는지 찾아보세요.

그림책에 실린 글은 코끼리 아저씨가 내뱉는 짧은 의성어가 대부분이지만, 이 짧은 의성어와 그림만으로도 코끼리 아저씨의 힘든 여정을 충분히 느낄 수 있습니다. 오히려 이런 요소들이 글보다 이야기를 더욱 풍성하게 만들어 줍니다.

질문하기 그림책의 내용을 파악하고 확장하기 위한 질문으로 이야기를 나눕니다.
- 코끼리 아저씨는 왜 먼 곳까지 물을 길으러 왔나요?
- 뜨거운 태양 아래 코끼리 아저씨의 양동이에서 사라진 물방울은 어

디로 갔을까요?
- 코끼리 아저씨가 힘들게 길어 온 물을 개미 떼에게 나눠 준 이유는 무엇일까요?
- 양동이에 물이 한 방울도 남지 않았다는 사실을 알았을 때 코끼리 아저씨의 마음은 어땠을까요?
- 하늘에서 비가 내렸을 때 코끼리 아저씨의 마음이 어땠을지 말풍선에 적어 보세요.
- 만약 내가 코끼리 아저씨라면 물을 길으러 갈 때 양동이 대신에 무엇을 가져갈지 말해 보세요.
- 양동이 속 100개 물방울을 안전하게 옮길 수 있는 나만의 방법을 생각해 보고 코끼리 아저씨에게 알려주세요.

독후 활동 다양한 영역과 연계해 놀이 활동을 합니다.

- 수 영역: 물방울은 모두 몇 개?

  코끼리 아저씨의 양동이에 담긴 100개 물방울은 시간이 지나면서 점차 사라지고 결국 양동이에는 한 방울도 남지 않습니다. 양동이 속 100개 물방울이 사라지는 과정을 뺄셈식으로 만들어 보세요.

  놀이 방법 안내
  ① 양동이 속 100개 물방울을 큰 소리로 헤아리며 수의 차례를 익혀요.
  ② 하늘로 증발한 물방울은 몇 개이고, 양동이에 남은 물방울은 몇 개인지 뺄셈식을 만들어 계산해요.
  ③ ②처럼 코끼리 아저씨의 양동이에서 사라진 물방울의 수와 남은 물방울의

수를 뺄셈식으로 만들어 계산해요.

- **신체 영역: 물방울을 옮겨요**

물을 숟가락으로 옮긴다는 것은 쉽지 않은 일입니다. 물을 옮기다 보면 흘릴 수 있는데, 이때는 안타까워 발을 동동 구르기도 합니다. 그림책의 코끼리 아저씨처럼 가뭄이 들어 물을 기다리는 아이들을 위해 물방울을 옮기는 놀이를 해보세요. 이 놀이를 통해 물에 대한 간절함과 소중함을 깨닫게 될 거예요.

준비물 숟가락, 그릇

놀이 방법 안내

① 물을 담을 그릇과 물을 옮겨 담을 그릇을 준비하고, 일정 거리를 두고 그릇을 각 장소에 놓아 두세요.
② 출발 위치에 놓아 둔 그릇에는 물을 담아 주세요.
③ 그릇에 담긴 물을 숟가락으로 떠서 다음 사람의 숟가락에 옮겨요.
④ 다음 사람에게 물을 옮긴 사람은 자리를 옆으로 이동해 다시 숟가락에 물을 받아 옮겨요.
⑤ 순서를 이어가며 숟가락에 담긴 물을 빈 그릇으로 옮겨요.
⑥ 놀이가 끝난 뒤 소감을 말해 보세요.

- **미술·탐구 영역: 물의 순환 돌림판을 만들어요**

하늘에서 내리는 비는 땅속으로 스며들고, 시냇물과 강물이 되어 바다로 모이게 됩니다. 바다에 모인 물은 태양에 의해 증발되고 다시 비가 되어 내리는 순환 과정을 거치게 되죠.

물의 순환 과정을 보여주는 돌림판을 만들어 보세요. 만드는 방법은 간단하지만, 아이들이 물의 순환 과정을 확실하게 인지할 수 있는 효과적인 활동입니다.

준비물 종이 접시, 할핀, OHP 필름, 송곳, 색연필, 사인펜, 유성 매직

놀이 방법 안내

① 다음 사진처럼 접시의 중앙을 기준으로 3등분해서 하늘과 땅, 바다의 특징을 그려 주세요.
② OHP 필름을 접시의 1/4 정도 크기의 삼각형 모양으로 오린 뒤 유성 매직으로 물방울을 그려 주세요.
③ 접시의 중앙과 ②의 꼭짓점 부분을 송곳으로 뚫고 할핀으로 고정시켜 주세요.
④ 물방울이 그려진 OHP 필름을 돌리며 물의 순환 과정을 알아보세요.

02

지구가 아파요

너도 내가 무서워?
(올리브 글·그림 / 씨드북)

인간의 편리함을 위해 사용하고 버려진 플라스틱 쓰레기를 의인화하여 환경오염의 심각성을 이해하기 쉽게 풀어낸 그림책입니다.

도입 그림책의 표지와 면지를 탐색하며 이야기를 나눕니다.
- (그림책의 제목을 보며) 누가 누구한테 무섭냐고 물어보는 걸까요?
- 표지 그림은 누구의 입속일까요?

- 입속으로 무엇이 들어가고 있나요?
- 왜 입속으로 들어가는 걸까요?
- (표지 그림을 보면) 어떤 느낌이 드나요?

읽기 전략 tip   그림책에서 말하는 '나'는 누구일지 아이에게 수수께끼를 내어 상상하게 하고 그림책을 읽기 시작합니다. 그림책의 주인공인 '나'의 고민이 무엇인지, 어떻게 그 고민을 해결할 수 있을지 방법을 함께 생각하며 '나'가 보낸 편지 내용을 읽습니다.

질문하기   그림책의 내용을 파악하고 확장하기 위한 질문으로 이야기를 나눕니다.

- 주인공은 어떻게 태평양에서 살게 되었나요?
- 흰수염고래 아저씨는 주인공에게 주인공 같은 플라스틱 쓰레기 섬이 또 어디에 있다고 말해 주었나요?
- 주인공의 단짝 친구는 누구인가요?
- 주인공의 몸이 커지고 커져서 태평양을 뒤덮을 정도로 커진다면 지구는 어떻게 될까요?
- 주인공의 친구들은 무엇을 먹고 시름시름 앓다가 죽었나요?
- 주인공은 어떤 꿈을 꿀 때 신나고 행복하다고 했나요?
- 주인공이 계속 커지지 않고 친구들이 죽지 않으려면 어떻게 해야 할까요?

- 주인공의 손에 내 손바닥을 대고, 주인공에게 어떤 말을 해주고 싶은지 말해 보세요.

독후 활동 다양한 영역과 연계해 놀이 활동을 합니다.

- **신체 영역: 지구를 살리는 '플로깅'을 실천해요!**

  아이와 함께 등하굣길에 플로깅을 실천하면서 환경보호가 어려운 일이 아니라 일상생활에서 쉽게 실천할 수 있는 일이라는 사실을 깨닫게 해주세요.

  준비물 쓰레기 담을 봉투, 집게

  놀이 방법 안내
  ① 등하굣길 또는 주변을 산책할 때 쓰레기를 주우며 환경보호를 실천해요.
  ② 이동하면서 뛰거나 걷고 쓰레기를 줍기 위해 앉았다 일어나는 등 신체적 움직임을 더하면 운동 효과를 덤으로 얻을 수 있습니다.

  부모를 위한 tip
  플로깅(plogging)은 조깅하면서 길가의 쓰레기를 줍는 운동이라는 뜻으로, 2016년 스웨덴에서 처음 시작되었다고 알려져 있습니다. 플로깅은 '이삭 등을 줍다'라는 뜻의 스웨덴어 'plocka upp'과 '달리기'를 뜻하는 영어 'jogging'의 합성어예요.

- **언어 영역: 편지를 써요**

  그림책의 주인공에게 편지를 쓰면 주인공의 마음을 이해하고 공감하는 데 도움이 될 뿐 아니라, 이야기의 흐름과 작가의 의도를 더 깊이 파악할 수 있습니다.

준비물 편지지

놀이 방법 안내

① 버려지는 플라스틱이 아니라 재활용될 수 있는 몸으로 태어나 보람 있는 일을 하고 싶다는 그림책의 주인공 '플라스틱 쓰레기 섬'에게 하고 싶은 말을 편지로 써 보세요.

② 주인공 '플라스틱 쓰레기 섬'이 꿈을 이루도록, 친구들이 죽는 슬픔을 다시 겪지 않도록 환경보호를 실천하겠다는 약속을 편지에 적어 보세요.

03
동물들이 위험해요

사라지는 동물 친구들

(이자벨라 버넬 글·그림 / 그림책공작소)

그림 속에 꼭꼭 숨겨진 멸종 위기 동물을 찾아보면서 지구상에서 빠르게 사라지고 있는 동물에 대한 안타까움과 경각심을 높여 주는 그림책입니다.

도입 그림책의 표지와 면지를 탐색하며 이야기를 나눕니다.

- 표지 그림에 어떤 동물들이 보이는지 그 이름을 말해 보세요.
- 표지 그림의 동물들이 살고 있는 곳은 어디인가요?

- '멸종 위기'는 무슨 뜻인가요?
- 동물 친구들이 사라지고 있는 이유가 무엇인지 말해 보세요.

읽기 전략 tip　10곳의 서식지에 사는 50마리 멸종 위기 동물의 이름을 하나씩 읊으며 그림 속에 숨어 있는 동물을 찾아봅니다. 동물의 이름을 하나씩 읊다 보면 아이가 주변에서 들었던 친숙한 동물 이름이 아니라는 사실을 깨닫게 될 거예요. 이 책에 소개된 동물들의 이름이 왜 낯선 것인지 그 이유를 생각해 보고, 많은 동물이 어떤 이유로 멸종 위기에 처하게 되었는지 자세한 설명이 나온 뒷부분을 함께 읽어 봅니다.

질문하기　그림책의 내용을 파악하고 확장하기 위한 질문으로 이야기를 나눕니다.

- '마운틴고릴라'가 점차 사라지고 있는 이유는 무엇인가요?
- '엘크혼 산호'는 왜 멸종 위기종이 되었을까요?
- 중국 사람들은 '귀천산갑'을 어떻게 사용했나요?
- 그림 속에서 가장 찾기 어려웠던 동물의 이름은 무엇인가요?
- 멸종 위기 동물에게 어떤 말을 하고 싶은지 포스트잇에 써서 붙여 보세요.
- 멸종 위기 동물이 지구상에서 사라지지 않게 하려면 어떤 노력을 해야 할까요?

독후 활동 다양한 영역과 연계해 놀이 활동을 합니다.

- **미술 영역: 재활용으로 만든 멸종 위기 동물**

  생물의 종류가 줄어들수록 사람도 점점 살기 어려워집니다. 사람과 자연이 공존하며 함께 살아갈 수 있는 다양한 방법을 이야기하며 아이와 함께 활동해 보세요.

  준비물 재활용 재료(과자 봉지, 자투리 종이, 이면지, 박스 등), 색연필, 사인펜

  놀이 방법 안내

  ① 책에 소개된 멸종 위기 동물을 재활용 재료(과자 봉지, 자투리 종이, 이면지, 박스 등)에 그리고 꾸며 주세요.
  ② 재활용 재료에 멸종 위기 동물을 그리고 꾸밀 때 쓰레기를 재활용하는 것이 멸종 위기 동물을 보호하는 데 도움이 된다는 사실을 알려주세요.
  ③ 관련 영상을 함께 찾아보고, 느낀 점이나 깨닫게 된 점을 나눠 주세요.
  ④ 재활용 재료로 만든 멸종 위기 동물로 역할놀이를 하고, 멸종 위기 동물이 사람들에게 어떤 말을 하고 싶은지 상상해서 말해 보세요.

- **신체 영역: 멸종 위기 동물을 찾아라**

  멸종 위기 동물의 그림이 어디에 숨어 있는지 관심을 가지고 열심히 찾는 활동을 통해 멸종 위기 동물을 지키기 위한 노력과 관심이 필요하다는 사실을 깨닫게 됩니다.

  준비물 재활용 재료를 활용해 만든 멸종 위기 동물, 종이

  놀이 방법 안내

  ① 재활용 재료에 아이들이 직접 그린 멸종 위기 동물의 그림을 아이 몰래 집안 곳곳에 숨겨 주세요.

② 멸종 위기 동물을 찾기 위한 힌트를 종이에 적고, 힌트를 참고해 아이가 꼭 꼭 숨은 멸종 위기 동물을 찾도록 합니다.

- **탐구 영역: 멸종 위기 동물 친구들을 만나봐요**

'서울대공원'과 '서울어린이대공원'에서는 멸종 위기 동물을 보호하고 있습니다. 이곳 외에도 멸종 위기 동물을 보호하는 곳을 찾아 아이와 함께 방문해 보세요. 그리고 동물을 보호하고 멸종 위기 상황을 막기 위한 실천 방법으로 어떤 것이 있는지 이야기를 나눠 보세요.

놀이 방법 안내

① 멸종 위기 동물을 보호하는 곳을 찾아 방문해요.
② 동물원 방문 전에 동물을 배려하기 위해 어떤 약속이 필요한지 이야기를 나눠 주세요.
③ 방문한 동물원에 어떤 동물이 있는지 미리 살펴보고, 어떤 동물이 '세계자연보전연맹 멸종 위기 등급'에 해당되는지도 찾아보세요.

부모를 위한 tip : 우리나라의 멸종 위기 동물

- 우리나라의 국립생태원은 멸종 위기에 처한 동물을 보호하고, 멸종 위기 야생생물에 대한 정보를 제공하는 중요한 역할을 하고 있습니다. 또한 서울대공원과 서울어린이대공원도 멸종 위기 동물의 보호와 보전에 힘쓰며, 다양한 연구와 교육 프로그램을 통해 자연 보전의 중요성을 알리고 있습니다.

  이런 노력 덕분에 세계자연보전연맹(IUCN, International Union for

Conservation of Nature and Natural Resources)에서 취약 등급으로 지정한 국제적 멸종 위기종 흑두루미는 우리나라와 일본을 비롯한 여러 나라의 적극적인 보호 활동으로 개체 수가 증가하고 있습니다.

그러나 소중한 생태계를 지키고, 미래 세대가 다양한 생물을 만날 수 있는 환경을 조성하려면 더 많은 관심과 노력이 필요합니다. 자연보호는 우리 모두의 책임이며, 작은 실천이 모여 큰 변화를 만들어냅니다.

서울대공원과 서울어린이대공원에서 보호하고 있는 멸종 위기 동물
- 반달가슴곰(Ursus thibetanus): CITES I 등재, 천연기념물 제329호
- 산양(Naemorhedus caudatus): CITES I 등재, 천연기념물 제217호
- 노랑목도리담비(Martes flavigula): CITES III 등재
- 스라소니(Lynx lynx): CITES II 등재
- 수달(Lutra lutra): CITES I 등재, 천연기념물 제330호

이 외에도 시베리아호랑이, 벵골호랑이, 표범, 레서판다, 점박이물범, 아시아코끼리, 그물무늬기린, 독수리, 저어새, 침팬지, 흰코뿔소, 두루미 등 다양한 멸종 위기 동물을 보호하고 있습니다.

멸종 위기 등급기준

- 색깔을 통해 멸종 위기 위험에 처한 동물을 알 수 있어요

04
지구를 지키는 생활 습관

고사리손 환경책
(멜라니 월시 글·그림 / 웅진주니어)

아이가 실천하는 환경보호 생활 습관이 지구에 어떤 영향을 주는지 살펴보고, 환경과 생명을 보호하려면 애정과 책임감을 가져야 한다는 사실을 깨닫도록 도와주는 그림책입니다.

도입 그림책의 표지와 면지를 탐색하며 이야기를 나눕니다.
- 표지 그림에 무엇이 보이나요?
- 그림책 제목의 '고사리손'은 무엇을 말하는 걸까요? (사전적 의미와

예문을 들어 '고사리손'의 뜻을 말해 주세요.)
- 텔레비전을 보고 나서 코드를 뽑거나 방에서 나올 때 불을 끄면 지구를 보호하는 데 어떤 도움이 될까요?
- 내가 생각하는 '지구를 지키는 생활 습관 10가지'를 말해 보세요.

읽기 전략 tip 책을 읽기 전 아이들이 생각해 본 지구를 지키는 생활 습관 10가지가 그림책에서 소개한 생활 습관 10가지에 몇 개나 있는지 비교하며 그림책을 읽습니다. 그리고 책에서 소개한 10가지 생활 습관 가운데 몇 가지나 실천하고 있는지 세어 보고, 10가지 생활 습관을 실천했을 때 어떻게 환경을 보호할 수 있는지 말해 보세요.

질문하기 그림책의 내용을 파악하고 확장하기 위한 질문으로 이야기를 나눕니다.
- 칫솔질을 할 때 수도꼭지를 틀어 놓으면 물이 얼마나 낭비될까요?
- 쓰레기를 휴지통에 버리지 않으면 지구는 어떻게 될까요?
- 종이를 양쪽 면 다 사용해야 하는 이유는 무엇일까요?
- 텔레비전, 선풍기, 컴퓨터 등 가전제품을 사용하고 나서 어떻게 해야 하나요?
- 식물은 우리에게 무엇을 만들어 주나요?
- 하루 동안 환경을 살리기 위해 어떤 행동을 했나요?
- 책에 소개된 10가지 생활 습관 외에 지구를 지키는 방법에 어떤 것

이 있는지 떠올려 보고, 그 방법을 구체적으로 말해 보세요.

독후 활동 다양한 영역과 연계해 놀이 활동을 합니다.

- **탐구·신체 영역: 분리 수거를 해요**

  가정에서 나오는 여러 가지 쓰레기 가운데 재활용이 가능한 것이 있어요. 하지만 그 쓰레기를 재활용하려면 가정에서 분리 배출을 잘해야 합니다. 환경을 생각하고 보호하는 생활 습관이 몸에 배도록 아이에게 분리 배출 방법을 알려주세요.

  놀이 방법 안내
  ① 아이와 함께 플라스틱, 유리병, 일반 쓰레기, 종이류 등 가정의 쓰레기 분류 기준을 정해 보세요.
  ② 정해진 기준에 따라 쓰레기를 직접 분류하고, 배출 요일에 맞춰 올바르게 버리는 습관을 들일 수 있도록 이끌어 주세요.

- **탐구·미술 영역: 열두 달 환경 챌린지 달력 만들기**

  열두 달 환경 챌린지 달력을 만들어 보세요. 매달 하나씩 환경을 보호하는 작은 실천 목표를 정하고, 아이가 직접 노력하며 실천해 나가도록 도와주세요. 해냈다는 성취감은 아이의 자아존중감을 키우는 데 큰 힘이 됩니다. 여기에 더해지는 부모의 따뜻한 칭찬과 격려는 그 경험을 더욱 특별하고 소중한 추억으로 만들어 줄 것입니다.

  준비물 지난해 달력, 칭찬 스티커

놀이 방법 안내

① 아이와 함께 환경보호를 위해 어떤 노력을 할 수 있는지 이야기를 나눠 보세요.

② 지난해 달력의 뒷면에 1월부터 12월까지 달력을 그리고 나서 날짜를 표시해 12달 환경 챌린지 달력을 만들어 보세요.

③ 날짜별로 아이가 환경을 보호하기 위해 실천할 내용을 달력에 정리하고 엄마는 칭찬 스티커를 붙여 주세요.

겨울을 맞이하는 12월

12월은 절기상 겨울에 해당합니다. 우리나라의 겨울은 북쪽에서 불어오는 시베리아 기단의 영향을 받아 기온이 영하로 떨어지고, 찬바람과 함께 눈이 내리는 날이 많습니다. 이에 따라 옷차림도 달라지고 추운 날씨를 대비할 준비가 필요합니다. 그래서 12월에는 '겨울'에 일상생활 중 준비해야 할 것과 어떤 것을 실천해야 하는지 배우게 됩니다.

또한 12월은 이웃과 따뜻한 마음을 나누고 주변을 돌아보게 되는 시기이기도 합니다. 한 해를 마무리 하는 계절이다 보니 주변에 안부를 묻고, 산타클로스를 손꼽아 기다리는 아이들을 위해 선물도 준비합니다. 동시에 새해 계획을 세우고 다가올 겨울을 대비하는 시간도 가집니다.

이처럼 12월은 한 해를 잘 마무리할 수 있음에 감사하고, 다가오는 새해를 향한 설렘과 기대를 느끼며, 나눔과 사랑을 실천하는 따뜻한 달입니다. 12월의 주제가 담긴 그림책을 통해 아이들이 가족과 이웃에 대한 사랑을 배우고, 따뜻한 마음을 나누는 소중한 경험을 하길 바랍니다.

주제 #겨울 #눈 #날씨 #의복 #크리스마스 #나눔 #김장

01

겨울 날씨와 옷차림

감기 걸린 눈사람

(모린 라이트 글·스티븐 길핀 그림 / 제제의숲)

감기에 걸린 눈사람 아아츄에게 선뜻 자신의 것을 나눠 주는 아이들의 모습을 통해 겨울 날씨와 계절 옷차림뿐 아니라 나눔과 희생의 가치를 되새기게 되는 그림책입니다.

도입 그림책의 표지와 면지를 탐색하며 이야기를 나눕니다.

- 표지 그림에 무엇이 보이나요?
- 눈사람이 감기에 걸릴 수 있을까요?

- 표지 그림의 눈사람은 왜 감기에 걸렸을까요?
- 감기에 걸렸던 경험을 이야기하면서 그때 증상이 어땠는지 구체적으로 말해 보세요.

읽기 전략 tip 주인공 아아츄가 왜 감기에 걸렸는지 그 이유를 추측해 보며 그림책을 읽기 시작합니다. 춥다고 툴툴거리는 눈사람 아아츄를 위해 친구들이 어떻게 했고, 덥다고 툴툴거리는 아아츄가 어떻게 되었을지 다음 내용을 상상해 봅니다. 눈사람 아아츄를 위해 자신의 털모자와 목도리, 외투를 양보하는 친구들의 모습을 보며 겨울 날씨에 어울리는 옷차림에 대해서도 이야기를 나눕니다.

질문하기 그림책의 내용을 파악하고 확장하기 위한 질문으로 이야기를 나눕니다.

- 춥다고 투덜거리는 아아츄를 위해 친구들은 어떻게 했나요?
- 따뜻한 코코아를 마신 아아츄는 어떻게 되었나요?
- 친구들은 녹아서 물이 되어 버린 아아츄를 어떻게 했나요?
- 어떻게 하면 녹지 않으면서도 아아츄를 따뜻하게 만들어 줄 수 있을까요?
- 투덜거리기만 하는 아아츄에게 어떤 말을 해주고 싶나요?
- 내가 아아츄라면 친구들에게 어떤 말을 하고 싶은지 말해 보세요.

독후 활동 다양한 영역과 연계해 놀이 활동을 합니다.

- **탐구·미술 영역: 눈송이를 만들어요**

  눈은 결정의 모양에 따라, 눈송이의 크기에 따라 그 종류가 다양합니다. 돋보기를 통해 다양한 눈의 결정을 관찰하고, 눈이 만들어지는 과정에 대해 말해 보세요.

  준비물 돋보기, 종이, 가위, 실

  놀이 방법 안내

  ① 눈 내리는 날 돋보기를 준비해 눈송이를 관찰해요.
  ② 관찰한 눈송이를 따라 그려 보세요.
  ③ 종이를 접어 오리며 다양한 눈 결정체를 만들어 보세요. (눈 결정체 만드는 방법은 인터넷 동영상 등을 참고해요.)
  ④ 종이로 만든 눈 결정체를 이용해 벽을 장식할 수 있는 가랜드 또는 크리스마스트리를 만들어 보세요.

- **탐구 영역: 온도계를 만들어요**

  눈사람 아아츄는 추우면 재채기를 하고, 더우면 스르르 녹아 버려요. 온도계를 만들어 아아츄가 춥다고 하는 온도와 더위를 느끼는 온도를 실험하고 관찰해 보세요.

  준비물 물약통, 빨대, 고무 찰흙, 도화지, 물감, 그릇(머그컵 2개), 송곳

  놀이 방법 안내

  ① 휴대용 물약통 뚜껑에 빨대를 끼울 수 있게 송곳으로 구멍을 뚫어 주세요.
  ② 도화지에 온도 변화를 측정할 수 있는 눈사람 아아츄를 크게 그리고 위쪽과 아래쪽에 칼집을 내어 그 사이에 빨대를 끼워 고정해 주세요.

③ 뚜껑에 빨대를 끼우고 그 뚜껑의 구멍을 고무 찰흙으로 막아 주세요.

④ 약통에 물을 반쯤 채우고 물감(색소)을 조금 넣은 다음 뚜껑을 닫아 주세요.

⑤ 뜨거운 물과 차가운 물이 담긴 그릇(컵)에 ④를 번갈아 넣고 약통의 물이 빨대를 타고 어떻게 움직이는지 살펴보며 온도 변화를 관찰해요.

02

겨울나기, 김장

김치가 최고야
(김난지 글·최나미 그림 / 천개의바람)
우리 식탁에 빠지지 않는 반찬인 김치들의 자기 자랑 이야기를 통해 다양한 김치와 각 김치의 특징을 알 수 있는 그림책입니다.

도입 그림책의 표지와 면지를 탐색하며 이야기를 나눕니다.
- 표지 그림에서 보이는 김치의 종류에 대해 말해 보세요.
- 표지 그림 속 김치 중에서 먹어 본 김치가 있나요? 그 김치는 어떤

맛이었나요?
- 알고 있는 김치의 종류를 말해 보세요.
- 이 책의 제목이 《김치가 최고야》인 이유는 무엇일까요? 또 누가 '김치를 최고'라고 말했을까요?

읽기 전략 tip　책의 앞뒤 면지를 보고 김치를 만들려면 어떤 재료가 필요한지, 어떻게 만드는지 그 방법을 말해 보며 그림책을 읽기 시작합니다. 김치들이 자신을 어떤 표현으로 자랑하는지 살펴보면서 모양과 소리를 흉내 내는 말도 익힙니다.

질문하기　그림책의 내용을 파악하고 확장하기 위한 질문으로 이야기를 나눕니다.

- 김치를 만들려면 배추를 무엇에 절여야 하나요?
- 여러 종류의 김치 가운데 새빨간 고춧가루가 들어가지 않는 것은 무엇인가요?
- 깍두기는 자신을 뭐라고 자랑했나요?
- 묵은지 할머니는 어떻게 해야 건강한 김치가 된다고 했나요?
- 가장 맛있게 익은 김치는 어떤 김치라고 생각하나요?
- 김치를 싫어하는 친구가 김치를 좋아하도록 김치를 자랑하고 맛있게 먹도록 소개해 보세요.

독후 활동　다양한 영역과 연계해 놀이 활동을 합니다.

- ## 요리 영역: 김치로 요리해요

    김치를 이용해 만들 수 있는 음식은 다양합니다. 김치를 이용한 음식 가운데 아이들이 쉽게 접하고 요리할 수 있는 부침개를 만들어 보세요. 김치를 거부하는 아이도 건강한 우리 음식인 김치와 친숙해질 수 있습니다.

    준비물　김치, 채소(당근, 호박, 양파 등) 등 부침개 재료, 부침가루
    놀이 방법 안내
    ① 김치의 소를 털어 내고 물에 살짝 씻어 준비해 주세요.
    ② 당근, 호박 등 채소를 김치와 함께 부침가루에 버무려서 김치부침개를 만들어요.

- ## 언어·신체 영역: 김치를 만나봐요

    김치의 역사와 문화, 김치의 종류, 다양한 체험 학습 프로그램 등을 통해 몸으로 체득하며 우리나라의 김치를 더 알아가고 탐색하도록 해주세요.

    준비물　카메라, 체험보고서
    놀이 방법 안내
    ① '뮤지엄 김치간'에서 운영하는 어린이 김치 학교 등 아이가 직접 김치를 만들어 보는 프로그램을 찾아 참여해 보세요. 김장 체험 팩을 구매해서 김치를 담가도 좋습니다.
    ② 김장 체험 과정에서 알게 된 점, 느낀 점을 사진과 함께 기록해요.

03

메리 크리스마스!

메리 크리스마스, 늑대 아저씨!
(미야니시 타츠야 글·그림 / 시공주니어)
크리스마스 전날 아기 돼지들을 잡아먹으려다 오히려 보살핌을 받게 되는 늑대와 아기 돼지들의 한바탕 소동을 통해 크리스마스의 진정한 의미를 생각하게 하는 그림책입니다.

도입 그림책의 표지와 면지를 탐색하며 이야기를 나눕니다.
- 표지 그림에 나온 장소, 등장인물, 날씨 등에 대해 말해 보세요.
- 앞표지에 나온 늑대 아저씨와 뒤표지에 나온 늑대 아저씨의 표정이

어떻게 달라졌는지 말해 보세요.
- 늑대 아저씨에게 누가 "메리 크리스마스"라고 인사하는 걸까요?

읽기 전략 tip 아이와 부모가 늑대와 아기 돼지가 되어 역할극을 하며 그림책을 읽습니다. 손이나 수건으로 입을 막은 채 늑대가 으르렁거리는 "우우우우 우우우웃!" 소리를 흉내 내며 그림책을 실감 나고 재미나게 읽습니다.

질문하기 그림책의 내용을 파악하고 확장하기 위한 질문으로 이야기를 나눕니다.
- 아기 돼지는 모두 몇 마리인가요?
- 늑대는 어디에 발이 걸려 다쳤나요?
- 아기 돼지들은 다친 늑대를 어떻게 했나요?
- 아기 돼지들이 심술궂은 늑대에게 크리스마스 선물로 준 것은 무엇인가요?
- 늑대는 자신을 치료해 준 아기 돼지들을 위해 크리스마스에 어떻게 했나요?
- 늑대와 돼지가 등장하는 다른 이야기를 알고 있나요? 어떤 이야기인지 말해 보세요.
- 늑대와 아기 돼지들에게 크리스마스 인사를 전해 보세요.

독후 활동 다양한 영역과 연계해 놀이 활동을 합니다.

- 언어·미술 영역: 크리스마스 카드를 만들어요

한 해 동안 감사한 마음을 담아 가족과 친구, 선생님께 직접 카드를 만들어 크리스마스 인사를 전해 보세요. 이를 통해 대인관계 능력을 키우고, 타인과 상호작용하는 과정에서 친사회적 행동을 익힐 수 있습니다.

준비물 카드 꾸밈 재료(색종이, 물감, 단추, 리본 테이프, 땅콩, 스티커 등), 도화지, 목공풀, 양면테이프

놀이 방법 안내
① 다양한 재료를 활용해 크리스마스 카드를 만들어 보세요.
② 아이의 손에 물감을 묻혀 손도장을 찍어 크리스마스트리로 꾸미거나 단추를 트리 모양으로 붙여 꾸며 보세요. 땅콩 열매에 루돌프를 그려 표현해도 좋아요.
③ 가족들과 친구, 선생님께 크리스마스 인사말을 적어 보세요.

- **음악 영역: "우우우우 우우우웃!" 크리스마스 캐럴을 불러요**

  그림책에 등장하는 늑대가 되어 크리스마스 캐럴을 흥겹게 불러 보세요. 늑대라면 크리스마스 캐럴을 어떻게 부를지 상상하면서 음의 높낮이와 길이, 리듬의 강약 등 느낌을 살려 재미있게 불러 보세요.

  놀이 방법 안내
  ① 흥겨운 크리스마스 캐럴을 불러요.
  ② 그림책의 늑대 아저씨처럼 크리스마스 캐럴의 노랫말을 "우우우우 우우우웃!"으로 음에 맞춰 불러 보세요.
  ③ 가사에 어울리는 율동을 함께 곁들여요.

04
나눔의 기쁨

선물이 톡!
(김도아 글·그림/ 파란자전거)
어느 날 갑자기 하늘에서 톡! 하고 떨어진 작은 선물 상자 하나로 인해 변화되는 관계와 나눔이 얼마나 큰 선물인지 깨닫게 해주는 그림책입니다.

도입 **그림책의 표지와 면지를 탐색하며 이야기를 나눕니다.**
- 표지 그림에 무엇이 보이나요? (언제인지, 날씨 등)
- 선물 상자는 어쩌다 하늘에서 떨어지게 되었을까요?

- 선물 상자는 어디에 떨어졌을까요?
- 누가 받게 될 선물 상자였는지 상상하며 말해 보세요.
- 상자 안에는 무엇이 들어 있을까요?

읽기 전략 tip 하늘에서 떨어진 선물 상자가 어느 집에 떨어졌는지 그림에서 찾아봅니다. 그리고 그 선물 상자를 받은 할아버지와 할아버지 집이 어떻게 변해 가는지 살펴보며 그림책을 읽습니다.

질문하기 그림책의 내용을 파악하고 확장하기 위한 질문으로 이야기를 나눕니다.

- 선물 상자에는 무엇이 들어 있었나요?
- 꽃향기를 맡았을 때 할아버지는 어떤 기억이 떠올랐나요?
- 그림책 속에서 할아버지의 이름을 찾아보세요.
- 할아버지가 받은 선물은 무엇일까요?
- 만약 산타클로스가 된다면 할아버지에게 어떤 선물을 드리고 싶은가요?
- 산타클로스의 선물 상자가 우리 집에 떨어진다면 선물 상자에 무엇이 들어 있었으면 좋겠나요?
- 그림책에서 가장 기억에 남거나 마음에 남는 장면은 무엇인가요? 그 장면이 특별한 이유를 말해 보세요.

독후 활동 다양한 영역과 연계해 놀이 활동을 합니다.

- **탐구 영역: 씨앗을 심어요**

    씨앗을 심고 씨앗이 싹트고 자라는 과정을 관찰하면서 아이는 생명의 순환과 식물의 성장 단계를 자연스럽게 이해하게 됩니다. 이 활동은 아이가 자연에 대해 호기심을 갖고 과학적 탐구 태도를 기르는 데 도움을 줄 뿐 아니라 생명체를 돌보는 책임감을 느끼게 되고, 식물이 자라는 과정을 지켜보며 인내심을 기를 수 있습니다.

    준비물 씨앗, 지퍼백, 탈지면, 화분, 흙

    놀이 방법 안내

    ① 여러 가지 씨앗을 준비하고 어떤 식물의 씨앗인지 생김새를 하나하나 관찰해요.
    ② 준비한 씨앗 중 발아시키고 싶은 씨앗을 골라 주세요.
    ③ 지퍼백(일회용 플라스틱 컵)에 탈지면과 ②의 씨앗을 넣고 스프레이로 물을 충분히 뿌려 주세요.
    ④ 발아가 잘 되도록 지퍼백의 입구를 열어 공기가 통하게 하고, 탈지면의 물이 마르지 않도록 물을 뿌려 주세요.
    ⑤ 하루에 한 번씩 "예쁘고 튼튼하게 자라라"고 사랑의 말을 속삭여요.
    ⑥ 씨앗이 발아해 어린 뿌리가 나오면 화분에 옮겨 심고, 성장 과정을 관찰하며 기록해요.

- **언어·미술 영역: 색종이 꽃으로 만든 화단**

  그림책 속 주인공 할아버지가 되어 도화지에 예쁜 화단을 꾸미고, 초대장을 만들어 주변 사람들을 초대합니다. 아이가 초대장을 보내고 싶은 사람을 떠올리며 만들면 그 사람과의 친밀감이 높아질 수 있습니다. 또한 초대장을 만들고 완성하는 과정에서 몰입과 성취감을 경험할 수 있습니다.

  준비물 색종이, 도화지, 색연필, 사인펜

  놀이 방법 안내
  ① 색종이로 튤립, 해바라기, 코스모스, 장미 등 다양한 꽃을 접고 오려 만들어 보세요.
  ② ①을 도화지에 붙여 그림책 주인공 할아버지의 집 마당처럼 화단을 예쁘게 꾸며 주세요.
  ③ 집 마당의 화단으로 이웃을 초대하는 글을 써 보세요. 초대장에는 초대하는 사람, 초대받는 사람, 초대하는 말, 때와 장소, 쓴 날짜 등이 들어가야 합니다.

부모를 위한 tip : 툴립 종이접기 방법

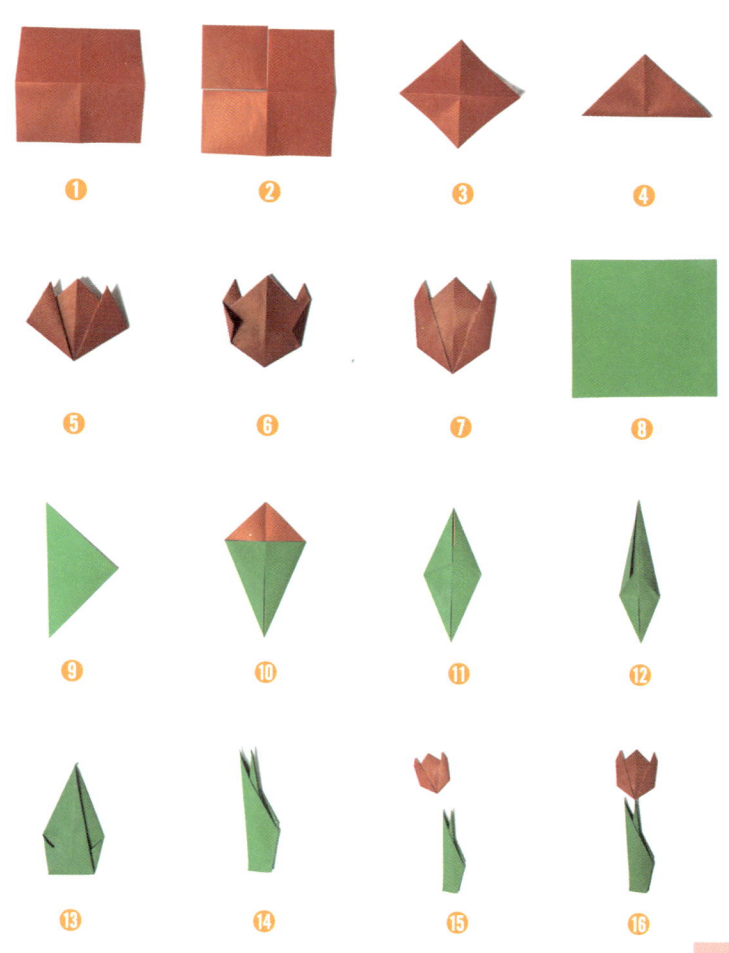

다양한 도구의 쓰임새를 알아보는 1월

우리 주변에는 생활을 편리하고 풍요롭게 만들어 주는 다양한 생활 도구가 있습니다.
1월에는 일상에서 자주 사용하는 여러 가지 도구를 탐색하며, 각각의 쓰임새와 활용 공간을 알아봅니다. 도구들이 우리 생활을 얼마나 편리하게 만들어 주는지 생각해 보고, 이를 안전하게 사용하는 방법을 배웁니다. 또한 이런 도구들이 발명되기까지 과정을 알아보고, 발명의 가치를 깨달아봅니다. 이를 통해 아이들은 주변 사물과 현상을 세심하게 관찰하며, 생활 속 도구에 대한 호기심을 키울 수 있습니다.
지난 한 해를 마무리하고 새해를 맞는 달 1월에는 우리나라의 대표 명절인 설날에 대해서도 배웁니다. 그림책 활동을 통해 한복을 입고 세배하며 가족과 함께 음식을 만들어 나누어 먹으면서 따뜻한 정(情)과 사랑을 경험하고, 가족과 함께 하는 기쁨을 자연스럽게 익힐 수 있습니다.

주제 #생활 도구 #설날 #새해 #전통문화

01
무한 상상, 고무줄의 세계

고무줄은 내 거야
(요시타케 신스케 글·그림 / 위즈덤하우스)

어떤 사람에게는 보잘것없는 물건인 고무줄이지만, 어린아이에게는 재미있는 장난감입니다. 고무줄 하나로 하고 싶은 일을 마음껏 상상하게 만드는 유쾌한 그림책입니다.

도입 그림책의 표지와 면지를 탐색하며 이야기를 나눕니다.
- 표지 그림 속 아이의 손에 들려있는 건 무엇일까요?
- 아이는 어떻게 고무줄을 갖게 되었을까요?

- 아이가 고무줄로 무엇을 할지 상상해서 말해 보세요.

읽기 전략 tip 책을 읽기 전 집안 곳곳을 둘러보며 고무줄을 찾아봅니다. 그리고 그 고무줄로 무엇을 할 수 있을지 상상해 봅니다. 그림책의 주인공 아이에게 고무줄은 어떤 존재이고, 고무줄로 무엇을 했는지 그림책을 읽기 전에 상상한 것과 비교해 가며 책을 읽습니다.

질문하기 그림책의 내용을 파악하고 확장하기 위한 질문으로 이야기를 나눕니다.

- 아이는 어디서 고무줄을 발견했나요?
- 아이는 고무줄로 무엇을 하고 싶어 하나요?
- 주인공 아이처럼 나에게도 고무줄과 같은 보물이 있나요? 그 보물이 무엇이고, 어디서 얻었는지, 어디에 보관하고 있는지 등 보물과 관련된 이야기를 해보세요.
- 고무줄이 끊어지고 나서 아이가 서랍에서 찾은 것은 무엇인가요?
- 아이가 클립으로 무엇을 했을지 상상해서 말해 보세요.
- 내가 아이라면 클립으로 무엇을 하고 싶은지 말해 보세요.
- (그림책 뒤표지의) 아이는 리본 끈을 가지고 과연 무엇을 했을까요?

독후 활동 다양한 영역과 연계해 놀이 활동을 합니다.

- **탐구 영역 ①: 고무줄의 탄성을 이용한 저울을 만들어요**

    실험 전에 직접 고무줄을 당겨 보며 고무줄의 성질을 탐색해 보세요. 또한 고무줄의 종류에 따라 늘어나는 정도를 비교하고, 고무줄이 얼마나 늘어나는지 측정하며 기초적인 측정 경험을 쌓습니다.

    준비물 고무줄, 종이컵(소주잔 크기), 송곳, 빵끈(실), 단추(클립, 콩), 30cm 자

    놀이 방법 안내

    ① 작은 종이컵 둘레에 마주 보게 구멍 2개를 뚫고, 구멍에 빵끈이나 실을 연결해 손잡이를 만들어요.

    ② ①의 손잡이 중앙에 고무줄 2개를 이어서 묶어요.

    ③ ②의 종이컵에 콩이나 클립, 단추 등의 개수를 달리해서 넣었을 때 고무줄이 얼마나 늘어나는지 측정해 보세요.

    ④ 벽면에 자를 붙여 놓고 측정하면 종이컵 안에 든 물건과 무게에 따라 고무줄이 얼마나 늘어나는지 비교할 수 있습니다.

    부모를 위한 tip
    고무줄은 외부의 힘에 의해 변형되었다가 그 힘이 제거되면 원래 형태로 되돌아가는 성질이 있어요. 이 성질을 탄성이라고 하는데, 이런 성질을 가진 물건 가운데 가장 흔한 것이 고무줄과 스프링입니다. 우리 주변에서 탄성을 가진 물건을 아이와 함께 찾아보세요.

- **탐구 영역 ②: 순간 이동 고무줄 마술**

    마술은 상상력과 창의력을 자극하는 예술 분야입니다. 불가능해 보이는 일을 가능하게 만드는 마술을 직접 실연하면서 상상력을 키우고 창의력을 발전시킬 수 있습니다. 또 마술은 짧은 시간에 고도의 집중력을 요구하므로 자연스럽게 집중력을 높일 수 있습니다. 더불어 마술을 통해 스스로 무언가를 해냈다는 성취감을 느낄 수 있어

아이의 자신감 향상으로 이어집니다.

준비물 색이 다른 고무줄 2개

놀이 방법 안내

① 먼저 색이 다른 고무줄 2개를 준비해 주세요.

② 고무줄 하나를 왼손의 집게손가락과 가운뎃손가락에 끼워요.

③ ②의 고무줄과는 다른 색을 가진 고무줄을 네 손가락에 지그재그로 꼬아 감아 주세요.

④ 오른손으로 집게손가락과 가운뎃손가락에 걸린 ②의 고무줄을 몸쪽으로 잡아당기고, 꼬아 감은 ③의 고무줄이 감겨 있는 네 손가락을 ②의 고무줄 안쪽으로 구부려 넣어요.

⑤ 네 손가락으로 고무줄을 들어 올리면서 손가락을 펴면 집게손가락과 가운뎃손가락에 있던 ②의 고무줄이 약지손가락과 새끼손가락으로 옮겨져 있어요.

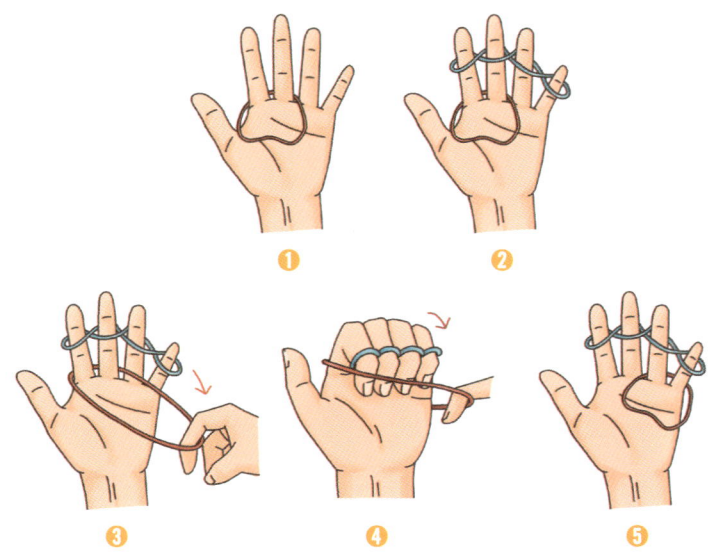

02

무엇이든 삼키는 가방

엄마 가방은 괴물이야
(앙드레 부샤르 글·그림 / 같이보는책)

아이의 시선에서 보면 엄마 가방은 필요한 물건이 뚝딱 나오는 알라딘의 요술 램프 같은 존재입니다. 아이들에게 사물을 재미있는 시선으로 바라보게 도와주는 그림책입니다.

도입 그림책의 표지와 면지를 탐색하며 이야기를 나눕니다.

- 표지 그림에 보이는 가방의 모습이 어떤가요?
- 그림을 보고 내 느낌을 말해 보세요.

- 그림책 제목이 《엄마 가방은 괴물이야》인데, 엄마 가방을 괴물이라고 말하는 이유가 무엇일지 상상해서 말해 보세요.

읽기 전략 tip 그림책을 읽기 전 엄마 가방 속에 무엇이 들었을지 상상해서 말해 봅니다. 책을 읽으며 그림책 속 엄마의 가방에 들어 있는 물건 목록과 우리 엄마 가방 속에 들어 있는 물건을 비교합니다. 또 엄마 가방 속에 들어 있는 물건 목록을 빙고 놀이판에 적고 그림책 엄마의 가방 속 물건과 공통된 것을 지우는 빙고 놀이를 해보세요.

질문하기 그림책의 내용을 파악하고 확장하기 위한 질문으로 이야기를 나눕니다.
- 엄마는 가방에서 무엇을 찾으려고 했나요?
- 엄마의 가방은 무엇을 먹었나요?
- 우리 엄마의 가방과 그림책 속 엄마의 가방이 똑같이 먹은 것은 무엇인가요?
- 아이는 엄마의 가방을 왜 욕심 많은 괴물이라고 부를까요?
- 아이는 가방을 어디에 팔려고 했나요? 나라면 가방을 어떻게 팔지 말해 보세요.
- 가방이 작아서 어디에 두었는지 잊어버린 엄마는 현관문을 어떻게 열었을까요?
- 나라면 어떤 방법으로 현관문을 열지 상상해서 말해 보세요.

- 그림책 속의 아이는 엄마 가방을 괴물이라고 생각해요. 나는 우리 엄마 가방을 무엇이라고 부르고 싶은가요?
- 내 가방에 무엇이 들어 있었으면 좋을지 말해 보세요.

독후 활동 다양한 영역과 연계해 놀이 활동을 합니다.

- **언어·탐구 영역: 수수께끼 가방**

  가방 안에 있는 다양한 물건을 촉각만으로 맞혀 보고, 그 물건의 다양한 쓰임새를 알아보세요. 그림책 속 엄마의 가방에 들어 있던 물건 목록을 참고하여 다양한 물건을 준비해 주세요.

  준비물 수건, 엄마 가방, 가방 속에 넣을 다양한 물건

  놀이 방법 안내

  ① 준비한 물건을 아이가 눈치채지 못하게 커다란 가방에 넣어 주세요.
  ② 아이의 눈을 수건으로 가리고 가방 안에 어떤 물건이 들었는지 하나씩 맞혀 보도록 해요.
  ③ 아이가 찾은 물건의 이름을 넣어 '어디서, 어떻게' 쓰이는지 물건인지 그 용도를 문장으로 말해요.
  ④ 문장으로 말할 때 주어, 목적어, 서술어를 갖춰 말하도록 하면 문장 구성을 자연스럽게 익힐 수 있어요.

- **미술 영역: 가방을 예쁘게 꾸며요**

  그림책 속 아이는 엄마의 가방을 무엇이든 꿀꺽 삼키는 무서운 괴물이라고 생각합니다. 하지만 가방은 내가 아끼고 소중히 여기는 물건을 담을 수 있는 유용한 물건입니다. 아이와 함께 원(학교)에서

한 학년 동안 사용했던 자신이 아끼고 소중히 여기는 물건을 모두 챙겨 올 수 있는 가방을 예쁘게 만들어 보세요.

준비물 종이 쇼핑백, 색종이, 색연필, 사인펜, 스티커 등 꾸미기 재료

놀이 방법 안내

① 다양한 꾸미기 재료를 사용해 큰 종이 봉투를 예쁜 가방으로 만들어 보세요.
② ①의 가방 안에 어떤 물건을 담을지 물건에 얽힌 이야기를 나눠 주세요.

03

편리한 도구

망
(나카가와 히로타카 글·오카모토 요시로 그림 / 상상의집)
우리 주변 곳곳에 사용되어 생활을 편리하게 해주는 망의 역할과 기능을 알 수 있는 그림책입니다.

도입   그림책의 표지와 면지를 탐색하며 이야기를 나눕니다.

- 표지 그림에 보이는 물건은 무엇인가요?
- 표지 그림 속 물건을 주로 어디에서 보았는지 말해 보세요.

- 우리 집에서는 '망'을 어디에 사용하고 있나요? 비슷하게 생긴 물건을 찾아보세요.

읽기 전략 tip 그림책을 읽으며 망이 어디에 어떻게 사용되었을지 생각해 보고, 뒷장에서 이야기하는 망의 종류와 용도도 예측해 봅니다. 그리고 "창문에 망이 없으면 어떻게 될까?" 등의 퀴즈를 내보세요. 그러면 아이는 "벌레가 들어와요" "새가 날아올지도 몰라요" "나비가 집에 놀러 와요" 등 반짝이는 눈으로 자기 생각을 신나게 이야기할 거예요.

질문하기 그림책의 내용을 파악하고 확장하기 위한 질문으로 이야기를 나눕니다.

- 해로운 벌레가 들어오지 못하도록 창문에 설치하는 망을 무엇이라고 부르나요?
- 벌을 키우는 사람이 벌에 쏘이지 않기 위해 망이 아니라 비닐을 썼다면 어떻게 될까요?
- 아빠가 비닐로 만든 망으로는 왜 매미를 잡을 수 없을까요?
- 망은 어떤 역할을 하나요?
- 주변에서 망을 찾아보고 어떤 종류가 있는지, 어떻게 사용되고 있는지 말해 보세요.

독후 활동 다양한 영역과 연계해 놀이 활동을 합니다.

- **수·탐구 영역: 혼합물의 분리**

  여러 가지 물질이 섞여 있는 혼합물을 어떻게 분리할지 생각해 보고, 해결 방법을 모색하면서 문제해결력을 키워 보세요.

  준비물 잡곡(다양한 크기), 종이컵(일회용 플라스틱 컵), 송곳, 체

  놀이 방법 안내
  ① 다양한 잡곡이 섞여 있는 혼합물을 체를 이용해 분리해요.
  ② 체에 남은 곡식과 체를 통과한 곡식에는 어떤 것이 있는지 관찰해요.
  ③ 정월대보름에 먹는 오곡밥에 들어가는 다양한 잡곡을 준비해요.
  ④ 종이컵(일회용 플라스틱 컵) 밑바닥을 송곳을 사용해 쌀이 통과할 수 있는 크기와 좁쌀이 통과할 수 있는 크기의 구멍을 여러 개 뚫어 준비해요.
  ⑤ 구멍의 크기에 따라 분리되는 좁쌀과 쌀, 콩의 모습을 관찰해요.
  ⑥ 부등호를 사용해 관찰 결과를 좁쌀, 쌀, 콩 순으로 정리해요. 그러면 잡곡의 대소 관계를 확실하게 인지할 수 있습니다.

  부모를 위한 tip
  섞여 있는 물질을 떼어 내거나 걸러 내는 것을 혼합물의 분리라고 하는데, 고체 혼합물을 분리하는 방법 가운데 하나로 망이나 체를 이용해요. 체는 거름망 구멍의 크기를 이용해 물질을 분리하는 도구로 구멍의 크기에 따라 체에 남겨지는 물질과 체를 통과하는 물질로 분리할 수 있습니다.

04
새해맞이 음식

떡국의 마음
(천미진 글·강은옥 그림 / 키즈엠)

새해 첫날, 첫 음식인 떡국 한 그릇을 만드는 과정을 재미난 흉내 내는 말과 함께, 엄마의 정성 어린 마음을 따뜻하게 담아낸 그림책입니다.

도입 그림책의 표지와 면지를 탐색하며 이야기를 나눕니다.
- 떡국은 언제 먹는 음식인가요?
- 그림을 보며 떡국 안에 어떤 재료가 들어가는지 말해 보세요.

- 떡국에 어떤 마음이 담겼을지 짐작해서 말해 보세요.

읽기 전략 tip 우리나라에서는 설날에 떡국을 먹으면 "한 살 더 먹는다"라는 이야기가 있어요. 설날에 떡국을 먹는 이유로 여러 가지가 있지만, 그림책에는 모든 것을 시작하는 새해 첫날 한 해 한 해 성장해 가는 아이를 향한 엄마의 따사롭고 간절한 마음과 덕담이 떡국 한 그릇에 담겨 있습니다.

떡국을 끓일 때 어떤 재료가 필요하고, 어떤 과정을 거쳐 떡국이 만들어지는지 살펴보며 그림책을 읽습니다. 그 과정에 표현된 의성어와 의태어를 흉내 내어 읽다 보면 어느새 뜨끈한 떡국 한 그릇이 완성되어 있을 거예요.

질문하기 그림책의 내용을 파악하고 확장하기 위한 질문으로 이야기를 나눕니다.

- 떡국을 끓이려면 어떤 재료가 필요할까요?
- 긴 가래떡으로 떡국을 끓이는 이유는 무엇인가요?
- 새하얀 떡으로 끓인 떡국에는 엄마의 어떤 마음이 담겨 있을까요?
- 새해에 어떤 사람에게 떡국을 끓여 대접하고 싶은가요?
- 떡국에 어떤 재료를 넣어 끓이고 싶은가요?
- 떡국을 대접하면서 어떤 말을 해주고 싶나요?

독후 활동 다양한 영역과 연계해 놀이 활동을 합니다.

- **요리 영역: 떡국을 만들어요**

  전통 명절 음식은 다양한 맛으로 먹는 즐거움을 줄 뿐만 아니라, 각각 고유한 의미를 지니고 있습니다. 새해를 맞아 명절 음식에 담긴 역사적 유래와 상징을 알아보는 것은 우리 문화를 더 깊이 이해할 소중한 기회가 됩니다.

  설날 아침 먹는 떡국에 담긴 전통과 아름다운 의미를 알아보고, 떡국을 끓여 먹으면서 가족과 함께 의미 있는 시간을 보내 보세요.

  준비물 떡국 재료

  놀이 방법 안내

  ① 떡국을 끓일 때 필요한 재료에는 어떤 것이 있는지 말해요.
  ② ①에서 말한 재료를 넣어 떡국을 끓여요.
  ③ 떡국에 달걀 고명을 올리고, 떡국을 누구와 먹고 싶은지 말해 보세요.

  부모를 위한 tip

  설날 아침에 먹는 떡국에는 여러 가지 의미가 담겨 있어요. 설날에 하얗고 긴 가래떡을 뽑는 이유는 장수와 번창을 기원하기 위해서입니다. 또한 가래떡을 동그랗게 써는 것은 과거 사용했던 돈, 즉 엽전 모양에서 비롯된 것으로 한 해 동안 운세와 재복이 계속되길 바라는 의미에서 유래되었어요.

- **미술 영역: 복을 담는 복조리를 만들어요**

  설날과 관련된 다양한 풍속이 전해져 내려오고 있어요. 설날 아침에 떡국을 먹는 것뿐 아니라 새 옷을 입는 설빔과 복을 기원하며 복조리를 걸어 두는 풍습도 있습니다. 설빔에는 지난해의 나쁜 기운을 털어내고, 새해에는 좋은 일만 가득하기를 바라는 마음이 담겨 있어요. 복조리는 한 해 동안 행운과 풍요가 깃들기를 기원하는 마음을 담아 걸어 둡니다. 조리는 쌀로 밥을 지을 때 모래와 잔돌을 걸러 내는 도구인데, 조리로 쌀을 일듯 한 해의 행운을 일어 담으라는 뜻을 담고 있어요. 이처럼 떡국, 설빔, 복조리에는 새해의 복과 건강을 기원하는 마음이 담겨 있답니다. 색종이를 준비해 복조리를 만들고 새해의 복을 듬뿍 담아 보세요.

준비물 색종이 3장, 풀

놀이 방법 안내

① 색종이를 반으로 접은 뒤 다시 삼등분으로 접어 총 여섯 칸이 나오도록 해주세요.
② ①의 색종이의 윗부분을 약 1~2cm 접은 뒤, 위의 접은 부분을 제외하고 접은 선을 따라 가위로 자르세요.
③ 다른 색종이를 반으로 자른 뒤 그 색종이를 다시 삼등분해 주세요.
④ ②의 색종이에 삼등분으로 자른 ③의 색종이를 지그재그로 교차하며 끼워 풀로 고정해 주세요.
⑤ 다음 그림의 ❺~❼처럼 표시된 부분에 풀을 칠하고 풀칠한 곳을 오므려 가며 붙여 주세요.
⑥ 또 다른 색종이의 끝부분을 살짝 남기고 막대 모양으로 접어요. 반대로 뒤집어 돌돌 말면 손잡이가 완성됩니다.
⑦ ⑥의 손잡이를 ⑤에 붙여 복조리를 완성해요.

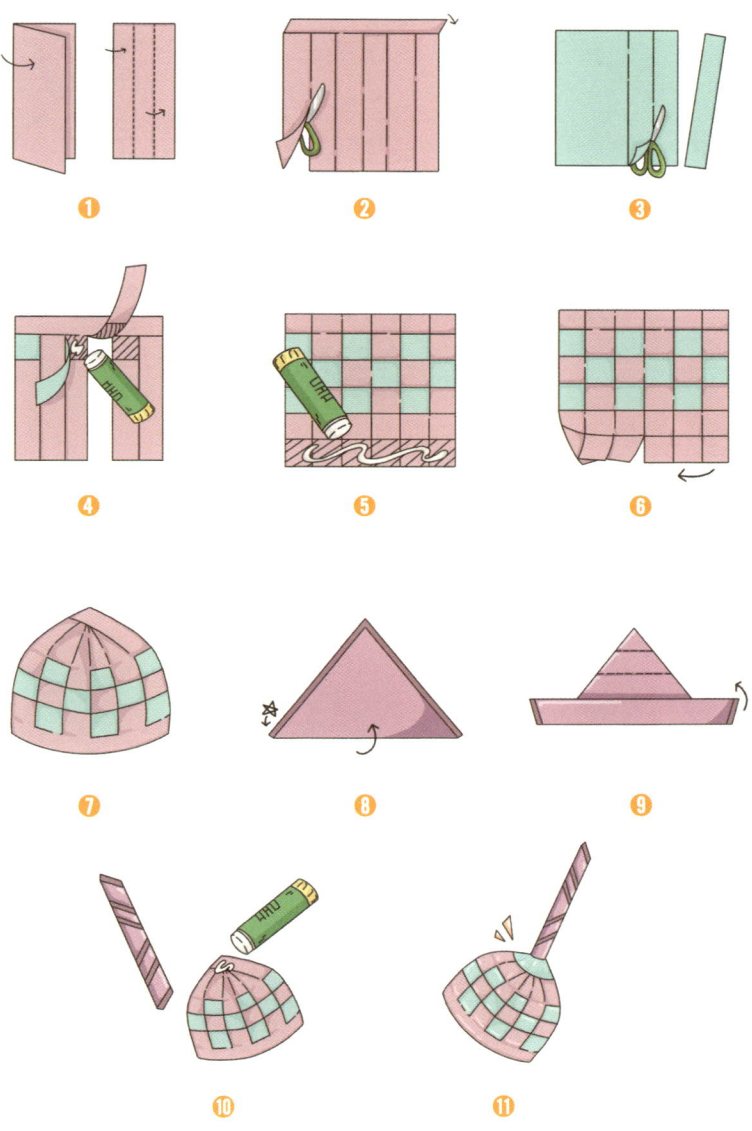

새로운 출발을 준비하는 2월

2월은 새 학기를 준비하고 새로운 환경에 적응하기 위한 준비의 달입니다. 아이들은 익숙한 것과 헤어지고 새로운 만남을 준비하면서 한 걸음 더 성장합니다. 이제는 부모님의 도움 없이 스스로 해야 할 일이 많아지고, 형님으로서 자립심을 키워야 하는 시점이죠. 이런 변화를 자연스럽게 받아들이기 위해서는 아이가 '나'에 대해 알아보는 시간이 필요합니다. 자신을 제대로 알게 되면 아이는 더욱 당당하게 성장할 수 있습니다.

어떤 아이는 새로운 변화를 설렘과 기대 속에서 맞이하지만, 어떤 아이는 변화가 두렵기만 합니다. 그림책을 통해 아이가 어디서나 소중한 존재이며, 존중받아 마땅한 특별한 존재임을 깨닫게 해주세요. 그림책 속 주인공이 되어 변화를 자신 있게 맞이하고 당당한 나로 성장할 수 있도록 옆에서 따뜻하게 응원해 주세요.

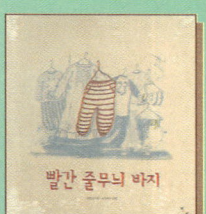

주제 #생일 #성장 #꿈 #자존감

01
하나뿐인 너의 날

너의 날
(노인경 글·그림 / 책읽는곰)
일 년에 단 하루 내가 주인공이 되는 날, 생일을 앞둔 아이의 기대와 설렘을 고스란히 느낄 수 있는 그림책입니다.

도입 그림책의 표지와 면지를 탐색하며 이야기를 나눕니다.
- 표지 그림을 보고 어떤 날 같은지 말해 보세요.
- 초를 켜고 케이크를 먹는 날은 언제인가요?

- 생일에 초를 켜고 케이크를 먹었던 경험을 말해 보세요.

읽기 전략 tip 책을 읽기 전에, 일 년 중 가장 손꼽아 기다리는 날이 언제인지 떠올려 보세요. 그리고 가족이나 친구들에게 가장 많이 축하받는 날은 언제였는지도 이야기해 보세요.

또 지난 생일을 되돌아보며 누구에게 어떤 선물을 받았는지, 어떤 활동을 했고, 그때 기분은 어땠는지를 생각해 봅니다. 이렇게 자신의 경험을 떠올리며 그림책을 읽으면, 책 속 이야기가 더욱 생생하게 다가올 거예요.

질문하기 그림책의 내용을 파악하고 확장하기 위한 질문으로 이야기를 나눕니다.

- 내 생일이 되려면 얼마나(며칠, 몇 달) 남았나요?
- 물고기들은 문어를 위해 어떤 선물을 준비했나요?
- 자신의 생일을 아무도 기억하지 못할까 봐 걱정하는 친구는 누구인가요?
- 등장인물 가운데 누구의 생일을 가장 축하해 주고 싶나요?
- 내 생일에 무엇을 하고 싶은지 계획을 세우고, 어떤 선물을 받고 싶은지도 말해 보세요.
- 내 생일에 어떤 소원을 빌고 싶나요?
- 누구에게나 생일이 아주 특별한 이유는 무엇일까요?

독후 활동 다양한 영역과 연계해 놀이 활동을 합니다.

- **언어 영역: 초대장을 만들어요**

  일 년 중 가장 주목받고 행복한 날에 많은 사람한테서 축하를 받고 즐거운 시간을 보내고 싶은 마음은 다 똑같습니다. 다가올 자신의 생일에 초대하고 싶은 친구들에게 보낼 초대장을 만들어 보세요.

  준비물 도화지, 색연필, 사인펜

  놀이 방법 안내

  ① 생일에 초대하고 싶은 사람의 이름을 적어 보세요.
  ② 초대장에 초대받는 사람의 이름, 초대하는 날짜와 시간, 장소, 초대하는 이유를 적어 보세요.
  ③ 초대장의 내용이 완성되었으면 예쁘게 꾸며 보세요.

- **미술 영역: 케이크를 만들어요**

  케이크는 단순한 음식이 아닌 문화적·사회적으로 축하와 기념을 상징하는 의미로 여겨져 사람들에게 기쁨과 즐거움을 선사합니다. 가족들한테 중요한 의미가 있는 기념일을 더욱 특별하게 장식해 줄 케이크를 아이와 함께 만들어 축하해 보세요.

  준비물 핫케이크 가루, 과일(과자, 초콜릿 등 장식 재료), 달걀, 우유, 꿀(시럽)

  놀이 방법 안내

  ① 핫케이크 가루에 계란 한 알, 우유 한 컵을 넣고 잘 저어서 반죽을 만들어요.
  ② 약한 불로 예열한 프라이팬에 기름을 두르고 나서 케이크 반죽을 둥글고 얇게 구워요.
  ③ ②와 같은 방식으로 여러 장을 구워요.

④ 케이크를 장식할 과일을 잘라요.
⑤ 케이크의 시트가 되는 팬케이크 사이마다 꿀이나 시럽을 바르고 겹겹이 쌓아요.
⑥ 쌓은 팬케이크 위에 과일과 다양한 토핑을 얹으면 맛있고 간단한 케이크가 완성된답니다.

02

스스로 할 수 있어요

꼬마 거미 당당이
(유명금 글·그림 / 봄봄출판사)
아직은 서툴고 부족한 부분이 많더라도 믿고 기다려 준다면 얼마든지 멋지게 해낼 수 있다는 것을 꼬마 거미 당당이를 통해 보여주는 그림책입니다.

도입 그림책의 표지와 면지를 탐색하며 이야기를 나눕니다.
- 표지 그림에서 볼 수 있는 것(등장인물, 장소, 특징 등)을 말해 보세요.
- 꼬마 거미의 이름을 왜 당당이라고 지었을까요?

- 앞표지의 꼬마 거미와 뒤표지의 거미는 어떤 관계일까요?
- 꼬마 거미 당당이가 무엇을 하고 있는지 말해 보세요.

읽기 전략 tip 그림책에 나오는 등장인물 거미는 곤충이 아니라 절지동물입니다. 책을 읽기 전에 거미의 특징을 알아보세요. 또한 표지 그림을 통해 꼬마 거미 당당이가 다른 거미와 어떤 점이 다른지 살펴보고, 어른 거미들이 왜 당당이에게 집을 지어 주려고 하는지 그 이유를 추측해 보며 그림책을 읽습니다.

질문하기 그림책의 내용을 파악하고 확장하기 위한 질문으로 이야기를 나눕니다.

- 당당이의 할아버지는 거미줄 보따리에 어떤 먹거리를 싸 오셨나요?
- 이모는 당당이에게 어떤 집을 지어 주려고 하나요?
- 당당이가 가족의 도움을 받지 않고 혼자 힘으로 지은 집은 어떤 모습인가요?
- 스스로 집을 지을 때가 된 당당이에게 가족들이 당당이 대신 집을 지어 주려고 했던 이유는 무엇인가요?
- 가족들이 대신 집을 지어 주겠다고 했을 때 당당이는 어떤 기분이 들었을까요?
- 비바람에도 끄떡없는 멋지고 완벽한 집을 혼자 힘으로 지은 당당이에게 어떤 말을 해주고 싶은지 말해 보세요.

독후 활동 다양한 영역과 연계해 놀이 활동을 합니다.

- **미술 영역: 나만의 거미집을 지어요**

  꼬마 거미 당당이는 8개 다리 중 하나가 짧습니다. 그래서 가족들이 집을 지을 때가 된 당당이를 도와주려고 하죠. 하지만 당당이는 이미 자신이 지을 집에 대한 계획을 세워 두었기 때문에 가족들의 도움을 거절하고 혼자 힘으로 멋진 집을 지었습니다. 꼬마 거미 당당이가 되어 멋진 거미집을 계획해 보세요.

  준비물 도화지, 털실, 돗바늘, 송곳

  놀이 방법 안내
  ① 나만의 거미집을 구상하고, 도화지에 그림으로 그려요.
  ② 그린 거미집에 송곳을 이용해 여러 개의 구멍을 뚫어요.
  ③ 털실을 돗바늘에 끼운 뒤 그림의 구멍을 통과시키며 얼기설기 엮어 입체적이고 실감 나는 거미집을 표현해요.
  ④ 바느질하는 것이 어렵다면 거미줄을 따라 스티커를 붙여 꾸며도 좋아요.

- **미술·탐구 영역: 스스로 움직이는 거미**

  그림책 속 당당이는 자신의 부족한 점을 극복하고 스스로 거미집을 짓습니다. 이번에는 멋진 당당이를 만들어 보세요.

  준비물 표지 그림, 두꺼운 종이, 풀, 털실, 빨대, 테이프

  놀이 방법 안내
  ① 표지의 당당이 그림을 복사하고 나서 그림 뒷면에 두꺼운 종이를 덧대어 풀칠해요.
  ② ①을 거미 모양대로 오려 준비해요.

③ 3~4cm 길이로 자른 빨대 2개를 ②의 거미 그림 뒷면에 사선으로 붙이고, 털실의 양쪽 끝을 빨대에 통과시켜요.

④ 빨대를 통과한 털실의 중앙 부분을 벽면에 부착시키고 나서 양쪽 실 끝을 잡고 벌리면 당당이가 위를 향해 천천히 움직이게 된답니다.

03

내가 하고 싶은 것은?

난 남달라!
(김준영 글·그림 / 국민서관)

펭귄이면서 수영을 하지 않는 특별한 펭귄 달라의 모험을 통해 누구나 하고 싶은 것, 잘할 수 있는 것이 다르다는 사실을 깨닫게 해주는 그림책입니다.

도입 그림책의 표지와 면지를 탐색하며 이야기를 나눕니다.
- 표지 그림에 어떤 동물들이 보이나요?
- 펭귄이 무엇을 하고 있는지 말해 보세요.

- 펭귄이 가장 잘하는 것은 무엇일까요?
- 펭귄의 이름은 무엇인가요?

읽기 전략 tip   책을 읽기 전 면지에 그려진 펭귄의 다양한 수영법을 흉내 내어 봅니다. 팔을 휘젓고, 몸을 흔들며 펭귄처럼 수영하는 동작을 흉내 내면 더욱 재미있을 거예요. 책장을 넘기며 달라가 배운 여러 수영법 중에서 가장 빠른 수영법은 무엇일지, 또 가장 어려운 수영법은 무엇일지 생각해 봅니다. 그리고 달라가 다른 펭귄들과 무엇이 다르고, 왜 그런 차이가 생겼을지 추측해 보며 그림책을 읽어 보세요.

질문하기   그림책의 내용을 파악하고 확장하기 위한 질문으로 이야기를 나눕니다.

- 달라를 남다른 펭귄이라고 부르는 이유는 무엇인가요?
- 더 이상 수영을 배우지 않겠다고 선언했던 달라가 찾은 재미있는 것은 무엇인가요?
- 바다표범과 함께 미끄럼 대회에 참가한 달라는 어떻게 1등을 할 수 있었을까요?
- 멋진 바닷속을 더 보고 싶었던 달라는 수영을 배우기로 결심해요. 달라가 앞으로 어떤 모습으로 변할지 상상해 보세요.
- 내가 가장 좋아하는 것과 가장 하고 싶은 것은 무엇인가요?
- 미래에 나는 어떤 모습일지 상상해 보세요.

독후 활동 다양한 영역과 연계해 놀이 활동을 합니다.

● **미술·탐구 영역: 넘어지지 않는 펭귄을 만들어요**

펭귄은 뒤뚱뒤뚱 걷다가 넘어져도 씩씩하게 일어나 다시 걷습니다. 넘어져도 다시 일어서는 펭귄의 모습에서 실수하고 실패해도 다시 일어서는 용기가 필요하다는 것을 배웁니다. 펭귄 오뚝이를 만들면서 실패해도 툴툴 털고 일어설 수 있는 용기를 갖도록 응원해 주세요.

준비물 박스 테이프 심지(참치 통조림 빈통), 건전지, 테이프, 펭귄 그림

놀이 방법 안내

① 미래에 나는 어떤 모습일지 상상해 보고, 상상한 미래의 모습을 펭귄으로 표현해 그려 보세요. 예를 들어 조종사가 꿈이라면 하늘을 나는 펭귄 조종사로 표현하면 됩니다.

② 박스 테이프 심지 안 아래쪽에 다 쓴 건전지를 테이프를 이용해 고정시켜요. 건전지가 무게중심 역할을 해서 넘어지지 않는 펭귄 오뚝이를 만들 수 있어요.

③ 준비된 펭귄 그림을 오려 테이프 심지 앞뒤로 붙여 주고 이리저리 펭귄을 움직여 주면 넘어졌다가 다시 일어서는 펭귄이 완성됩니다.

● **언어 영역: 난 ○○○!**

자존감이 높은 아이는 자신을 사랑할 줄 알고, 자신이 사랑받아 마땅하다는 것을 알고 있습니다. 자존감을 높이려면 자신이 어떤 사람인지 정확히 알아가는 과정이 꼭 필요해요. 다른 사람과 나를 비교하며 타인의 기준으로 자신을 평가하는 것이 아니라 자신이 잘하

는 것이 뭔지 찾을 수 있어야 합니다. 다음 예시처럼 자신을 대표할 수 있는 표현을 찾아 문장으로 만들어 보세요. 그 문장은 자성 예언이 되어 미래를 꿈꾸는 아이가 될 수 있답니다.

준비물 거울

놀이 방법 안내

① '난 남달라!'처럼 '○○○'에 이름을 쓰고 자신이 좋아하는 것, 하고 싶은 것을 중심으로 나를 홍보하는 문장을 써 보세요.

② 거울을 보며 거울에 비친 나에게 문장의 내용을 읽어 주세요.

> 난 ○○○!
> 난 세상에서 자전거를 가장 잘 타는 ○○○이야.
> 나는 자전거를 타고 세계를 여행할 거야!

04

여덟 살은 처음이지?

여덟 살 오지 마!

(재희 글·그림 / 노란돼지)

여덟 살은 되고 싶지만, 여덟 살이 되면 달라지는 여러 상황과 환경에 두려움을 느끼는 아이에게 여덟 살이 좋은 이유를 알려주는 그림책입니다.

도입 그림책의 표지와 면지를 탐색하며 이야기를 나눕니다.

- 표지 그림의 아이가 무엇을 하고 있는지 말해 보세요.
- 표지 그림 속 아이의 표정은 어떤가요?

- 아이는 어떤 이유로 여덟 살이 오지 않았으면 하는 걸까요?
- 여덟 살이 되면 어떨 것 같은지 상상해서 말해 보세요.

읽기 전략 tip   그림책의 처음 장에서 다음 장으로 넘어가는 둥근 원은 시간의 흐름을 통해서 아이가 성장하는 모습을 보여줍니다. '똑딱' '똑딱' '똑딱' 굴러가는 속도에 맞춰 아이가 태어나고, 혼자서 밥도 먹으며 성장해 갑니다. 주인공 아이의 성장에 맞춰 우리 아이의 성장을 함께 나눠 봅니다. 아이가 세상에 태어난 순간부터 지금까지 어떤 일을 경험했고 그 나이에 무엇을 처음으로 할 수 있게 되었는지 사진이나 기록물을 통해 아이의 성장을 함께 공유해 보세요. 그리고 아이가 여덟 살이 되면 어떨지 상상해 봅니다.

질문하기   그림책의 내용을 파악하고 확장하기 위한 질문으로 이야기를 나눕니다.

- 처음 세발자전거가 생긴 날 아이는 어떻게 했나요?
- 아이는 여덟 살이 되면 무엇을 해야 한다고 했나요?
- 아이는 왜 계속 일곱 살을 하고 싶어 하는 걸까요?
- 여덟 살이 되길 두려워하는 아이에게 어떤 말을 해주고 싶나요?
- 나는 여덟 살이 빨리 되고 싶나요, 아니면 여덟 살이 되기 싫은가요?
- 주인공 아이처럼 나이 먹고 싶지 않은 순간이 있나요? 언제 그런 생각이 드나요?

- 여덟 살이 되면 좋은 점을 생각해 보고, 그림 속 아이에게 좋은 점을 말해 주세요.

독후 활동 다양한 영역과 연계해 놀이 활동을 합니다.

- 언어·수 영역: 여덟 살을 알아보아요

  행복하기만 했던 일곱 살 주인공은 여덟 살을 앞두고 다가올 변화가 두렵기만 합니다. 변화에 대한 두려움은 불확실성에서 오는 불안에서 비롯됩니다. 하지만 아이가 어떤 변화가 일어날지 미리 알게 되면, 그 불안은 줄어들고 자신감이 생길 수 있습니다. 활동을 통해 아이가 다가올 변화를 자연스럽고 긍정적으로 받아들이고, 흥미롭고 기대하는 마음으로 바라볼 수 있도록 도와주세요.

  준비물 스케치북, 스티커

  놀이 방법 안내

  ① 스케치북에 '여덟 살' 하면 떠오르는 것을 적어요.
  ② 적은 것들 가운데 여덟 살이 되었을 때 좋은 점과 나쁜 점, 싫은 점으로 각각 나눠 분류해요.
  ③ 좋은 점, 나쁜 점, 싫은 점으로 분류한 다음 그 수를 세어 그 수만큼 막대그래프에 스티커를 붙여요.
  ④ ③의 그래프 내용을 바탕으로 앞으로 나의 여덟 살은 어떨지 이야기를 나눠 주세요.

- 미술 영역: 추억 앨범을 만들어요

  아이의 성장 과정을 담은 사진을 활용해 책을 만들어 보세요. 책을 펼치면 한눈에 아이의 성장을 볼 수 있을 뿐 아니라 지금처럼 새로운 나이도 잘 맞이할 수 있다는 자신감을 심어 줄 수 있습니다.

준비물 사진, 도화지, 풀

놀이 방법 안내

① 아이의 성장에서 가장 기억에 남는 이벤트나 장면이 담긴 사진을 나이별로 아이와 함께 골라요.
② 도화지를 반으로 접고, 반으로 접은 것을 다시 반으로 접어요.
③ 아이가 한 살 한 살 먹을 때마다 해냈던 일과 함께 사진을 도화지에 차례대로 붙여 지그재그 책으로 만들어 주세요.

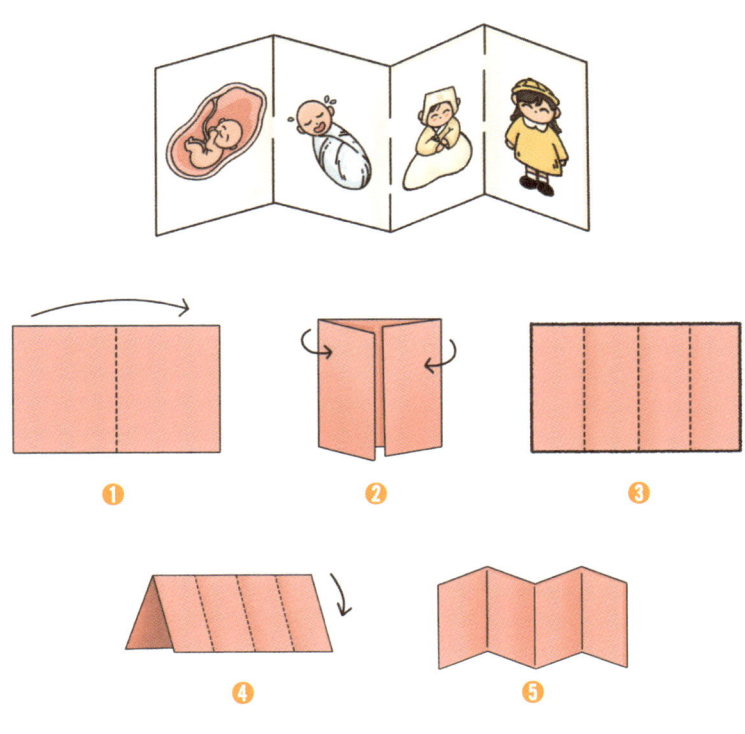

CHAPTER 2

하루 10분 그림책, 아이의 세상을 바꾼다

0~2세, 책으로 여는 아이의 세상

부모라면 누구나 '책을 좋아하는 아이로 키우고 싶다'는 소박하지만 대단한 꿈을 품습니다. 부모 자신은 일 년에 책 한 권 읽기 어렵지만, 내 아이만큼은 책을 즐기는 사람이었으면 하는 바람을 갖고 있습니다.

사실 저 역시 그런 부모들 가운데 한 명이었습니다. 아이가 태어나 목을 가누고 눈을 마주치기 시작한 순간부터 이유는 알 수 없지만 '내 아이는 책과 평생 친구가 되게 해주고 싶다'라는 생각이 들더군요. 그렇다면 제가 어릴 때부터 책을 즐겨 읽는 사람이어서 그랬을까요? 아쉽게도 그 반대입니다. 우리 부부 모두 책과 그리 친한 편은 아니었어요. 그럼에도 내 아이만큼은 책을 가까이하는 삶을 살았으면 좋겠다는 생각을 마음 한구석에서 늘 간직해 왔던 것 같습니다.

그래서 어떻게 했냐고요? 이제 막 배밀이를 시작한 아이에게 책을 읽어 주고 보여주기 시작했습니다. 아이가 책 내용을 이해하지 못하더라도 책이라는 사물에 익숙해지는 것이 중요하다고 생각했거든요. 여기서 팁 하나가 있는데, 아이가 어릴 때는 표지가 딱딱한 보드북을 보

 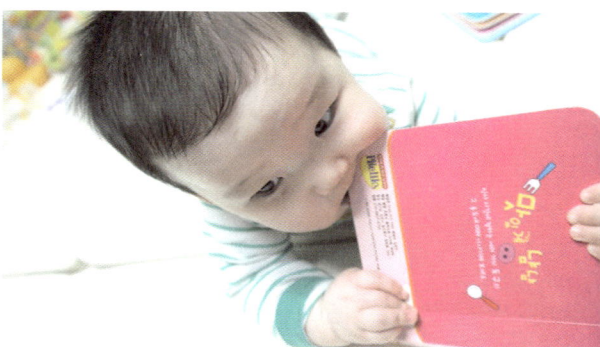

책을 물고 빨며 장난감처럼 여기던 시기

여주는 게 좋습니다. 보드북은 아이가 책을 물거나 던져도 쉽게 파손되지 않고, 다양한 감각을 자극하는 요소가 있어 아이의 흥미를 끌기에 적합하기 때문이죠.

책을 처음으로 접할 때는 무작정 읽어 주기보다 아이가 자연스럽게 책을 탐색하도록 놔두는 것도 중요하더군요. 촉감이 독특한 책이나 바스락 소리가 나는 책, 손으로 누르면 소리가 나는 책 등 다양한 보드북을 아이 앞에 놓아 두었어요. 특히 바스락거리거나 누르면 삑 소리가 나는 책은 아이의 청각을 자극하며 다양한 반응을 이끌어냈습니다. 향이 나는 책은 아이의 코를 간질이며 새로운 경험을 선사했고요. 이런 과정을 통해 아이는 책을 단순히 '읽는 것'이 아니라 만지고 느끼고 탐험하는 도구로 인식하기 시작했습니다.

물론 제 아이도 처음에는 책을 물고 빨며 장난감처럼 여겼어요. 하지만 그것조차도 중요한 첫걸음이라고 여겼습니다. 그렇게 반복해서 책을 손에 쥐고 만지게 하다 보니, 어느 순간 장난감이 아니라 책에 먼저 손을 뻗었어요. 아이가 책의 그림을 가리키며 옹알이를 하거나 책장을 넘기는 모습은 책과 점점 더 가까워지고 있다는 신호였습니다.

이처럼 자연스럽게 책을 대하는 과정을 통해 아이와 책의 첫 만남이 성공적으로 이루어졌고, 책이 일상에 스며드는 작은 변화를 느낄 수 있었습니다.

아이와 함께 성장하는 부모

조막만 한 아이의 손이 책을 향하는 모습을 보며 가장 먼저 변한 것은 다름 아닌 저와 남편이었습니다. 그때까지 책이나 교육에는 별다른 관심이 없던 남편이 어느 날 아이에게 책을 읽어 주는 모습을 보고 깜짝 놀랐어요. 처음에는 조금 어색해하더니 아이가 책의 그림을 가리키거나 옹알이로 반응을 보이자 점점 더 즐거워하는 것이 느껴졌습니다. 아이의 작은 반응 하나하나가 남편에게 큰 동기부여가 되었던 거죠.

책을 읽어 주며 아이와 소통하는 과정은 우리 부부의 일상에도 큰 변화를 가져왔습니다. 아이에게 책을 읽어 주는 시간이 중요한 일과가 되었고, 어느새 그 시간이 점점 늘어나더군요. 처음에는 단순히 아이를 달래기 위한 시간이었지만, 점차 아이와 함께 책을 통해 소통하고 웃는 시간이 되었습니다.

특히 남편은 책 읽는 것에 익숙하지 않았는데 아이 덕분에 책을 읽게 되었어요. 책을 읽으며 아이의 반응을 기다리고, 아이가 좋아하는 책을 골라 주는 일 자체가 하나의 즐거움이 되었죠. 저 역시 책을 통해 아이와 함께 새로운 세상을 탐험하는 기분이 들었고, 이 과정에서 우리 부부도 조금씩 성장하고 있음을 느꼈습니다.

책 읽기는 단순히 아이만을 위한 일이 아니었습니다. 우리 가족 모두에게 새로운 일상과 즐거움을 가져다주었습니다. 그리고 그때부터 책은 아이의 성장뿐 아니라 우리 가정의 변화를 이끄는 특별한 매개체가 되었습니다.

아이의 세상을 확장하는 창

좀 더 자라서 스스로 앉을 수 있게 되자 아이의 책 사랑은 더욱 깊어졌습니다. 아이가 책을 좋아하니 아이에게 다양한 책을 보여주고 싶다는 생각에 부지런히 책을 사다 주기 시작했죠. 사운드북, 보드북, 조작북, 영어책 등 종류를 가리지 않고 고르게 사다 주었어요. 특히 아이가 쉽게 접근하도록 전면책장을 군데군데 배치해 두었는데, 이 방법이 큰 효과를 발휘했습니다.

책 표지가 보이도록 책을 꽂아 두니 표지에 관심을 보이기 시작했어요. 그러던 어느 날 아이가 혼자 책장 앞에 앉아 표지를 바라보더니 스스로 손을 뻗어 책을 꺼내는 거예요. 그 순간 뭉클한 감정이 들었습니다. 책을 펼쳐 그림을 가리키거나 엄마 아빠를 바라보며 무언가 말하려는 듯 옹알거리는 모습을 보면서 책이 단순한 놀이 도구를 넘어 아이의 세상을 확장하는 창이 되어가고 있음을 느꼈습니다.

특히 사운드북에서는 버튼을 눌러 소리를 듣는 재미를, 조작북에서는 다양한 장치를 움직이며 이야기를 탐험하는 즐거움을, 영어책에서는 새로운 소리를 접하는 호기심을 발견했습니다. 이렇게 아이의 흥미와 성향에 맞는 다양한 책이 아이에게 작은 성취감을 가져다주었고, 점차 스스로 책을 찾는 습관으로 이어졌습니다.

책을 좋아하는 환경을 만들어 주었을 때 아이가 스스로 책과 가까워지는 모습을 보며 책이라는 작은 물건이 아이의 삶에 얼마나 큰 기쁨을 줄 수 있는지 다시금 깨닫게 되었습니다.

아래는 두 살 때 딸아이의 모습입니다. 읽어 달라는 책이 쌓이고 또 쌓인 모습을 보니 그때의 기억이 떠오르네요. 한번은 '언제까지 읽어 달라고 하나 두고 보자'는 생각으로, 아이가 그만 읽어 달라고 할 때까

책 표지가 보이도록 배치하자 표지에 관심을 보이기 시작함

잠자리에서도 절대 빠지지 않는 책 읽기

지 계속 읽어 준 적이 있습니다. 그렇게 책을 읽다 보니 어느새 새벽 3시가 되었고, 결국 아이와 함께 책을 품에 안은 채 기절하듯 잠들었습니다.

그때는 거의 매일 책 중심으로 하루를 보냈습니다. 책이 쌓인 모습은 작은 책탑 같았고, 그 안에서 우리는 서로의 목소리를 들으며 재미있는 시간을 보냈죠. '책으로 육아를 한다'고 해서 '책육아'라는 말이 있던데, 당시에는 그런 단어가 있는지조차 몰랐습니다. 그냥 아이가 책을 좋아하니까 부지런히 읽어 주고 또 읽어 주었습니다.

특히 0~2세 시기에는 보드북 중심으로 많은 책을 읽었습니다. 그때 읽은 보드북의 양을 떠올리면 보드북을 섭렵했다고 해도 과언이 아닐

정도로 다독한 시기였습니다. 책 표지를 보고 손에 쥐고 싶어 하던 아이, 내용을 이해하든 이해하지 못하든 책장을 넘기며 즐거워하던 아이를 보면서 저도 그 시간에 푹 빠져 지냈습니다.

  돌이켜보면 책이 단순히 읽는 도구를 넘어 아이와 부모의 교감 도구가 되었던 때였던 것 같습니다. 책을 읽으며 아이가 보여준 반응 하나하나가 새로운 에너지였고, 그 순간순간이 부모로서 저를 성장하게 만들어 주었죠.

책으로 쌓은 탑, '북트리'

0~2세 책 육아 실천 가이드, 감각과 애착 형성

- **도서 종류:** 촉감책, 소리책, 헝겊책, 고대비 그림책(흑백 대비)
- **지도 방법:** 0~2세는 책을 통해 감각을 자극하고 호기심을 키우는 시기입니다. 이때 부모가 읽어 주는 소리를 들으며 자연스럽게 언어 감각을 익히게 됩니다. 꾸준한 노력으로 아이와 함께 책을 즐기는 일상을 만들고, 책을 매개로 부모와의 상호작용을 풍부하게 하는 것이 중요합니다. 또한 책을 읽을 때 아이의 반응에 세심하게 귀 기울이며 즉각적으로 반응해 주는 것이 필요합니다.

① 책을 장난감처럼 다루도록 허용하고, 촉감과 소리를 활용해 즐겁게 읽어 주세요.

② 아이가 그림을 가리키며 말할 수 있도록 유도하고, 반복해서 읽어 주세요.

3~4세의 책 읽기 습관, 반복의 힘

아이는 세 살 때부터 엄마 아빠와 서점에서 책 구경하는 시간을 가장 좋아했습니다. 서점에 도착하면 가장 먼저 어린이 도서 코너로 달려가 스스로 책을 고르는 모습이 대견했죠. 보드북에서 시작해 양장본 그림책으로 넘어가며 책에 대한 호기심과 애정이 점점 깊어졌습니다. 지금도 서점은 아이가 가장 좋아하는 공간 중 하나예요.

대형 서점에는 어린이 도서 코너가 마련되어 있고, 샘플 책을 앉아서 읽어 줄 수 있는 공간도 많습니다. 특히 이곳에서는 책을 보고 있는 또래 아이들을 쉽게 볼 수 있는데, 이는 책에 관심이 적은 아이도 자연스럽게 다른 아이들의 행동을 따라 하도록 유도하는 효과가 있습니다.

또한 어린이 그림책은 표지가 보이도록 진열되어 있어 아이들의 시선을 사로잡기에 충분합니다. 어릴수록 똥이나 방귀, 공룡, 로봇 같은 재미있는 주제에 관심을 보이는데, 이런 요소가 담긴 그림책을 활용하면 자연스럽게 책이 재미있는 거라는 인식을 심어 줄 수 있습니다. 그러므로 책을 억지로 읽히기보다는 서점을 자주 방문해 아이의 생활에 책이 자연스럽게 스며들도록 도와주세요.

세 살 때부터 시작한 서점 나들이

　책과의 친밀감은 단순히 '읽는' 행위로만 만들어지지 않습니다. 아이 스스로 책을 고르게 하고, 책을 탐색하며 자유롭게 표현하도록 격려하는 것이 중요합니다. 이를 통해 아이는 책에 대한 주도권을 느끼고 흥미를 키우게 되죠. **책**을 선택하는 과정에서 아이의 취향과 관심사가 자연스럽게 **드러나기도** 하고요. 개인적으로 아이와 서점을 **방문**하는 경험 자체가 독서 **습관**의 시작이라고 믿습니다.

　잘 알다시피 책 읽기는 **영·유아기**의 두뇌 발달에 큰 영향을 미칩니다. 미국소아과학회(AAP)는 **부모가** 아이와 함께 **책** 읽는 시간이 많을수록 언어 발달, 집중력, **문제해결** 능력 등이 향상된다고 강조합니다. 특히 **책** 읽기는 뇌의 언어 처**리 영역**을 활성화해 아이가 풍부한 어휘를 습득하도록 돕고, 논리적 사고를 키우는 데 기여한다고 해요. 책 읽는 아이는 이야기를 따라 상상력을 발휘하고 다양한 감정을 간접적으로 경험하게 되는데, 이는 정서적 안정감을 높이고 사회적 기술을 배우는 기회가 됩니다.

아이가 어릴 때는 작은 가방에 넣기 좋은 미니 보드북을 준비해 외출했습니다. 식당, 유모차, 공원 벤치 등 잠시 앉아 쉬는 순간에도 아이의 손에 책을 쥐어 주었습니다. 좀 더 자란 뒤에는 가볍고 얇은 페이퍼북으로 바꿔 주었는데, 그 역시 가방에 넣어 다니기 좋습니다.

그러던 어느 날 외출 준비를 하고 있는데, 아이가 저보다 먼저 가방을 가져와 자신이 읽을 책을 집어넣더군요. 그렇게 할머니 댁에 가거나 놀러 갈 때도 아이가 가장 먼저 챙기는 것은 책이었고, 어느새 잠자리에서도 책을 읽지 않으면 잠들지 않는 아이가 되어 있었습니다.

아이와 외출할 때 항상 읽을거리를 준비함

아이와 외출할 때는 한두 권의 책을 챙기는 습관을 들여야 합니다. 안 그래도 짐이 많은데 어떻게 책까지 챙기냐고 반문할 수도 있지만, 식당에서 음식이 나오기 전이나 대중교통을 이용할 때 책을 펼치는 작은 행동이 큰 차이를 만듭니다. 책을 미처 준비하지 못했다면 외출 일정에 서점이나 도서관 방문을 포함하는 것도 좋은 방법입니다.

서점과 도서관은 책에 대한 호기심을 자극할 수 있는 가장 좋은 환경 중 하나입니다. 아이가 직접 책을 고르며, 새로운 세상을 탐험할 수 있는 절호의 기회이기도 하죠. 이런 경험이 반복되었을 때 아이는 자연스럽게 책과 친해지고 독서에 대한 긍정적 감정을 형성할 수 있습니다. 운동과 마찬가지로 독서도 준비 운동이 필요하다는 이야기죠.

아이들이 책을 안 보는 이유와 해결 방법

종종 "우리 아이는 원래부터 책을 좋아하지 않아요"라고 말씀하시는 부모님을 만납니다. 그러고 나서 "어떻게 하면 책 읽는 아이로 키울 수 있을까요"라는 질문이 이어지죠. 아이들이 책을 보지 않는 이유는 대개 두 가지로 나뉩니다.

첫째, 아이의 수준에 맞는 재미있는 책이 없기 때문입니다. 부모가 아닌 아이가 흥미를 느끼고 몰입할 수 있는 주제의 책이어야 하고, 아이의 수준에 맞는 책이어야 합니다. 지나치게 어려운 내용, 아이가 관심 없는 주제는 흥미를 떨어뜨리기 마련입니다. 둘째, 환경과 부모의 태도가 중요합니다. 책을 읽도록 유도하는 과정에서 부모의 마음이 앞서는 경우가 많습니다. 책 읽기가 '강요' 또는 '숙제'처럼 느껴진다면 아이는 독서를 즐거움이 아니라 부담으로 여기게 됩니다. 책=잔소리, 책=지겨움, 책=부담감, 책=거부감이라는 공식이 생길 수밖에 없죠.

따라서 책을 보지 않는 이유를 아이가 아니라 부모의 태도와 환경 조성 방식에서 찾아야 합니다. 책 읽기에 대한 부담감이나 거부감은 종종 부모의 지나친 의욕과 기대에서 비롯됩니다. 특히 책 읽기를 늦게 시작한 경우 독서 습관을 빨리 잡아 주고 싶은 마음에 독서를 강요하거나 독서량에 욕심을 부리는 부모님이 있습니다. 이는 아이와 책을 멀어지게 만드는 가장 확실한 방법입니다.

알록달록한 표지가 잘 보이게 책을 바닥에 깔아 두어 아이의 관심을 유도함

부모의 욕심 대신 아이가 흥미를 보이는 주제 위주로 접근하세요. 책 읽기를 강요하지 말고 즐길 수 있는 환경을 조성해 주세요. 그러면 부모의 강요 없이도 아이는 자연스럽게 책과 친구가 됩니다.

스마트폰 문제가 아니다

"스마트폰 때문에 하루도 조용할 날이 없어요" "아이 손에 스마트폰을 쥐어 주지 않으면 외식이 불가능해요"라는 하소연을 자주 듣습니다. 그리고 "어떻게 하면 스마트폰이 아닌 책을 좋아하는 아이로 키울 수 있을까요"라는 질문도 자주 받습니다.

저는 온종일 스마트폰을 들여다봐야 하는 인플루언서입니다. 따라서 딸아이는 어린 시절부터 엄마가 스마트폰 사용하는 모습을 보고 자랐습니다. 그럼에도 아이는 여전히 스마트폰보다 책을 선호하죠. 다른 부모님과 똑같이 스마트폰을 손에 쥐고 살았는데 도대체 무엇이 이런 차이를 만들어낸 걸까요? 문제는 '방향'입니다.

개인적으로 스마트폰을 시간 때우는 용도로 사용하지 않습니다. 업무를 하지 않을 때는 메모장을 열어 글을 쓰거나 전자책을 읽는 데 활용합니다. 덕분에 초등학교 4학년인 아이는 지금도 스마트폰을 '엄마와 아빠가 일을 하거나 공부를 하는 도구'로 인식하고 있습니다.

아이를 낳고 키우기 전까지 저 역시 책을 즐겨 읽는 사람이 아니었습니다. 하지만 아이를 통해 자연스럽게 책에 대한 관심이 생기기 시작했습니다. 그 과정에서 육아서들이 공통적으로 강조하는 '책 육아'의 핵심 원칙을 발견했고, 이를 바탕으로 아이와의 시간을 더욱 의미 있

집안 곳곳에 놓아 둔 전면책장

게 채우면서 육아에 자신감을 갖게 되었습니다.

부모와 아이가 함께 성장하는 독서 습관 만들기

책 육아, 독서 육아의 핵심은 다음과 같습니다.

첫째, 부모가 먼저 책 읽는 모습을 보여주어야 합니다. 아이들은 부모의 행동을 가장 먼저 배우고 따라 합니다. 부모가 책 읽는 모습을 자주 보여주면 아이도 책을 친숙하게 여기게 되죠. 반대로 부모가 TV나 스마트폰에 몰두하는 모습은 아이를 책과 멀어지게 만드는 지름길이니 각별한 주의가 필요합니다.

둘째, 전면책장을 이용해 책을 자주 볼 수 있는 환경을 조성해야 합니다. 집 안에서 아이가 자주 지나다니는 공간에 전면책장을 설치하되, 아이의 키에 맞는 높이로 책을 스스로 꺼내 보도록 하는 것이 좋습니다. 전면책장은 일반 책장보다 작은 만큼 저렴한 제품이 많아서 부담 없이 활용할 수 있는 게 장점입니다.

셋째, 표지를 보이게 배치합니다. 일반 책장에 꽂힌 책은 글자 위주로 보여 어린아이의 눈에는 잘 띄지 않을 수 있습니다. 반면 전면책장에 표지가 보이도록 책을 배치하면 아이의 시선을 자극하게 됩니다. 아이가 여기서 눈에 띈 책 한 권을 읽고 재미를 느끼면 다른 책으로 흥미가 이어지는 독서 습관을 기를 수 있습니다.

넷째, 아이의 관심사를 파악해야 합니다. 아이의 현재 관심사를 잘 포착하고, 그에 맞는 주제의 책을 준비할 필요가 있습니다. 예를 들어 공룡에 관심이 많은 아이에게는 공룡 관련 그림책이나 학습만화를 제공하고, 관심사가 변화하면 그에 맞는 책으로 확장하는 식이죠.

다섯째, 영·유아 때는 매일 꾸준히 읽어 주어야 합니다. 이 시기에는 많은 양의 책을 읽어 주기보다 매일 조금씩 꾸준히 읽어 주는 것이 더 중요합니다. 하루 10분이라도 책을 읽어 주는 시간이 쌓이면 아이의 언어 발달과 책에 대한 친밀감을 크게 향상시킬 수 있습니다.

여섯째, 외출할 때도 책을 가져갑니다. 장거리 여행은 물론 집 앞에 잠깐 외출할 때도 책을 챙겨 갑니다. 이동하는 도중 읽을 수 있는 작은 보드북이나 페이퍼북은 아이에게 지루함을 덜어 줄 뿐 아니라 책 읽기 습관을 형성하는 데 많은 도움을 줍니다.

일곱째, 같은 책을 반복적으로 읽어도 됩니다. 아이들은 한 가지 활동에 깊이 몰입하는 경향이 있습니다. 예를 들어 퍼즐을 맞추거나 블록을 쌓을 때, 도감을 들여다보거나 게임을 할 때가 그렇습니다. 책을 읽을 때도 비슷합니다. 아이가 어떤 책에 꽂히면 책이 헤질 때까지 그것만 반복해 읽는 경우를 봅니다. 부모 입장에서는 이런 아이의 모습이 탐탁지 않거나 답답할 수도 있습니다.

하지만 걱정하지 말고 그냥 두세요. 반복해 읽는 것은 아이가 스스로 흥미를 느끼고 내용을 깊이 이해하는 과정입니다. 이때는 아이의 몰입을 방해하기보다는 자연스럽게 인정해 주는 것이 중요합니다. '왜 자꾸 유치한 것만 읽지?' '저건 학습에 하나도 도움이 안 되는데?'가 아니라 '우리 아이가 지금 사자에 깊이 몰두하고 있구나'라고 이해해야 합니다. 부모가 아이의 관심사를 가볍게 여기지 않고 존중하는 태도를 보일수록 아이는 자신의 탐구심과 집중력을 더욱 발전시킬 수 있습니다.

여덟째, 새로운 책을 꾸준히 제공합니다. 주기적으로 새 책을 추가해 새로운 관심사를 자극할 필요가 있습니다. 새 책은 아이에게 새로운 이야기를 발견할 기회를 제공하고 다양한 주제와 장르를 탐색하도록 도와주거든요. 아이의 관심사를 어떻게 알 수 있느냐고요? 서점이나 도서관 나들이를 추천합니다. 이때 아이가 관심을 보이는 책을 유심히 보아 두었다가 방안 책장에 놓아 두면 됩니다.

아홉째, 초등학생이라면 학습만화로 시작합니다. 책 읽는 습관이 아직 자리 잡지 않은 초등학생이라면 학습만화라도 마음껏 읽도록 허용합니다. 아이들은 학습만화를 통해 복잡하거나 어려운 주제를 쉽게 이해할 수 있습니다. 역사나 과학처럼 다소 딱딱하고 부담스럽게 느껴지는 주제일수록 더욱 그렇죠. 학습만화를 통해 관심을 가지게 된 주제는 줄글로 된 책으로 확장되는 경우가 많습니다. 아이들의 독서 여정을 시작하는 데 필요한 디딤돌이 바로 학습만화입니다.

책 읽기가 어려운 부모를 위한 팁

현장에서 만난 부모님들한테서 가장 많이 받는 질문 중 하나가 "아이에게 책 읽는 모습을 보여주고 싶어도 책을 펼쳐 드는 게 고역이에요. 도무지 책과 친해지지 않는데, 도대체 어떻게 해야 할까요"라는 것입니다. 이런 이야기를 들을 때마다 "일단 책을 펼쳐라. 그리고 책 가운데 스마트폰을 올려둔 채 책 읽는 시늉이라도 하라"고 조언합니다. 일단 부모가 책 읽는 모습을 아이에게 보여주는 게 중요하다는 뜻입니다. 책 읽기가 어려운 부모라면 아이와 똑같이 쉽고 재미있는 내용의 책부터 시작할 것을 권합니다.

부모가 먼저 책 읽는 모습을 보이고, 책과 친근해지는 환경을 조성하고, 아이의 관심사를 존중하고 지원한다면 아이는 평생 독서를 즐기는 사람으로 성장할 것입니다.

독서 여정에 디딤돌이 되어 주는 학습만화

3~4세는 책과 친밀감을 형성하기 가장 좋은 시기입니다. 그러므로 아이의 흥미를 존중하며 다양한 책에 노출시키고, 책 읽기를 즐거운 활동으로 만들어 줘야 합니다. 특히 이 시기에 아이는 새로운 책을 찾는 동시에 좋아하는 책을 수없이 반복해 읽습니다. 이런 과정을 통해 아이는 스스로 내용을 이해하고, 문장과 단어를 깊이 있게 익히는 경험을 합니다. 부모의 시선에서는 '단순 반복'이 지루하게 생각될 수 있지만, 아이들에게는 안정감과 자신감을 키워 주는 중요한 과정입니다.

3~4세 책 육아 실천 가이드, 언어와 호기심 발달

- **도서 종류:** 친숙한 사물이나 동물이 나오는 그림책, 리듬감 있는 반복 구조의 그림책, 의성어와 의태어가 많은 책, 역할놀이와 연결되는 책, 이야기 구조가 있는 그림책
- **지도 방법:** 이때는 언어 능력이 급격히 발달하고 이야기에 대한 흥미가 높아지는데, 반복적인 문장과 리듬감 있는 언어, 상상력을 자극하는 그림이 포함된 책이 효과적입니다. 또한 부모와의 상호작용을 통해 독서의 즐거움을 경험하는 것이 중요합니다.
  ① 질문을 던지며 대화를 나누고, 이야기 속 감정을 함께 표현해 주세요.
  ② 의성어·의태어를 풍부하게 사용해 읽기의 재미를 더해 주세요.
  ③ 반복되는 문장을 자연스럽게 따라 하도록 유도해 주세요.
  ④ 그림을 보며 "이게 뭘까?" 같은 질문을 던져 상호작용을 늘려 주세요.

영어책,
엄마와 아이가 함께 시작한 도전

개인적으로 영어를 잘하지 못합니다. 그럼에도 학원 대신 책과 영상을 활용하는 엄마표 영어를 선택했습니다. 당시 정보가 많지 않다 보니 '돌 영어책 추천' '유아 영어책 추천' 등 검색을 통해 적합한 책을 골랐던 기억이 납니다.

아이에게 영어를 노출시킨 건 돌 무렵부터였습니다. 영·유아 자녀를 둔 부모라면 누구나 한번은 펼쳐 보는 에릭 칼(Eric Carle)과 앤서니 브라운(Anthony Browne) 작가의 책을 영어판으로 구매한 게 시작이었죠.

그리고 영어로 된 영상을 보고 원서를 읽히면서 자연스럽게 언어 환경을 조성했습니다. 특히 슈퍼심플송, 페파피그, 알파블록스, 찰리와 미모, 투피앤비누, 세라앤덕, 까까똥꼬 시몽 등은 영·유아기에 큰 도움이 되는 영상입니다. 이들 영상은 대부분 영어 원서도 쉽게 구할 수 있어 책과 영상을 함께 활용하기에 적합합니다.

엄마가 영어를 못해도 괜찮을까?

"엄마의 신통찮은 영어 발음으로 책을 읽어 줘도 괜찮을까요?"라고 질문하는 사람이 많습니다. 이 질문을 받을 때마다 "전혀 걱정하지 않으셔도 돼요"라고 대답합니다. 영어 발음이나 문법에 얽매이지 않아도 됩니다. 발음보다 중요한 것은 아이가 영어를 듣고 말하며 즐겁게 익히는 경험이기 때문이죠.

영어는 노출이 답입니다. 어릴 때부터 귀를 통해 원어민의 소리를 꾸준히 듣고 간단한 내용의 영어책을 매일 조금씩 읽는 습관이 쌓이면 아이의 영어 실력은 자연스럽게 올라갑니다. 요즘은 영어책이 잘 나와 있으니 엄마가 영어를 잘하지 못해도 아이에게 꾸준히 영어책을 노출시켜 주면 됩니다.

- **소리펜:** 영어 발음이 녹음된 소리펜은 아이가 스스로 영어를 읽고 듣는 데 큰 도움을 줍니다.

소리펜을 활용한 영어 공부

- **DVD와 오디오북:** 디즈니 영화를 영어로 틀어 주거나, 영어 오디오북을 반복해 들려주는 것도 효과적입니다.

아이들을 관찰하다 보면 그들의 언어 습득력에 깜짝 놀랍니다. 영어를 외국어로 받아들이기보다는 그냥 하나의 언어로 자연스럽게 받아들입니다. 제 아이도 마찬가지였습니다. 우리말을 조리 있게 구사하면서 영어 역시 큰 부담 없이 흡수하는 모습을 보였습니다.

엄마표 영어의 핵심

아이가 일곱 살이 되었을 때 영어유치원 레벨 테스트에 참여했는데, 결과는 놀라웠습니다. 영어유치원을 3년 정도 다닌 수준이라는 평가를 받았거든요. 이후 아이는 영어유치원을 1년 다니며 언어 능력을 끌어올렸고, 초등학교 고학년이 된 지금은 고등 레벨의 영어 학습을 하고 있습니다.

지금부터 엄마표 영어의 핵심 원칙을 공유하고자 합니다.

첫 번째, 영어 애니메이션을 적극 활용합니다. 영어 애니메이션은 아이의 흥미를 끌기에 더없이 좋은 도구입니다. 개인적으로 아이와 함께 영어 애니메이션을 시청하며 자연스럽게 언어에 노출되는 시간을 늘렸습니다. TV는 일절 보지 않았지만, 영어 애니메이션은 늘 아이와 함께 시청하려고 노력했습니다.

우리 아이가 어렸을 때는 관련 DVD를 구매해야만 영상을 보여줄 수 있었습니다. 하지만 지금은 시대가 달라져 유튜브와 같은 플랫폼을 통해 고퀄리티 영어 영상을 쉽게 접할 수 있습니다. 이를 잘 활용하면 경제적 부담 없이 폭넓은 언어 환경을 조성할 수 있죠.

두 번째, 책과 영상을 연계합니다. 아이가 흥미를 보였던 영상의 영어 원서를 구입해서 영상과 책을 동시에 접할 수 있게 했습니다. 책과 영상의 내용을 연결해서 언어에 대한 이해를 높이고 재미를 느끼도록 한 거죠.

세 번째, 꾸준히 영어를 듣는 환경을 만듭니다. 영·유아기부터 자장가나 책을 읽어 주는 시간을 영어로 진행하면서 아이의 잠자리 루

잠자리에서는 영어 '오디오'만 들려줌

틴에 자연스럽게 영어를 노출시켰습니다. 이때 중요한 건 영상을 보는 게 아니라 '듣게'만 하는 것입니다. 초등학생이 된 지금도 잠들기 전에 아이는 영어로 된 영화나 시트콤을 '오디오'로만 들으며 하루를 마무리합니다. 아이는 영어 듣기 실력이 다른 영역에 비해 뛰어난 편인데, 이것이 바로 영어 귀를 틔운 1등 공신이라고 생각합니다.

엄마표 영어의 핵심은 꾸준히, 자연스럽게 언어에 노출시키는 것입니다. 아이가 언어에 흥미를 느낄 수 있는 환경을 만들어 주고 나면 기다리고 응원해 주는 일만 남았네요. 아이 스스로 입이 트이고, 귀가 열리는 순간이 반드시 올 것입니다.

책 속의 이야기 체험하기

아이의 독서 습관이 자리 잡히면서 책의 글밥이 점점 많아지고 문장이 길어지기 시작했습니다. 이때 단순히 책을 읽는 데서 그치지 않고 책에서 본 내용을 실제로 경험하는 기회를 갖도록 하기 위해 노력했습니다. 대표적인 예로 책 전시회와 현장 답사, 해외여행을 들 수 있습니다.

먼저 전시회 관련입니다. 인플루언서임에도 제 계정 외에는 SNS를 거의 보지 않는데, 책 전시회 정보만큼은 SNS를 통해 얻곤 했습니다. 출판사 계정을 팔로해 두면 유아교육박람회나 책 전시회 일정은 물론이고 신간 그림책 소식도 바로 확인할 수 있습니다.

또한 포털에서 '책 전시회'를 검색하면 그림책 작가의 전시회나 그림책과 미술 활동을 연계한 프로그램 등 아이가 좋아할 만한 정보를 쉽게 찾을 수 있습니다. 이런 전시회는 단순히 책 읽는 것을 넘어 아이가 책 속의 이야기를 체험하고 창의력을 키우는 좋은 기회가 됩니다.

한 가지 예로 아이가 다섯 살 쯤되었을 때 무척 좋아하던 그림책 작가 앤서니 브라운이 한국을 방문한 적이 있습니다. 우리 가족은 작가를 만나기 위해 그림 전시장으로 달려갔고, 아이는 작가의 친필 사인을 받을 수 있었죠. 이 경험은 아이에게 큰 감동을 주었고, 수년이 지난 지금도 그날을 떠올리며 함께 추억을 나누곤 합니다.

그램책과 연계된 공연이나 현장 답사 활용하기

이 시기부터 그림책과 관련된 공연을 찾아보기 시작했습니다. 책으로만 보던 내용을 공연으로 접하니 아이뿐 아니라 어른도 참 재미있더

국내에서 열린 특별전에서 만난 앤서니 브라운

군요. 이제는 전 세계적으로 유명해진 백희나 작가의 《알사탕》이 뮤지컬로 제작되어 즐겁게 관람했습니다. 안녕달 작가의 《수박 수영장》도 마찬가지죠.

책에서 읽었던 내용을 공연으로 만나면 아이의 상상력이 풍부해지고, 책에 대한 흥미도 배가됩니다. 공연을 관람한 뒤 다시 책을 보면 아이는 책 속 이야기와 캐릭터를 더욱 깊이 이해할 수 있습니다. 이런 경험은 단순히 책 읽는 것을 넘어 책이 주는 즐거움과 배움을 극대화하는 데 큰 도움이 됩니다. 책은 단순히 읽는 것이 아니라 공연, 대화, 놀이로 확장될 수 있는 무한한 가능성을 지닌 도구입니다. 이처럼 다양한 경험을 통해서 아이와 책의 연결고리를 더욱 단단하게 만들어 줘야 합니다.

안타깝게도 이런 공연이나 행사는 수도권을 중심으로 열립니다. 물리적 거리상 행사 참여가 어렵다면 근처 가까운 도서관을 찾길 권합니다. 각 도서관은 유아 독서 프로그램, 작가와의 만남, 그림책 읽어 주기 시간 등 다양한 프로그램을 진행하고 있습니다. 도서관 행사는 비용 부담이 적고 접근성도 좋아서 자주 활용했던 기억이 있습니다.

두 번째, 현장 답사입니다. 예를 들면 《담》을 읽고 실제 담을 보러 갔고, 《창경궁에 가면》을 읽고 직접 창경궁에 다녀왔습니다. 또 그림책 《경주》를 통해 경주 여행을 떠나기도 했습니다.

아이가 어느 정도 자란 뒤에는 주말 외출 장소나 여행지를 정할 때 항상 아이와 의논했습니다. 아이는 주로 책에서 본 곳을 가고 싶어 했

책 속의 장소를 실제로 방문하는 현장 답사

고, 책 속의 장소를 실제로 방문하면 무척 신기해했습니다. 현장에 다녀온 뒤에도 며칠 동안 그곳에 대해 이야기하며 행복한 기억을 떠올렸습니다.

독후 활동으로 책과의 연결고리 강화하기

아이가 다섯 살이 되면서 함께 해외여행을 다니기 시작했는데, 아이의 시야를 넓혀 주기 위한 결정이었습니다. 외서에서 보던 캐릭터 인형을 현지에서 직접 구매하는 경우가 많았는데, 책의 주인공을 인형으로 갖게 된 아이는 그 책에 더 큰 애착을 보였습니다. 그 인형과 실제 친구가 된 것처럼 행동하기도 하고, 책에 인쇄된 캐릭터와 실제 캐릭터를 앞에 두고 대화를 나누기도 했습니다.

책을 읽고 난 뒤에는 놀이 활동이나 간단한 독후 활동을 통해 책의 내용을 확장했습니다. 우주 관련 책을 읽으면 우주 모형 만들기 놀이를 하고, 손바닥 그림책을 읽으면 손바닥 도장을 활용한 미술 활동을 하고, 풀과 씨앗에 관련된 책을 읽으면 씨앗 심기나 자연 관찰 활동을 하고, 지렁이가 등장한 그림책을 읽으면 지렁이 모형을 만드는 식이었습니다.

책에 나온 캐릭터를 구매해 독서에 대한 흥미를 높임

책 속의 내용을 현실에서 경험하면 아이는 단순히 책을 읽는 것을 넘어 직접 탐구하고 상상하는 즐거움을 배웁니다. 또한 여행이나 독후 활동을 통해 책과 놀이가 연결되면 책은 더 이상 공부가 아니라 즐거운 친구가 됩니다.

맞춤형 그림책 선물하기

본문에 아이가 좋아하는 물건을 담고, 표지에 아이의 이름을 넣어 '맞춤형 그림책'을 선물한 적이 있습니다. 책장을 넘길 때마다 자신이 이야기 속 주인공이 된 것처럼 눈을 반짝이며 좋아하던 아이의 모습이 생생히 떠오릅니다. 아이는 지금까지 읽을거리 이상의 의미가 담긴 그

다양한 독후 활동 기록

아이가 좋아하는 캐릭터나 물건을 넣어 만든 맞춤형 그림책

책을 소중히 간직하고 있습니다.

　맞춤형 그림책을 만들 때는 동물, 공룡, 우주, 인체 등 아이의 관심사 위주로 책의 주제를 정합니다. '지우의 모험' '태윤이가 만난 동물친구들' 등 책 제목이나 주인공 이름에 아이의 이름을 넣어 줍니다. '지우가 잃어버린 장난감을 찾으러 떠나는 모험, 탐험, 일상' 등으로 이야기를 간단하고 재미있게 구성하면 아이는 쉽게 몰입합니다. 책의 구성이 끝나면 소책자나 팸플릿을 만드는 제작사에 의뢰하면 됩니다. 아이의 기억 속에 깊고 진한 추억을 남길 수 있는 좋은 방법이 아닐까 싶습니다.

하나에 꽂히는 아이들

당시 딸아이는 '사람의 몸'에 꽂혀 인체와 관련된 책을 다양하게 보고 싶어 했습니다. 아이가 아직 어리다고 꼭 쉬운 책만 보여주어야 한다고 생각하지 않았기 때문에 인체와 관련된 도서와 교구를 한글과 영어판으로 모두 샀습니다. 물론 한글을 잘 모를 때라서 아이는 그림 위주로 보았지만, 그러면 뭐 어떤가요! 아이가 인체에 대해 다양한 시각으로 탐구할 기회를 열어 주는 것이 목적이니, 그것으로 충분합니다.

사람의 몸, 즉 인체에 관심이 꽂혀 있던 시기

이 시기에 아이들은 뭔가에 꽂히는 것 같습니다. 남자아이는 흔히 자동차, 여자아이는 동물이나 특정 캐릭터에 관심을 보입니다. 이때 관련된 그림책을 다양하게 읽어 주고, 해당 주제와 관련된 영어책도 함께 보여주면 효과적입니다. 아이가 책의 내용을 꼭 이해하지 못해도 괜찮습니다. 이 시기에는 책의 내용보다 책을 통해 흥미를 확장하고 책과 친해지는 것이 무엇보다 중요합니다.

아이는 종종 어른이 가진 고정관념을 뛰어넘는 관심과 호기심을 보여줍니다. 예상하지 못한 주제에 빠져들기도 하고, 엉뚱한 주제를 깊이 파고들어 부모를 당황하게 만들기도 하죠. 이런 모습을 존중하고 다양한 경험을 제공한다면 아이의 시야는 더욱 넓어질 것입니다.

5세 책 육아 실천 가이드, 상상력과 사회성 발달

- **도서 종류:** 반복적인 구조의 전래동화, 창작 그림책(상상력을 키울 수 있는 이야기), 감정을 다룬 그림책(감정을 이해하고 표현하는 방법을 보여주는 이야기), 자연 탐구 그림책(자연과 주변 환경)

- **지도 방법:** 이 시기의 아이들은 상상력이 풍부해지고, 이야기의 흐름과 단순한 인과관계를 이해하는 능력이 발달합니다. 또한 이 시기에는 감정을 언어로 표현하는 능력을 키우는 것이 중요합니다. 또래와 함께하는 놀이를 통해 감정을 표현하는 방법과 공감 능력을 기르고, 독후 활

동을 통해 상상력과 창의력을 확장할 수 있도록 지도해야 합니다. 특히 아이가 제 생각을 자연스럽게 표현할 수 있도록 도와주는 것이 핵심입니다. 책 속 상황을 현실과 연결하며 상상력을 키우고 균형 잡힌 논리적 사고를 하도록 다양한 질문을 던지는 것이 효과적입니다.

① 주인공의 감정을 물어보며 아이가 자연스럽게 공감할 수 있도록 유도하세요.

② 책을 읽고 나서 아이가 자신의 경험과 연결하여 이야기할 수 있도록 질문을 던져 보세요.

③ 아이가 책을 통해 자신의 생각을 자유롭게 표현하도록 칭찬하고 격려해 주세요.

④ 상상력과 창의력을 키울 수 있도록 독후 활동을 함께 진행하세요. (예: 역할을 바꿔 가며 역할극 놀이하기 등)

5~6세, 아이의 상상력과 호기심을 키우는 중요한 시기

아이가 여섯 살쯤 되었을 때 제주도에서 한 달 살기를 하고 그곳이 너무 좋아서 일 년 동안 제주살이를 결심하고 실행했습니다.

제주에는 예쁜 독립 서점이 많아서 아이에게 잊을 수 없는 추억을 선물해 주었죠. 특히 기억에 남는 서점은 사슴책방입니다. 사슴책방은

너무나도 예쁜 독립 서점 사슴책방

단순히 책을 파는 공간이 아니라 그 자체로 예술적이고 따뜻한 분위기를 자아내는 특별한 서점입니다. 책을 읽고 고르고 쉬는 동안 자연스럽게 책과 교감할 수 있는 공간이었죠. 그림책이 주를 이루는 이곳은 책을 좋아하지 않는 아이들도 금세 매료될 만큼 매력적입니다.

제주에서 추천하고 싶은 두 번째 서점은 2019년 문을 연 소리소문(小里小文) 책방입니다. 이곳에 들어선 순간 책방을 가득 채운 책에서 풍겨 나오는 종이 냄새가 마음을 사로잡습니다. 아이는 책방에 들어섰을 때 나는 종이 냄새를 특히 좋아하는데, 저보다 아이가 더 강하게 이 냄새를 사랑합니다. 소리소문은 '작은 마을에 작은 글'이라는 뜻을 가졌는데, 주인 부부가 작지만 알곡 같은 활자와 책이 널리 퍼져 나가기

'죽기 전에 꼭 가 봐야 할 세계의 서점 150'에 이름을 올린 소리소문

를 바라는 마음으로 지었다고 합니다. 우리나라 서점 중 최초로 벨기에 란누출판사가 선정한 '죽기 전에 꼭 가 봐야 할 세계의 서점 150'에 이름을 올린 곳으로, 책을 사랑하는 사람이라면 놓칠 수 없는 곳입니다.

세 번째로 추천하고 싶은 서점은 노란우산 책방입니다. 이곳은 알록달록한 그림책 표지로 내부가 장식되어 있어서 아이와 함께 방문하기에 특히 좋습니다. 이 책방의 벽에는 출판사나 책과 관련된 일을 하는 사람의 명함이 가득 붙어 있습니다. 개인적으로 명함 한 장을 남겨 두고 온 추억이 있죠. 단순히 책을 고르고 읽는 공간을 넘어 책과 관련된 사람들의 이야기가 녹아 있는 특별한 장소였습니다.

서점 방문 외에도 다양한 활동을 병행하며 아이의 흥미와 상상력을

아이와 함께 방문하기에 좋은 노란우산

키워 왔습니다. 퍼즐과 블록, 원목 교구, 가베, 자석 블록 등 다양한 교구를 이용해 놀이와 학습을 결합시키기 위해 노력했던 시기입니다.

한 가지 예로 그림책《수박 수영장》을 보고 수박으로 실제 수영장을 만들어 보기도 했고, 영어책을 읽은 뒤에는 그림 그리기나 미술 놀이 등 창의적 활동으로 책의 내용을 확장했습니다. 종이접기 놀이도 자주 했는데, 어린이 종이접기 급수증이 있다는 걸 알고 급수증에 도전해 성취감을 키우기도 했습니다.

그러고 보니 종이를 접고 오리고 붙이는 활동이나 블록, 레고, 다양한 실험 놀이 등 아이가 어릴 때부터 손을 사용하는 놀이로 책의 내용을 표현하는 활동을 자주 했네요. 공룡 책을 읽고 나서 모래 놀이로 공룡 월드를 만들거나 상상 속 마을을 꾸미면서 놀이로 확장하는 식이었죠.

그림책《수박 수영장》을 보고 나서 먹고 남은 수박으로 만든 수영장

다양한 체험을 통한 자연스러운 학습

이 시기에 아이는 유독 보드게임을 좋아했습니다. 방 한쪽에 보드게임장을 따로 둘 정도로 많은 게임을 즐겼습니다. 그런데 공부를 위한 학습이 아님에도 놀이를 하다 보니 학습이 저절로 되는 효과를 봤습니다. 한자 공부를 따로 하지 않았는데도 게임을 통해 절로 익히게 되는 식이었죠.

책에서 본 새로운 정보나 더 알고 싶은 것은 눈앞의 사물로 다시 만들어 보고 표현하며 경험을 확장했습니다. 독후 활동이라고 해서 거창하고 복잡한 준비물이 필요한 것은 아닙니다. 집에 있는 물건만으로도 충분히 재미있고 창의적인 활동을 할 수 있습니다.

공룡 책을 읽고 나서 모래로 만든 공룡월드

한쪽 벽면을 가득 채운 보드게임

한 가지 예로 '달의 변화'를 다룬 책을 읽은 뒤 오레오 쿠키로 달의 변화를 재현했고, 오레오 대신 오이를 잘라 달 모양의 변화를 관찰하기도 했습니다. 이 과정에서 아이는 안전칼 사용법을 배우게 되었죠.

만약 오늘 읽은 책의 주인공이 곰이라면 다음과 같은 간단한 활동을 할 수 있습니다. 먼저 곰과 관련된 다른 그림책을 찾아 함께 읽습니다. 두 번째, 이를 활용해 곰을 접어 보거나 스케치북에 곰을 그려 봅니다. 세 번째, 곰을 주제로 아이와 함께 이야기를 나눕니다. 네 번째, 곰 흉내를 내며 놀이를 합니다.

이런 활동은 별다른 준비 없이도 책의 이야기를 확장하고 아이와 교감할 기회를 만들어 줍니다. 독후 활동을 너무 거창하게 생각해 부담스러워하지 말고 책에서 본 내용을 아이와 함께 간단한 활동으로 연결하면 됩니다. 중요한 것은 아이가 책의 내용을 다양한 방식으로 느끼고 즐기도록 돕는 것입니다.

운 좋게도 집에서 일할 수 있는 직업을 가졌기에 집을 떠나 한 달 살기나 일 년 살기가 가능했습니다. 하지만 이런 경험이 반드시 필요하다는 뜻은 아닙니다. 현실적으로 이런 선택이 쉽지 않다는 것도 잘 알고 있습니다.

그러나 아이를 새로운 환경에 노출시켜 주는 것은 매우 중요합니다. 이전과 다른 환경은 아이의 상상력과 호기심을 자극하고, 더 넓은 세상을 보게 만드는 계기가 됩니다. 꼭 멀리 떠나야 할 필요는 없습니다. 주말에 집 근처 공원이나 교외로 짧은 나들이라도 떠나는 겁니다.

'달의 변화'를 다룬 책을 읽은 뒤 오이와 오레오 쿠키로 이를 재현함

당연히 몸은 피곤하겠지만, 좀 더 힘을 내어 아이에게 새로운 경험을 선물하길 바랍니다. 만약 이조차도 여의치 않을 때는 책을 선물하는 겁니다. 책은 아이가 직접 경험하지 못하는 환경을 상상하게 하고, 무한한 세계를 탐험할 기회를 제공합니다.

사실 제가 아이에게 제공한 경험은 책 속 세상과 비교하면 집 앞 공원을 산책하는 수준입니다. 이런 이유로 서점이나 도서관 투어를 적극 추천하고 싶습니다. 책 한 권으로도 아이의 세상은 얼마든지 확장될 수 있습니다.

만들기 활동의 효과

책에서 만난 인물과 친밀감을 느끼도록 돕는 데 있어 만들기 활동은 큰 역할을 합니다. 딸아이가 특히 좋아한 인물은 유관순과 세종대왕이었습니다. 아이와 함께 종이로 한복을 만들어 꾸미거나 태극기를 그리며 유관순 열사에 대한 이야기를 나눴고, 자음과 모음을 종이로 잘라 붙이며 훈민정음 놀이를 했습니다.

이런 활동을 통해 아이는 역사적 인물에 대해 친밀감을 느끼면서 그와 관련해 조금씩 관심을 가지기 시작합니다. 앞서 말한 캐릭터 인형과 책의 관계와도 비슷합니다. 만들기를 통해 책에 등장한 역사적 인물이 아이에게 친근한 존재로 다가오는 거죠.

이 시기가 되면 세계 여러 나라에 대한 관심이 점차 생겨납니다. 이때 프랑스 이야기를 읽고 블록으로 에펠탑을 만들어 보거나, 일본에 대한 책을 읽고 종이접기를 함께해 보는 겁니다. 세계 여러 나라의 전통 의상이나 음식과 관련된 만들기 놀이를 통해 새로운 문화에 대한 흥미를 키울 수 있습니다.

만들기 활동은 단순한 놀이가 아니라 아이가 인물과 주제에 대해 더 깊은 관심을 갖도록 만드는 강력한 도구입니다. 놀이와 학습이 자연스럽게 연결되고, 책 속 이야기가 현실에서 확장됩니다. 이런 활동은 아이의 상상력을 키우고 더 넓은 세상을 탐험하도록 돕는 데 큰 역할을 합니다.

책 속 인물과 친밀감을 느끼도록 돕는 만들기 놀이

바쁜 일상에서도 꾸준히 이어간 그림책 읽기

워킹맘이나 맞벌이 부부의 하루가 얼마나 전투적인지 그 누구보다 잘 알고 있습니다. 집에서 일을 했지만 한창 인플루언서로 성장할 때라 그 누구보다 바쁜 일상을 보냈습니다. 그렇다 보니 많은 시간을 아이에게 투자하거나, 매일 다양한 활동을 해주지는 못했습니다.

하지만 그림책 읽기만큼은 꾸준히 이어갔습니다. 바쁜 날은 남편이 대신 읽어 주었는데, 책 한 권 읽어 주는 것조차 벅찬 날도 많았지만 하루도 빠지지 않고 읽어 주려는 노력만큼은 포기하지 않았습니다.

아이가 책을 좋아하지 않는다면 오늘부터 잠자리 시간에 하루 한 권 읽어 주는 것부터 시작하길 추천합니다. 그러다 보면 아이는 어느

초등학생인 지금은 잠자리에 누워 혼자 책을 읽음

순간 책 읽기가 일상의 일부가 되었음을 깨닫게 됩니다. 오늘 한 권, 내일 또 한 권 이렇게 노력하다 보면, 어느 순간 잠자리에서 아이가 책을 찾기 시작할 것입니다. 정말이라니까요!

6세 전후는 아이의 상상력과 호기심을 키워 주어야 하는 중요한 시기입니다. 매일 꾸준히 책을 읽고, 놀이와 연결해 흥미를 더하면 책은 아이에게 끝없이 확장되는 세상의 창이 됩니다. 오늘 한 권의 책으로 아이와 함께 특별한 여정을 시작해 보세요.

6세 책 육아 실천 가이드, 논리적 사고 발달

- **도서 종류:** 도덕적 교훈이 담긴 전래동화, 명작 동화, 창작 그림책(공상과학, 모험 이야기), 감정을 다룬 그림책(감정 조절하는 방법을 보여주는 이야기), 성장 그림책(친구, 가족, 배려, 나눔 등), 사회탐구 그림책(과학·자연·역사)
- **지도 방법:** 이 시기의 아이들은 이야기 속 사건의 원인과 결과를 이해하고, 논리적으로 사고하는 능력이 점점 발달합니다. 또한 친구 관계 속에서 규칙과 도덕성을 배우며, 스스로 읽기와 쓰기에 대한 관심도 높아지는 시기입니다. 단순히 이야기를 듣는 것에서 나아가 책과 상호작용하며 깊이 있는 대화를 나누는 경험이 중요합니다. 부모는 아이가 책을 읽거나 들으면서 떠올리는 질문을 적극적으로 받아주고, 책과 대화하는 방식으로 독서를 즐기도록 도와주는 것이 좋습니다.
  ① "주인공은 왜 이렇게 행동했을까?" "이 책의 다음 이야기는 어떻게

될까?" "주인공이 ~과 같은 일을 하지 않았다면 어떤 일이 일어났을까?" 등의 질문을 통해 사고력을 키울 수 있는 대화를 나눠 주세요.
② <u>스스로 읽기에 도전</u>할 수 있도록 쉬운 문장이 포함된 책을 선택해 주세요.
③ 책과 연결된 독후 활동을 통해 자기 생각을 표현하도록 도와 주세요.
 (뒷이야기 상상해서 그리기, 이야기 속 장면 그림으로 표현하기 등)

7세, 책과 평생 친구가 되다

아이의 의욕을 키워 주고 싶지만 방법을 몰라 고민하는 부모가 많습니다. 그렇다면 '의욕'은 어디서 시작될까요? 부모의 칭찬과 격려만 있으면 의욕이 발현될까요? 안타깝게도 그렇지 않답니다. 인간의 의욕은 뇌의 전두엽 기능과 밀접한 관련이 있으며, 특히 '시각 기능'의 영향을 크게 받는다고 합니다. 이때는 눈의 기능이 중요한데, 시각 기능이 강화될수록 전두엽이 활성화되면서 의욕이 자연스럽게 샘솟는다고 해요.

그렇다면 시각 기능을 효과적으로 향상하는 방법은 무엇일까요? 바로 '야외 활동'입니다. 많은 연구에 따르면, 바깥에서 뛰어놀며 느끼는 다양한 시각적 자극은 눈의 기능을 강화하는 것은 물론 두뇌 발달에도 큰 영향을 미친다고 해요. 예를 들어 자전거 타기, 달리기, 장애물을 넘는 과정에서 시선이 빠르게 전환되고, 자동차나 구름 또는 바닥에서 굴러가는 나뭇잎의 움직임을 눈동자가 따라가고, 꽃이나 벌레처럼 가까운 사물을 주의 깊게 들여다보는 과정이 전두엽의 활성화를 촉진시킨다고 합니다. 여기에 중요한 포인트가 있습니다. 아이들은 무엇이든 자신이 보고, 듣고, 느낀 것을 '연결해서 경험'하려고 합니다. 저는 이를 탐구 본능이라고 합니다.

예를 들어 자동차나 버스에 흥미를 느낀 아이는 책을 통해 엔진이나 바퀴의 원리를 배우고, 실제 차량에 탑승했을 때 자신이 읽었던 내용을 떠올리며 직접 확인하려고 합니다. "이게 바로 책에서 본 엔진이구나"라든가 "이 버튼을 누르면 문이 열리는 거였어!"라며 책의 지식과 현장 학습을 스스로 연결 지으면서 배우는 거죠.

이처럼 아이들은 단순히 정보를 습득하는 데 그치지 않고, 자신의 경험과 결합해 이해를 확장하는 과정을 거칩니다. 따라서 부모가 아이의 관심사를 존중하고, 관련된 책을 제공하거나 직접 경험할 기회를 만들어 주는 것이 중요합니다. 책과 현실이 맞닿을 때 아이의 탐구심과 사고력은 한층 더 깊어지기 때문입니다.

만약 아이가 특정한 주제에 열중하고 있다면 "자동차 전문가가 다 됐구나!"와 같은 긍정적인 피드백을 해주며 아이가 지식을 탐구하는 즐거움을 지속하도록 도와주는 것이 좋습니다.

몸으로 느껴요

곤충을 좋아하는 아이라면 곤충을 잡아 도감과 비교해 볼 것이고, 식물을 좋아하는 아이는 직접 식물을 키우려고 할 것입니다. 딸아이 역시 어릴 때부터 동·식물을 키우는 것을 좋아했습니다. 그래서 주말이면 캠핑, 텃밭 체험, 낚시 등 야외 활동을 함께하며 자연 속에서 시간을 보냈습니다. 그렇게 다양한 경험을 쌓으며 아이는 자연스럽게 생태계의 원리를 익히고, 관찰력과 호기심을 키워 나갔습니다. 몸으로 부딪치며 배우는 과정에서 아이는 책으로만 접했던 지식을 직접 확인하고, 사고의 폭을 넓혀 갔습니다. 야외 활동이 단순한 놀이를 넘어 아이의 교육과 성장에 얼마나 큰 도움이 되는지 몸소 느낄 수 있었던 시간이었습니다.

이 시기에 딸아이는 현미경으로 모든 사물을 관찰하는 데 푹 빠져 있었습니다. 특히 손에 들고 다닐 수 있는 작은 현미경은 아이에게 최애 도구였죠. 아이는 엄마 아빠의 콧구멍, 얼굴, 귓구멍 등 주변에 있는 모든 것을 관찰했습니다. 궁금한 것이 생기면 어디든 들고 다니며 자신만의 작은 탐구를 이어가는 모습이 참 재미있고 즐거워 보였습니다.

아이의 생각과 지식, 경험을 하나로 연결시켜 주는 야외 활동

현미경으로 모든 사물을 관찰하던 시기

아이는 식물에 관심이 많아서 콩나물, 파, 버섯, 토마토 등을 직접 키워 수확하기도 했습니다. 곤충과 동물도 빼놓을 수 없죠. 아이 덕분에 사마귀, 소라게, 햄스터, 물고기를 비롯해 프랑스 공벌레까지 키워 보았습니다. 그중 배추흰나비 애벌레를 나비로 키워 날려 보낸 경험은 정말 특별했습니다. 알 상태에서 나비가 되어 날아오르기까지 모든 과정을 직접 관찰하며, 그 신비롭고 경이로운 변화를 온전히 느낄 수 있었거든요. 나비가 날개를 말리고 스스로 날아가는 모습은 생명의 위대함과 아름다움을 그대로 보여줬죠.

물론 모든 알이 나비가 되는 것은 아니었습니다. 중간에 생명을 잃는 애벌레도 있었죠. 이런 과정을 지켜보며 생명이 얼마나 소중한지, 얼마나 힘든 과정을 거쳐야 하는지를 배웠습니다. 이처럼 곤충이나 동물을 직접 키운 경험은 그저 관찰로 끝나지 않았습니다. 키워 보지 않으면 느낄 수 없는 다양한 감정을 배우고, 탄생과 죽음이라는 삶의 자연스러운 순환을 이해하는 계기가 되었죠. 이 경험은 아이에게도 부모에게도 소중했고, 생명이 얼마나 신비롭고도 소중한 것인지 깨닫게 해 주었습니다.

아이가 사슴벌레를 키우고 싶어 한다면 이렇게 말해 주면 어떨까요.
"사슴벌레는 생명을 가진 친구이기 때문에 매일 관심을 주고 먹이도 주면서 잘 챙겨 줘야 해. 잘할 수 있다고 엄마랑 약속하면 같이 키우기로 하자. 그럼 마음의 준비가 되면 알려줘."

이렇게 하면 단순히 동물을 키우는 것을 넘어 생명의 소중함을 깨닫고, 책임감을 기르는 기회가 될 수 있습니다. 그리고 엄마와의 약속을 지키기 위해 노력하는 아이의 모습도 지켜볼 수 있고요.

나비가 되어 날아간 배추흰나비 애벌레

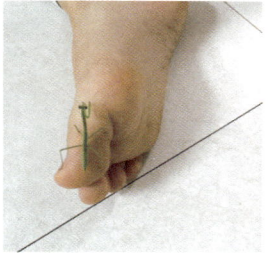

사마귀의 성장 과정

아이들은 늘 무언가를 키워 보고 싶어 합니다. 물론 동·식물을 기르게 되면 늘 그렇듯 부모의 몫, 아니 더 정확히 말하면 '엄마의 몫'이 될 확률은 99%입니다. 그래서 애초에 생각도 하지 말라고 엄포를 놓는 부

아이가 직접 키운 동·식물

모도 많습니다. 하지만 동·식물 키우기는 생명에 대한 이해를 높이고, 아이의 성장을 돕는 데 유익한 활동입니다. 이 과정에서 아이는 생명을 존중하는 태도뿐 아니라 꾸준히 돌보고 책임지는 법을 배우게 됩니다.

책, 꼭 많아야 할까?

이사할 때마다 이삿짐센터 직원들은 공통적으로 "이렇게 책이 많은 집은 처음 봅니다. 도서관보다 책이 더 많은 것 같아요"라고 말합니다. 그러고는 마지막에 "혹시 아이를 서울대에 보내시려는 건가요?"라고 묻곤 합니다.

아이가 공부를 잘하는 것도 물론 좋지만, 개인적으로 더 중요한 목표가 있습니다. 아이가 책을 평생 친구로 삼아 살아가는 행복한 삶을 누리는 것입니다. 책이 주는 지혜와 위로는 학교 성적이나 입시에 국한되지 않으니까요.

이런 생각을 이야기하면 "집에 책이 많아야 아이가 책을 좋아하는 환경을 만들어 줄 수 있는 거 아니냐"라고 반문하는 사람이 많습니다. 하지만 절대 그렇지 않습니다. 사실 집에 책이 많은 이유는 딸아이가 다양한 분야의 책을 읽는 걸 좋아하는 것도 있지만, 엄마인 제가 책과 관련된 일을 하기 때문입니다.

책 육아를 위해 집에 책이 많을 필요는 없습니다. 거실 한쪽 벽이나 아이가 자주 지나다니는 공간에 전면책장을 두고, 언제든지 책을 볼 수 있는 환경을 만들어 주는 것만으로도 충분합니다. 또한 지역 도서관을 활용하는 것도 훌륭한 방법입니다. 도서관에서 아이가 관심을 보

아이의 성장과 함께 계속 변하는 거실의 모습

이는 책이 있다면, 그 책만 골라 구입하면 됩니다. 중고 거래 플랫폼을 잘 살펴보면 새 책 같은 중고 도서를 저렴한 가격에 살 수 있습니다. 매번 새 책을 사 주기보다 이런 경로를 통해 다양한 책을 접하도록 도와주는 게 좋습니다.

서두르지 말고, 그러나 쉬지도 말고!

책 육아의 핵심은 단순합니다. 아이가 손만 뻗으면 책을 집을 수 있는 환경을 만들어 주고, 자연스럽게 책과 친해질 기회를 제공하는 것입니다. 비싼 전집이나 화려한 책장보다 중요한 것은 책을 통해 아이의 호기심과 상상력을 키워 주는 부모의 꾸준한 관심과 노력이 아닐까요. 아이의 곁에 늘 책이 있고, 그 책이 아이의 마음을 두드린다면 그 자체로 이미 훌륭한 교육이 됩니다.

책 육아를 하며 흥미로운 점 하나를 발견했습니다. 딸아이가 다양한 분야의 책을 즐겨 읽는 편임에도 표지나 본문 그림체가 마음에 들지 않거나 제목이 어렵게 느껴지면 선뜻 손을 뻗지 않더군요. '인공지능' '미래 과학' 등 딱딱하고 어려운 제목의 책도 잘 선택하지 않았습니다. 그럴 때면 아이를 다그치지 않았습니다. 억지로 책을 읽으라고 강요하기보다 기다려주는 것을 택했죠. 사실 이런 주제는 어른도 흥미를 느끼기가 쉽지 않습니다.

그래서 아이의 눈에 잘 띄는 전면책장에 관련 도서를 진열하거나 아이 시선에 맞춘 책장 높이에 선택받지 못한 책들을 꽂아 놓았습니다. 그런데 어느 순간부터 아이가 외면했던 책들에 관심을 보이기 시작했습니다. 어떤 책은 책꽂이에 꽂힌 지 2년이 지나서야 비로소 아이의 손에 들리기도 했습니다.

책 육아의 진정한 비결은 '천천히, 꾸준히'입니다. 아이가 마음의 문을 열 때까지 기다려주어야 합니다. 자연, 동물, 스포츠, 만화, 미술 등 아이가 편안하게 다가갈 수 있는 책을 먼저 접하도록 도와주어야 해요. 독서보다 중요한 것은 책이 즐거운 경험이 되어야 한다는 사실입니다. 아이가 학습하기 쉬운 분량으로 나눠 항상 작은 성공을 경험하게 하면 배움을 즐기는 아이로 자라납니다. 독서를 좋아하는 아이들은 새로운 것을 배우는 걸 재미있어 하고, 스스로 정보를 찾아보는 습관을 갖게 됩니다. 학습을 부담스럽게 여기기보다는 자연스럽게 받아들이게 되는 거죠.

결국 유아기의 독서 습관은 초등학교 이후 학습을 즐겁고 수월하게 만들어 주는 강력한 힘이 됩니다. 아이가 자연스럽게 책과 친해질 수 있도록 부모가 따뜻한 마음으로 독서 환경을 만들어 주는 것이 중요합니다.

CHAPTER 3

아이와 함께 방문하면 좋을 해외 서점 및 도서관 List

해외 서점 방문기

 어릴 때부터 아이에게 지구본과 세계 지도를 자주 보여주며, 함께 여행하고 싶은 나라와 그 이유에 대해 이야기하는 시간을 많이 가졌습니다. 또한 아이의 상상력을 자극하기 위해 거실 창문에 세계 지도가 인쇄된 블라인드를 걸어 두어 집 안에서도 자연스럽게 세계 곳곳을 꿈꾸고 탐험하는 분위기를 조성했습니다. 그 결과 책에서 만난 세계를 실제로 보고 싶다는 호기심이 싹트기 시작했고, 그렇게 우리는 여행을 떠나게 되었습니다.

 여행지를 정하고 항공권을 예매하기 전, 가장 먼저 한 일은 서점의 위치를 검색하는 것이었습니다. 누군가에게는 이색적이고 낯설게 느껴지는 일일 수도 있겠지만, 우리 가족에게는 자연스러운 현상이었죠. 여행을 계획할 때 중요한 체크리스트 항목 가운데 하나가 바로 '현지 서점 방문'이었으니까요. 누군가는 파리라 하면 에펠탑을 떠올리고, 런던이라 하면 버킹엄궁전을 떠올립니다. 하지만 우리는 "파리에서 가장 예쁜 어린이 서점은 어디일까?"를 가장 먼저 검색했습니다.

세계 지도가 인쇄된 거실 블라인드

도시마다 서점의 분위기는 참 달랐습니다. 어떤 곳은 동화 속에 들어온 듯 아기자기하고, 또 어떤 곳은 고요하고 진중한 분위기에서 아이들의 책장을 넘기는 소리가 낭독처럼 들리기도 했습니다. 책 제목이 낯선 언어로 쓰여 있어도 그림은 말을 걸어오듯 가까이 다가왔고, 아이는 표지를 만지며 새로운 이야기의 시작을 상상하곤 했습니다. 낯선 나라의 언어와 서체, 책장에 책이 꽂힌 방식조차 아이에게는 신기한 자극이 되었죠. 그렇게 서점은 언제나 우리 가족 여행에서 빼놓을 수 없는 필수 방문지가 되었습니다.

우리는 서점에서 책을 사는 것에 그치지 않고 그 나라 사람들의 문화를 느끼고, 아이와 함께 나눌 수 있는 이야깃거리를 발견하곤 했습니다. 때로는 아이가 고른 그림책 한 권이 여행 전체의 테마가 되기도 했습니다. 아이가 호주의 한 서점에서 고른 시드니를 소개한 그림책은 귀국한 후 여행에서의 기억을 이어 주는 다리 역할을 하기도 했죠.

독서로 키우는 글로벌 감각

서점은 단순히 책을 파는 장소가 아니었습니다. 어떤 도시에 가든 서점에는 그 지역의 감성이 고스란히 담겨 있습니다. 책을 좋아하는 사람들의 시선, 책장을 넘기는 손끝, 어린이 책 코너에 앉아 그림책을 읽는 현지 아이들의 웃음까지. 그런 풍경 속에서 우리 아이는 세상을 바라보는 눈을 넓혀 갔습니다.

어느 날 아이가 "엄마, 다음엔 어느 나라 서점에 가요?"라고 물었습니다. 그 순간 깨달았습니다. 우리가 함께 만들어 가고 있는 이 여행은 단지 장소를 옮기는 여정이 아니라 '책이라는 창을 통해 세상을 만나는 특별한 방법'이라는 것을요.

책을 읽는다는 것은 단지 지식을 쌓는 행위에 그치지 않습니다. 아이가 책을 통해 접하는 세계는 현실의 경계를 넘어 다른 문화와 사람, 다양한 생각과 감정으로 자연스럽게 연결되는 시작점이 됩니다. 나이와 장소, 언어의 장벽을 넘어 아이를 어디로든 데려다줄 수 있으니까요.

어릴 적 읽었던 동화 속 이야기가 어른들의 머릿속에 오래 남아 있는 것처럼 아이도 책 속에서 본 '낯선 세상'에 대한 이미지를 오랫동안 마음에 품고 살아갑니다. 그리고 언젠가 실제로 그 땅을 밟았을 때 책 속에서 먼저 느꼈던 설렘과 감탄이 현실 속 감각으로 되살아나죠.

"아, 여기가 바로 그 책에 나왔던 곳이구나!"

독서와 현실이 연결되는 마법 같은 순간입니다.

책은 아이에게 '타인을 상상하는 힘'을 길러 줍니다. 얼굴과 이름이 다른 사람의 마음을 이해하게 만들고, 다른 언어와 문화 속에서도 공통된 감정을 찾아내게 해줍니다. 슬픔과 기쁨, 외로움과 용기…… 이런 감정을 이야기 속에서 먼저 만나보았기 때문에 실제 상황에서도 더 따뜻하게, 더 깊이 있게 타인을 바라보게 됩니다. 이것이야말로 책 육아가 주는 가장 근본적이면서도 강력한 힘이 아닐까요.

책은 아이의 언어 능력을 키워 주고, 지식을 확장해 주며, 공부의 기초를 다지게 해줍니다. 하지만 그보다 더 소중한 것은 바로 '세상을 향해 열린 마음'을 만들어 준다는 사실입니다. 다양한 나라의 그림책을 함께 보고, 낯선 언어로 된 표지를 손가락으로 짚으며 "이건 무슨 뜻일까?"라고 묻는 순간마다 아이는 조금씩 생각의 경계를 허물고 있는 겁니다. '우리'만의 세계에 갇히지 않고, '남'의 세상에도 따뜻한 시선을 보낼 줄 아는 아이로 자라나고 있는 거죠.

그래서 책 읽는 시간은 단순한 독서가 아니라 '세상과 연결되는 연습'이라고 생각합니다. 책 속에 나오는 이름 모를 마을, 아직 가 보지 못한 바다, 이상하고 기묘한 이야기 속 인물 모두가 아이의 세계를 넓히는 다리가 되어 줍니다. 그렇게 책을 통해 확장된 아이의 시선은 언젠가 진짜 세계를 만났을 때 더 깊고 풍요로운 경험을 만들어 줍니다.

결국 '책 육아'는 단지 '책을 많이 읽는 아이를 만드는 것'이 아니라 '세상을 따뜻하게 바라보는 아이를 키우는 일'이라고 믿습니다. 이 믿음을 가지고 오늘도 아이와 함께 책을 펼칩니다. 책장을 넘길 때마다 또 하나의 세계가 우리 앞에 열릴 테니까요.

지금부터는 딸아이와 함께 다녔던 수많은 해외 서점 가운데 추천하고 싶은 곳을 하나씩 소개하려고 합니다. 기회가 된다면 아이 손을 꼭 잡고 이 서점들을 한 번쯤 찾아가 보길 바랍니다. 그곳 어딘가에서 사랑하는 내 아이의 눈빛이 또 한 번 반짝이게 될지도 모르니까요.

01. MARUZEN Hakata, 일본 후쿠오카

마루젠 하카타(MARUZEN Hakata)는 140년이 넘는 전통을 가진 일본의 대표적인 서점 체인입니다. 하카타점은 2011년 JR 하카타시티 개장과 동시에 문을 열었고, 2023년 리뉴얼을 통해 800평이 넘는 공간에 약 60만 권의 서적을 보유하고 있습니다. 이곳에서 가장 사람이 붐비는 코너는 'EHONS HAKATA'라는 인기 그림책 매대입니다. 다양한 그림책과 이와 관련한 캐릭터 상품이 모여 있어 어린아이는 물론 어른에게도 큰 즐거움을 선사합니다. 딸아이가 너무도 좋아하는 '우당탕탕 야옹이' 시리즈의 작가 구도 노리코 관련 굿즈가 풍성해 신나게 구경한 서점입니다. 어린이 도서 종류도 많고, 다양한 굿즈가 있어 구경하는 재미가 있습니다.
이 서점은 하카타역과 연결되어 있어서 접근성도 매우 좋습니다. 어린아이와 후쿠오카 여행을 간다면 반드시 들러 보길 추천합니다.

- 주소: 8F 1-1 Hakataekichuogai, Hakata Ward, Fukuoka, 812-0012, 일본
- 운영 시간: 월~일요일 10:00~20:00

02. bunkitsu(文喫), 이와타야백화점 내 서점과 북카페, 일본 후쿠오카

후쿠오카 텐진 지역에 위치한 대형 백화점 이와타야를 갔다가 우연히 발견한 북카페 '분키츠(bunkitsu)'입니다. 분키츠의 한자는 '文喫'로, '문화를 누리는 곳'이라는 뜻을 가지고 있어요. 2018년 도쿄 롯폰기에 처음 문을 열었는데, 입장료를 받는 서점으로 유명세를 탔죠.

롯폰기 1호점에는 책과 독자가 일대일로 대화하는 듯한 느낌을 주는 '관람실', 여러 사람이 함께 공부할 수 있는 '연구실', 책과 차 그리고 다과를 함께 즐길 수 있는 카페 공간이 따로 마련되어 있어요.

일본에서는 공공장소에서 콘센트를 사용하는 게 쉽지 않고 행여 콘센트가 있어도 이를 사용하려면 허락을 구해야 하는데, 분키츠는 이런 상황을 고려해 컴퓨터 작업용 책상을 갖춰 놓았다고 합니다. 롯폰기 1호점에 이어 후쿠오카에 2호점, 나고야에 3호점을 오픈했다고 하니 충전이 필요할 때 참고하길 바랍니다.

우리 가족이 방문한 분키츠는 이와타야백화점 본관 7층에 위치한 2호점인데, 어린이 도서를 메인으로 다양한 굿즈를 판매하고 있었습니다. 내부가 어둡고 촬영이 어려워 사진을 남기지 못했지만, 평일임에도 많은 아이와 부모님이 앉아 책을 보고 있었습니다. 일본 아이들의 책사랑도 우리나라만큼 뜨거운 걸 알 수 있는 장면이었습니다.

- 주소: 2 Chome-5-35 Tenjin, Chuo Ward, Fukuoka, 810-8680, 일본
- 운영 시간: 월~일요일 10:00~20:00

03. TSUTAYA(蔦屋), 일본 후쿠오카

'후쿠오카시과학관'을 방문하고 나서 근처에 서점이 있다고 해서 들렀던 '츠타야(TSUTAYA)'입니다. 츠타야는 1983년 설립된 대표적인 서점으로, 일본 전역에만 1,500여 개 점포가 있다고 합니다. 단순한 서점을 넘어 책과 라이프스타일을 결합한 복합문화공간으로 유명한 곳이죠.

후쿠오카 롯폰마츠 츠타야는 지하철 롯폰마츠역과 바로 연결되어 있어서 접근성이 정말 좋습니다. 서점 자체는 우리나라의 대형 서점과 비슷한 분위기였는데, 츠타야 특유의 감성이 더해져 구경하는 재미가 쏠쏠했어요.

일본어를 잘 몰라도 책과 소품, 전시된 굿즈를 보는 것만으로도 흥미로웠고, 서점 안에 있는 카페에서 차 한잔 마시며 책을 즐길 수 있는 여유로운 분위기가 매력적인 곳입니다. 책뿐 아니라 다양한 라이프스타일 아이템도 판매하고 있으니, 후쿠오카 여행 중이라면 들러 보길 바랍니다.

- 주소: 2F, 4 Chome-2-1 Ropponmatsu, Chuo Ward, Fukuoka, 810-0044, 일본
- 운영 시간: 월~일요일 09:00~22:00

04. 上海书城(Shanghai Book City), 중국 상하이

현재 상하이슈청   과거 상하이슈청

1998년 완공된 '상하이슈청(上海书城)'은 상하이 최대 크기를 자랑하는 서점으로, 한때 상하이 10대 문화 건축물 중 하나로 손꼽혔습니다. 이곳은 제가 중국에서 유학 생활을 하던 15년 전에도 있었는데, 방대한 양의 중국 책이 모여 있는 곳으로 유명합니다. 아이에게 엄마가 생활했던 곳을 보여주고 싶은 마음에 상하이를 방문했는데, 여전히 존재하고 있어 얼마나 반가웠는지 모릅니다.

하지만 이 역사 깊은 곳도 현대화의 물결을 비켜 가지는 못했습니다. 2021년 대대적인 리모델링을 거쳐 대형 복합문화공간으로 새롭게 태어났다는 소식을 들었거든요. 현재 서점은 삼면이 웅장한 책장으로 둘러싸여 있으며, 7층 높이의 책꽂이에는 무려 10만 권의 책이 꽂혀 있다고 합니다.

볼거리가 풍성하고 어린이 도서도 다양하게 갖추고 있어, 아이들과 함께 방문하기에 더할 나위 없이 좋은 장소입니다.

- 주소: Shanghai, Huangpu, 福州路465号 邮政编码: 200127, 중국
- 운영 시간: 월~일요일 9:00~21:30

05. 誠品書店(eslite spectrum Tsim Sha Tsui), 홍콩

'성품서점(誠品書店)' 침사추이점은 에스라이트 북스토어가 홍콩에 개점한 두 번째 매장으로, 2015년 문을 열었습니다. 침사추이 스타하우스(Star House) 2, 3층을 차지한 이곳은 단순한 서점이라기보다 복합문화공간에 가깝습니다. 도서만 20만여 권, 거기에 8만여 개의 라이프스타일 아이템이 준비되어 있거든요.
주변은 빅토리아항구, 홍콩문화센터, 홍콩우주박물관, 스타의 거리 등 필수 여행 코스가 밀집해 있어 관광 후 방문하기에도 좋은 곳입니다.

- 주소: Tsim Sha Tsui, Salisbury Rd, 3號, Star House, 2-3/F, 홍콩
- 운영 시간: 월~일요일 10:00~22:00

06. 中華書局, 홍콩공항 내, 홍콩

공항에 가면 꼭 서점을 들르는 아이 덕분에 부지런히 공항 서점 순례를 다닙니다. 홍콩공항에 있는 '중화서국(中華書局)'도 그렇게 해서 발견한 곳입니다. 이곳은 1912년 상하이에서 설립된 110년이 넘는 역사를 가진 출판사입니다. 이 출판사는 단순히 책만 내는 게 아니라 서점도 운영하고 있는데 저희가 간 곳이 바로 홍콩공항 내에 있는 중화서국이었죠.

공항 내 서점답게 규모는 아담하지만 볼거리가 꽤 많습니다. 매거진부터 어린이 도서까지 다양한 책을 갖추고 있으며, 중국어 책뿐 아니라 영어 책도 많아서 선택의 폭이 넓어요. 또한 기념품 코너도 있어 남은 동전을 정리하기에 좋습니다. 각국 공항에서 이런 아담한 서점을 찾아보는 것 또한 여행의 작은 재미가 아닐까요.

- 주소: Shop 6Y591, 1 Sky Plaza Rd, Chek Lap Kok, 홍콩

07. Kinokuniya(수리아 KLCC), 말레이시아 쿠알라룸푸르

'키노쿠니야(Kinokuniya)'는 1927년 일본에서 설립된 서점으로 미국, 아시아, 유럽, 중동 등 여러 나라에 지점을 두고 있습니다. 그중 말레이시아 수리아몰(Suria KLCC)에 있는 이 서점은 동남아시아에서 가장 큰 매장으로 손꼽힙니다.

30만 권 이상의 서적을 보유하고 있는데 일본어, 영어, 말레이어, 중국어 등 다양한 언어의 서적을 구비한 것이 특징입니다. 책은 물론 문구, DVD 등 다양한 상품을 구매할 수 있어요. 어린이 도서 종류가 꽤 많아서 구경하는 재미가 쏠쏠했던 곳입니다.

- 주소: KLCC, 406-408 & 429-430, Level 4 Suria, Kuala Lumpur City Centre, 50088 Kuala Lumpur, 말레이시아
- 운영 시간: 월~일요일 10:00~21:00

08. BookXcess BX+, 말레이시아 쿠알라룸푸르

'북엑세스(BookXcess)'는 말레이시아를 대표하는 대형 서점으로 다양한 영어 원서를 저렴한 가격에 판매해 특히 엄마들에게 인기가 많습니다. 그중 'BX+'는 쿠알라룸푸르 대형 쇼핑몰 파빌리온(Pavilion KL) 6층에 위치하고 있는데, 현대적 디자인과 예술적 분위기가 서점 자체를 하나의 문화공간처럼 느끼게 합니다.

픽션·논픽션·보드북·교구·문구류 등이 섹션으로 깔끔하게 정리되어 있고, 특히 어린이 도서가 풍부한 게 장점입니다. 파빌리온에서 쇼핑을 즐기고 나서 아이와 함께 들러 보기를 추천합니다.

- 주소: Lot 6.49.01, Level 6, Pavilion Kuala Lumpur, 168, Jln Bukit Bintang, Bukit Bintang, 55100 Kuala Lumpur, Wilayah Persekutuan Kuala Lumpur, 말레이시아
- 운영 시간: 월~일요일 10:00~22:00

09. BookXcess RexKL, 말레이시아 쿠알라룸푸르

'북엑섹스 렉스케이엘(BookXcess RexKL)'은 말레이시아 쿠알라룸푸르의 상징적인 역사를 품고 있는 서점입니다. 한때 쿠알라룸푸르의 대표적인 영화관이었던 렉스극장(REX Cinema)을 복원한 공간에 자리하고 있거든요. 렉스극장은 여러 차례 화재가 일어나 폐쇄되었으나 2019년 복합문화공간 RexKL로 새롭게 태어났고, 북엑섹스는 2020년 이 공간의 일부로 문을 열었습니다. 옛 극장의 구조를 보존해 독특한 분위기를 자랑하며, 미로처럼 설계된 내부는 아이들의 흥미를 끕니다.

벽면이 책 표지로 꽉 채워져 있어 시각적으로 아름다움을 자랑하며 SNS에서 많이 올라오는 장소이기도 합니다. 실제 이곳을 제 SNS에 공유한 뒤 엄청난 관심을 받기도 했습니다. 차이나타운 근처에 있으니, 이곳에 간다면 서점도 꼭 방문해 보길 바랍니다.

- 주소: Jalan Sultan, Kuala Lumpur City Centre, 50000 Kuala Lumpur, 말레이시아
- 운영 시간: 화~목요일 10:00~22:00 / 금~토요일 10:00~24:00(월요일 휴무)

10. 誠品書店(eslite bookstore), 말레이시아 쿠알라룸푸르

'성품서점' 쿠알라룸푸르는 대만의 유명 서점 '에스라이트 북스토어(eslite bookstore)' 동남아시아 첫 번째 플래그십 스토어로, 쿠바 소설가 이탈로 칼비노(Italo Calvino)의 《보이지 않는 도시들(Invisible Cities)》에서 영감을 받아 4가지 섹션으로 나누어 디자인된 게 특징이에요. 첫 번째 섹션은 아치의 도시(The City of Arches)인데, 말 그대로 벽돌 아치로 공간이 이루어져 있습니다. 다양한 언어의 책이 전시되어 있어서 책 읽는 재미가 쏠쏠해요. 두 번째 섹션은 떠 있는 도시(The Floating City)인데, 다채로운 천막으로 활기찬 시장 분위기를 연출한 게 인상 깊었습니다. 세 번째 섹션은 물결치는 도시(The City of Rippling Waves)로, 햇빛이 물결에 반사되는 모습을 형상화했고, 마지막으로 영원의 도시(The City of Eternal Day)는 밝고 미니멀한 복도로 이루어져 있어요.

특히 성품서점 쿠알라룸푸르는 어린이 문학 전용 공간인 '에스라이트 어린이(eslite Children)'가 마련되어 있어서 아이와 함께 방문하기에 좋습니다. 우리나라 서점은 어린이 책을 비닐로 포장해 내용을 미리 볼 수 없는 경우가 많은데, 여기선 모든 책을 자유롭게 펼쳐볼 수 있습니다. 본문을 살펴보고 구매할 수 있다는 점이 특히 마음에 들었습니다.

- 주소: Level 1, The Starhill, 181 Bukit Bintang, Kuala Lumpur, 말레이시아
- 운영 시간: 월~일요일 10:00~22:00

11. 誠品書店(eslite bookstore ximen store), 대만 타이베이

1989년 대만에서 설립된 성품서점은 현재 대만에만 38개 지점이 있습니다. 앞서 소개했듯 현재 홍콩을 비롯해 중국, 일본, 말레이시아 등 여러 나라에도 진출해 있죠.

우리 가족이 방문한 성품서점 시먼점은 대만 타이베이 시먼딩(Ximending) 지역에 위치하는데, 이곳은 다양한 상점과 레스토랑, 엔터테인먼트 시설이 밀집한 번화가입니다. 시먼점은 '시먼스토어(ximen store)'라는 쇼핑몰 3층에 위치해 쇼핑을 즐긴 뒤 방문하기에 좋습니다. 드립커피를 판매하는 카페도 있어 향긋한 커피를 마시며 책을 보기에도 좋은 곳입니다.

대만 여행에서 빠질 수 없는 쇼핑리스트, NICI 브랜드의 컵홀더 키링 대만 한정판도 있으니 놓치지 마세요. 서점을 방문하고 나서 시먼딩의 활기차고 독특한 분위기를 만끽하며 산책하는 것도 추천합니다.

- 주소: 108 Taipei City, Wanhua District, Emei St, 52號3樓, 대만
- 운영 시간: 월~일요일 11:30~22:00

12. Livraria Portuguesa, 마카오

'리브라리아 포르투게사(Livraria Portuguesa)'는 마카오 중심가 후아 드 상 도밍구스(Rua de São Domingos)에 자리한 포르투갈 서점으로, 아기자기한 분위기의 공간이에요. 다양한 서적과 예술작품이 전시되어 있어서 둘러보는 재미가 있습니다.

서점 내부는 포르투갈 특유의 따뜻하고 전통적인 분위기를 물씬 풍기는데, 다양한 소품도 있어 눈요기하기 좋은 곳입니다. 특히 에그타르트 모양의 컵과 그릇은 이 서점의 시그니처 기념품으로 여행자들 사이에서 인기 만점이에요.

다양한 전시회와 문화 행사가 상시로 열리는 곳으로, 방문 전 관련 행사를 확인하면 더 알차게 즐길 수 있어요. 규모는 크지 않지만 예쁘고 정감 가는 공간으로, 포르투갈의 문화와 마카오의 매력을 느낄 수 있어 좋답니다.

- 주소: Centro Comercial Hin Lei, R. de São Domingos, 마카오
- 운영 시간: 월~토요일 11:00~19:00(일요일 휴무)

13. bestseller, 마이크로네시아몰 & 괌프리미어아울렛, 괌

서점 '베스트셀러(bestseller)'는 말레이시아를 대표하는 대형 서점으로, 우리 가족은 마이크로네시아몰(Micronesia Mall), 괌프리미어아울렛(GPO, Guam Premier Outlets) 두 지점을 방문했습니다. 이 서점은 특히 한국인 관광객에게 인기가 높은데, 쇼핑과 서점 탐방을 동시에 즐길 수 있어서 그렇지 않을까 싶습니다.

특히 괌프리미어아울렛은 우리나라보다 저렴한 가격에 다양한 의류 브랜드를 만나볼 수 있는 곳으로 유명하죠. 한국인 관광객의 필수 코스 중 하나이니, 쇼핑 후 아이와 함께 서점도 방문해 보길 추천합니다. 이곳의 책 가격은 미국 현지와 동일하며, 우리나라에서 구매하는 것보다 저렴합니다. 영어로 된 어린이 도서를 합리적인 가격으로 구매할 좋은 기회를 놓치지 마세요.

마이크로네시아몰 지점

- 주소: Marine Corps Dr, Liguan, 96929, 괌
- 운영 시간: 월~토요일 10:00~21:00 / 일요일 10:00~20:00

괌프리미어아울렛 지점

- 주소: 199 Chalan San Antonio, Apotgan, 96913, 괌
- 운영 시간: 월~일요일 10:00~21:00

14. Barnes & Noble, 알라모아나센터, 미국 하와이

미국 최대 서점 '반스앤노블(Barnes & Noble)'입니다. 우리 가족이 방문한 반스앤노블은 하와이 호놀룰루의 알라모아나센터(Ala Moana Center) 1층에 있는데, 하와이 최대 서점으로도 유명합니다. 약 20만 권의 책 외에도 다양한 DVD, 음악 CD, 매거진 등을 볼 수 있습니다. 내부에는 스타벅스를 비롯해 각종 빵과 샌드위치를 제공하는 작은 카페도 있어 지친 발을 쉬어 가기에 좋은 곳입니다. 규모가 워낙 커서 보는 재미가 쏠쏠하니 하와이 방문 시 꼭 들러보길 바랍니다.

- 주소: 1450 Ala Moana Blvd Suite 1272, Honolulu, HI 96814, 미국
- 운영 시간: 월~토요일 10:00~21:00 / 일요일 10:00~20:00

15. Pages & pages, 대니얼K.이노우에공항 내 서점, 미국 하와이

대니얼K.이노우에공항(Daniel K. Inouye International Airport)은 미국 하와이의 관문 역할을 하는 민군 겸용 공항입니다. 하와이제도에서 세 번째로 큰 섬인 오아후섬에 위치하고, 하와이주의 주도인 호놀룰루에 있어요. 이런 지리적 특성 때문에 처음 공항 이름을 들으면 '왜 일본식 명칭이지?'라는 생각이 듭니다. 원래 명칭은 호놀룰루국제공항이었는데, 2017년 5월 1일 일본계 미국인으로 하와이주 초대 연방 상원의원이자 명예 훈장 수훈자인 대니얼 이노우에 의원의 이름을 따서 대니얼K.이노우에국제공항으로 바뀌었다고 해요.

아무튼 이곳에도 기념품과 도서를 함께 판매하는 작은 서점이 하나 자리하고 있습니다. 현지에서 서점 방문을 놓쳤다면 공항 내 서점을 둘러보는 것도 좋은 선택입니다. 다만 규모가 작은 만큼 '아이와 함께 서점을 방문하는 습관을 기른다'는 생각으로 가볍게 접근해 주세요.

- 주소: Daniel K. Inouye International Airport, Honolulu, HI 96819, 미국

16. Daunt Books, 영국 런던

1990년 설립된 '돈트북스(Daunt Books)'는 영국에서 가장 유명한 서점입니다. 메릴본 하이스트리트(Marylebone High Street)에 위치한 본점을 시작으로, 런던 전역에 여러 지점이 운영되고 있습니다.

우리 가족이 방문한 메릴본 본점은 1910년 지어진 에드워드 시대의 건물에 자리 잡고 있는데, 나무 패널과 자연 채광을 극대화한 천장 디자인이 독특하고 고풍스러운 분위기를 가지고 있습니다. "이것이 바로 영국이다!"라는 감탄이 절로 나올 만큼 매력적이고 아름다운 공간입니다. 이곳의 문을 열고 들어선 순간 '그 누구도 사랑에 빠지지 않을 수 없다'라는 생각이 들 정도였습니다.

여행책 전문 서점으로 시작했지만, 현재는 다양한 장르의 서적을 판매하고 있습니다. 전 세계의 우수 도서를 서점 직원에게 직접 추천받을 수도 있으니, 아이들에게 이보다 특별한 경험이 있을까 싶네요.

- 주소: 84 Marylebone High St, London W1U 4QW, 영국
- 운영 시간: 월~토요일 9:00~19:30 / 일요일 10:00~18:00

17. Hatchards-Piccadilly, 영국 런던

1797년 설립된 영국에서 가장 오래된 서점 '해처드(Hatchards)'입니다. 런던 피커딜리(Piccadilly)에 위치한 해처드서점은 200년 넘게 이어온 역사를 증명하듯 고풍스러운 나무 책장과 클래식한 분위기로 유명합니다. 서점 문을 열고 들어가면 마치 18세기 영국으로 시간 여행을 온 듯한 느낌을 받을 정도죠.

왕실 인증(Royal Warrant)을 받은 서점으로도 화제를 모았는데, 현재도 왕실에 서적을 제공하며 왕실 구성원들의 후원을 받고 있다고 하네요. 이 서점에서 눈여겨볼 게 또 하나 있습니다. 그것은 바로 '희귀본 섹션'으로, 유명 작가의 친필 사인이 담긴 초판 도서나 희귀본을 찾는 사람에게 인기가 높다고 합니다.

3층에 있는 어린이 도서 코너는 말 그대로 사랑스럽습니다. 아이와 방문한다면 온종일 있어도 지루하지 않을 곳입니다.

- 주소: 187 Piccadilly, London W1J 9LE, 영국
- 운영 시간: 월~토요일 09:30~20:00 / 일요일 12:00~18:30

18. Foyles, 영국 런던

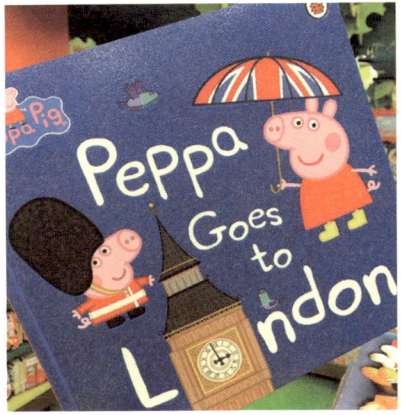 

1903년 윌리엄 포일(William Foyle)과 길버트 포일(Gilbert Foyle) 형제가 중고책을 판매하기 위해 런던에 설립한 곳으로, 100년이 넘는 역사를 자랑하는 서점이에요. 현재는 40만 권 이상의 도서를 보유하고 있는데, 문학·예술·과학·음악·아동 등 거의 모든 장르를 아우르고 있죠. 그 가운데 음악 서적은 전문 음악인들 사이에서도 명성이 높다고 해요.

2014년 찰링크로스 로드 본점은 바로 옆 건물로 이전하며 지하 1층부터 지상 5층 규모의 현대적 서점으로 재탄생했습니다. 방대한 서적 컬렉션과 현대적 분위기를 결합한 독특한 공간으로 사랑받고 있는 서점입니다.

개인적으로는 아이들이 앉아서 책을 읽을 수 있는 공간이 별도로 마련되어 있어서 정말 좋았고, 카페도 있어 가족 단위로 방문하기에 그만입니다.

- 주소: 107 Charing Cross Rd, London WC2H 0EB, 영국
- 운영 시간: 월~토요일 09:30~21:00 / 일요일 11:30~18:00

19. Waterstones Piccadilly, 영국 런던

1982년 설립된 서점 '워터스톤 피커딜리(Waterstones Piccadilly)'는 영국 전역은 물론 아일랜드, 벨기에, 네덜란드 등에 300개가 넘는 지점이 있다고 해요. 지점마다 각 지역에 맞는 특색 있는 분위기와 서적 컬렉션을 자랑하는데, 그중 런던 피커딜리에 있는 플래그십 스토어는 유럽 최대 규모로 유명합니다.

워터스톤 피커딜리는 총 6층 규모로 방대한 양의 서적과 함께 이벤트 공간, 카페, 멋진 뷰 등을 갖추고 있습니다. 책을 좋아하는 사람이라면 누구나 "천국이 바로 이런 곳이 아닐까?" 싶을 정도로 볼거리가 많아요. 더불어 예쁘고 사랑스러운 책 속 주인공들을 캐릭터 인형으로 만나볼 수 있어 더더욱 기억에 남는 곳이랍니다!

- 주소: 203-206 Piccadilly, London W1J 9HD, 영국
- 운영 시간: 월~토요일 09:30~21:00 / 일요일 12:00~18:30

20. Librairie Galignani, 프랑스 파리

1520년 베네치아에서 시작된 서점 '리브레리 갈리냐니(Librairie Galignani)'는 시모네 갈리냐니(Simone Galignani)라는 사람이 라틴어 문법서를 출판하면서 시작되었다고 해요. 1801년 파리 비비엔(Vivienne)에 첫 서점을 열었으며, 1856년 현재의 리볼리로 이전했습니다. 이곳은 유럽에서 가장 오래된 서점으로 알려져 있으며, 파리 3대 서점 중 하나로 불립니다. 목재 바닥과 고풍스러운 서가가 어우러진 독특한 분위기는 이 서점의 매력을 한껏 돋보이게 합니다. 저와 제 아이가 특히 좋아하는 곳이기도 하죠.

예술·패션·디자인 관련 서적이 풍부하고, 특히 어린이 도서 코너가 잘 꾸며져 있어서 아이와 함께 방문하기에 최적의 장소입니다.

- 주소: 224 Rue de Rivoli, 75001 Paris, 프랑스
- 운영 시간: 월~토요일 10:00~19:00(일요일 휴무)

21. Chantelivre, 프랑스 파리

'샹틀리브르(Chantelivre)'는 1974년 파리에 첫 매장을 연 어린이 도서 전문 서점으로, 5만여 종의 어린이 도서를 보유하고 있습니다. 다양한 연령대와 관심사에 맞는 도서가 준비되어 있어서 아이와 함께 방문하기에 좋은 장소예요. 2005년 추가된 성인 도서 섹션 덕분에 문학·예술·역사·요리 등 다양한 주제의 책도 만나볼 수 있습니다. 특히 동화책과 그림책을 좋아한다면 꼭 방문해 보길 추천합니다.

- 주소: 13 Rue de Sèvres, 75006 Paris, 프랑스
- 운영 시간: 월요일 13:00~19:30 / 화~토요일 10:30~19:30(일요일 휴무)

22. Brentano's, 프랑스 파리

서점 '브렌타노스(Brentano's)'는 1853년 오스트리아 출신 이민자 아우구스트 브렌타노(August Brentano)가 뉴욕에 신문과 잡지를 판매하는 가판대를 세운 것이 그 시작이라고 해요. 1870년 그는 대형 서점 브렌타노스 리터러리 엠포리엄(Brentano's Literary Emporium)을 설립하는데, 이곳은 주요 문인들의 모임 장소로 발전합니다. 그 결과 브렌타노스는 미국과 유럽의 문학계를 잇는 중요한 교류의 장이 되었죠.

우리 가족이 방문한 파리점은 1895년 문을 열었고, 리브레리 갈리냐니와 더불어 파리에서 가장 오래된 서점 중 하나로 불립니다. 책 외에도 다양한 문구류와 기념품, 예쁜 소품이 가득해요. 특히 에펠탑과 관련된 책들을 한 코너에 모아 둔 모습이 인상적이었습니다. 오페라 가르니에(Opera Garnier)와 루브르박물관 사이에 위치해 있어 서점 방문 후 파리의 주요 관광지를 둘러보기에도 좋습니다.

- 주소: 37 Av. de l'Opéra, 75002 Paris, 프랑스
- 운영 시간: 월~토요일 09:30~20:00(일요일 휴무)

23. Shakespeare and Company, 프랑스 파리

1951년 설립된 '셰익스피어서점(Shakespeare and Company)'은 파리를 방문하는 사람들이 한 번씩은 방문하는 필수 관광 코스 중 하나입니다. 노트르담대성당 맞은편에 자리한 이곳은 어니스트 헤밍웨이(Ernest Hemingway)와 《위대한 개츠비》의 작가 F. 스콧 피츠제럴드(F. Scott Fitzgerald), 제임스 조이스(James Joyce) 등 세계적인 작가들이 모이던 문학의 중심지였으며, 제임스 조이스의 《율리시스》를 처음 출판한 서점으로도 널리 알려져 있습니다.

고풍스러운 인테리어와 서점 곳곳에 배치된 골동품들이 독특한 분위기를 자아냅니다. 그래서인지 책을 그다지 좋아하지 않는 사람도 이곳의 매력에 이끌려 방문한다고 합니다. 이곳에서 판매하는 에코백은 필수 구매 아이템으로 유명한데, 저도 방문했을 때 구입해 여전히 잘 사용하고 있습니다.

- 주소: 37 Rue de la Bûcherie, 75005 Paris, 프랑스
- 운영 시간: 월~일요일 10:00~23:00

24. Hugendubel, 독일 프랑크푸르트

1893년 독일 뮌헨에 설립된 서점 '후겐두벨(Hugendubel)'은 130년이 넘는 유구한 역사를 자랑합니다. 현재 5대째 운영되고 있으며, 독일 전역에 약 90개 지점을 보유하고 있다고 해요.

후겐두벨은 단순한 서점이 아닙니다. 책을 판매하는 공간을 넘어 다양한 볼거리와 체험을 제공하는 문화적 허브로 자리매김한 지 오래거든요. 우리 가족도 프랑크푸르트에 도착하자마자 부푼 마음을 안고 이곳을 방문했습니다. 기대한 만큼 볼거리가 가득한 곳이었고, 국내에도 잘 알려진 책이 다수 진열되어 있어서 흥미롭게 살펴보았습니다.

- 주소: Steinweg 12, 60313 Frankfurt am Main, 독일
- 운영 시간: 월~토요일 9:30~20:00(일요일 휴무)

25. TASCHEN, 독일 쾰른

1980년 독일 쾰른에서 시작된 서점 '타셴(TASCHEN)'은 아트북 전문 출판사로 건축·미술·사진 등 예술 관련 빅사이즈 서적을 주로 판매합니다. 전 세계 주요 도시에 자체 서점을 운영하고 있는데, 각 서점은 독특한 인테리어와 다양한 예술 서적으로 유명하다고 해요.

우리 가족이 찾은 곳은 쾰른에 위치해 있는데, 이곳은 1980년 베네딕트 타셴이 18세 나이에 처음으로 만화책 가게를 연 장소에서 그리 멀지 않은 곳에 자리하고 있어요. 덕분에 서점 타셴의 시작과 역사를 느낄 수 있었습니다.

쾰른점은 특히 독특한 인테리어로도 유명해요. 내부 설계는 이탈리아 디자이너 듀오 알베르토 스탐파노니 바시(Alberto Stampanoni Bassi)와 살바토레 리치트라(Salvatore Licitra), 기하학적 타일 바닥은 이탈리아 건축가 지오 폰티(Gio Ponti), 책장은 덴마크 건축가이자 디자이너 모겐스 코흐(Mogens Koch), 판매 카운터는 이탈리아 예술가 바르나바 포르나세티(Barnaba Fornasetti), 천장 조명은 프랑스 디자이너 맥스 잉그랑드(Max Ingrand), 우아한 테이블은 스웨덴 디자이너 브루노 맛손(Bruno Mathsson)의 작품으로 구성되어 있습니다. 예술의 향연이 가득한 마술 같은 이 공간을 아이들이 싫어할 리 없겠죠.

- 주소: Neumarkt 3, 50667 Köln, 독일
- 운영 시간: 월~토요일 11:00~19:00(일요일 휴무)

26. Mayersche Buchhandlung, 독일 쾰른

1817년 시작된 '마이어셰 부흐한들룽(Mayersche Buchhandlung)'은 독일의 전통 깊은 서점으로, 2019년 탈리아 뷔허 게엠베하(Thalia Bücher GmbH)와의 합병을 통해 유럽에서 가장 큰 서점 체인 중 하나가 되었습니다.

우리 가족이 방문한 쾰른-노이마르크트(Köln-Neumarkt) 지점은 서점 내에 회전목마가 있어 특별히 기억에 남는 곳입니다. 아이들이 좋아할 만한 그림책과 완구로 가득 차 있는 이곳은 쾰른의 핫플레이스이기도 해요. 가족과 꼭 한 번 들러 보길 추천합니다.

- 주소: Neumarkt 2, 50667 Köln, 독일
- 운영 시간: 월~토요일 9:30~20:00(일요일 휴무)

27. Elizabeth's Bookshop, 호주 시드니

1973년에 설립된 독립 서점 '엘리자베스(Elizabeth's Bookshop)'는 중고 서적과 희귀 도서를 전문으로 취급합니다. 호주에서 가장 큰 중고서점 중 하나로, 우리나라 관광객에게도 인기가 많은 곳입니다.

이 서점에 들어서면 크라프트지로 정성스럽게 포장된 책들이 진열된 것을 볼 수 있는데, 이 코너는 일명 '책과의 소개팅(Blind Date with a Book)'이라고 불립니다. 크라프트지에는 도서 제목 대신 몇 개의 단어나 문장, 저자 생일 등이 적혀 있어요. 서점을 찾은 사람들은 포장지에 적힌 힌트만으로 책을 선택하게 되죠. 그 안에 어떤 책이 들어 있는지는 포장을 뜯기 전까지 아무도 모릅니다. 시크릿북 또는 랜덤북이라고 할까요?

색다른 방식으로 도서를 구매하는 재미가 있습니다. 아이들과 방문하면 이 특별한 책 한 권을 꼭 선물하길 바랍니다.

- 주소: 257 King St, Newtown NSW 2042, 호주
- 운영 시간: 월~금요일 10:00~22:30 / 토~일요일 9:30~22:30

28. Berkelouw Books Paddington, 호주 시드니

1812년 네덜란드 로테르담에서 시작된 서점 '버켈로우(Berkelouw Books Paddington)'는 2차 세계대전 당시 폭격으로 막대한 피해를 입었다고 해요. 이런 이유로 호주 시드니로 이전해 현재 3대째 이어지고 있습니다. 호주에서 가장 많은 희귀 서적을 보유한 곳으로도 잘 알려져 있습니다.

패딩턴(Paddington) 주말 마켓을 방문했다가 근처에 있어 들렀는데, 한국에 돌아와서도 가장 기억에 남는 장소 중 하나입니다. 시드니를 다시 찾는다면 꼭 방문하고 싶은 곳이기도 하고요.

1층에는 서점, 2층에는 카페가 있어 아이들과 방문하기에도 좋습니다. 카페는 빈티지한 감성으로 꾸며져 있으며, 편안한 소파에 앉아 넓은 창문을 통해 내려다보는 옥스퍼드 스트리트(Oxford Street) 전망은 그야말로 일품입니다.

- 주소: Berkelouw Books Level One, 19 Oxford St, Paddington NSW 2021, 호주
- 운영 시간: 월~수요일 10:00~19:00 / 목~금요일 10:00~20:00 / 토요일 10:00~19:00 / 일요일 10:00~18:30

29. State Library of New South Wales, 호주 시드니

1826년에 개관한 '뉴사우스웨일스주립도서관(State Library of New South Wales)'은 뉴사우스웨일스 주정부가 운영하는 곳으로, 호주에서 오래된 역사를 자랑하는 도서관 중 하나입니다. 무려 100년 전에 만들어진 도서관으로, 이곳에 앉아 있으면 공부가 저절로 된다는 소문이 있을 만큼 아름다운 공간이며 학구열이 불타는 장소였습니다.

도서관은 구관과 신관 두 개 건물로 구성되어 있습니다. 신관인 딕슨도서관(Dixon Library)은 현대식 건물로 일반 도서관과 다르지 않아요. 하지만 구관인 미첼도서관(Mitchell Librar)은 마치 해리포터의 마법학교를 떠올리게 하는 고풍스러움을 느낄 수 있습니다. 그 분위기에 걸맞게 역사적인 자료와 고서 등을 소장하고 있죠.

어린이 도서 코너가 따로 구성되어 있는데, 기대 이상으로 쾌적했던 공간으로 기억에 남습니다. 무료 운영하는 갤러리에서는 멋진 미술 작품도 실컷 구경할 수 있으니, 시간을 넉넉하게 잡고 방문하길 추천합니다.

- 주소: 1 Shakespeare Place, Sydney, NSW 2000, 호주
- 운영 시간: 월~목요일 09:00~20:00 / 금~일요일 09:00~17:00

30. Art Gallery of New South Wales, 호주 시드니

1871년에 설립된 '뉴사우스웨일스주립미술관(Art Gallery of New South Wales)'은 150년이 넘는 역사를 자랑하는 곳으로, 호주에서 두 번째로 큰 규모의 미술관입니다. 입장료가 무료임에도 이곳에서는 피카소, 반 고흐, 모네 등 세계적 거장들의 작품뿐 아니라 호주 원주민 예술과 다양한 아시아 예술품도 감상할 수 있습니다.

작품 자체도 훌륭하지만, 르네상스 양식의 웅장한 외관과 세련된 공간 디자인 덕분에 미술관 자체가 하나의 예술품처럼 느껴집니다. 같은 건물에 어린이 도서만 모아 둔 도서관 공간도 마련되어 있으니, 멋진 작품을 감상하고 나서 아이들과 함께 도서관을 방문해 보는 건 어떨까요.

- 주소: Art Gallery Road The Domain, Sydney, NSW 2000, 호주
- 운영 시간: 월~일요일 10:00~17:00 / 수요일 10:00~22:00(부활절 금요일, 크리스마스 휴무)

해외 서점 방문 시 tip

- **운영 시간 확인:** 해외 서점의 경우 공휴일이나 현지 축제 기간에는 영업 시간이 달라질 수 있으니 여행 전에 공식 웹사이트나 SNS를 통해 시간을 확인합니다.
- **사진 촬영 여부:** 서점마다 내부 촬영 규정이 다를 수 있으니, 사진 촬영 전 직원에게 허락을 구해야 합니다.
- **현지 통화 준비:** 기념품점이나 소규모 서점에서는 카드 사용이 제한될 수 있으니 현금이나 현지 통화를 준비해 주세요.

부록: 성장 단계별 독서 로드맵

0~3세	3~4세	4~6세

- 순수 그림 동화
- 생활 창작 / 성장 그림 동화
- 테마 동화
- 우리 전래 동화
- 명작 동화
- 수학 동화
- 위인 동화
- 자연 관찰: 세밀화에서 실사로
- 자연 & 과학 동화
- 오감을 통한 인지 프로그램
- 예술: 음악·미술 등

7세~초등 2학년	초등 3학년 ~초등 고학년	초고~중등

- 세계 창작
- 논술·철학 동화
- 세계 전래 동화
- 우리 고전 문학
- 세계 명작/문학

- 위인전기
- 우리 전통문화
- 세계 여러 나라의 문화
- 사회·경제서: 지식·정보·사고 확장
- 삼국유사, 삼국사기, 삼국지 등 중국 고전
- 한국사, 세계사

- 자연 관찰·도감: 상세한 내용
- 원리 과학 동화
- 과학 서적: 교과 연계·개념 이해·실험

- 어린이백과
- 학습백과

문해력 휘어잡는
그림책의 힘

1판 1쇄 인쇄 2025년 4월 28일
1판 1쇄 발행 2025년 5월 19일

지은이 송유진·김은진 지음
펴낸이 김수연
교정·교열 김미경
제작 책과 6펜스

펴낸곳 도서출판 다크호스
출판신고 제2022-000189호
주소 경기도 고양시 일산서구 대산로 123 현대플라자 3층
전화 070-8983-5827
팩스 0504-254-6022
전자우편 dark_2023@naver.com

ⓒ송유진·김은진, 2025
ISBN 979-11-980923-7-3 03370

책값은 뒤표지에 있습니다.
잘못된 책은 구입하신 서점에서 교환할 수 있습니다.